Oase Verlag Badenweiler
Ernst Scheffelt Straße 22
D-7847 Badenweiler
Tel. 07632-7460

ISBN 3-88922-010-X

MEXIKO

BELICE GUATEMALA

Wolfgang Abel

Oase

Dank für Tips und Hilfe an:

Ursula u. Franz Nickel, Stuttgart. Christl Hartmann, München. Margit Tödt, Hamburg. Jürgen Peril, Bettenried. Roland Bell, Hochheim. Johanna u. Kurt Oehler, Nieder-Olm. Sabine Deutschländer, Frankfurt. Mex. Verkehrsamt. Walter Witte Frankfurt. Dr. Manfred Kolbe, Frankfurt. Peter K. Runge, Frankfurt. Ilse Klär, Freiburg. Ana Maria, Guatemala. Rolf Breitenbach. Edmund Köhn, Berlin/Lima. Ingrid u. Joachim Graichen, Frankfurt. Hartmut Boyn, Lauterbach. Dr. Elisabeth Ettrich, Lauingen. Erich Glaser, Wien. Ulrike Wenzel, Baden. Dr. v. Rosen, München. Ingrid u. Franz Bartenschläger, Sonthofen. Ute Klook, Hans J. Nötzel, Hamburg. Peter Hoh, Frankfurt. Michael Zahn, Worms. Frank Walter, Bremen. Dr. Jürgen Tacke, Ludwigshafen. Angelika Walter, Berlin. Eva u. Hans Paur, München. Roland u. Gabi Münz, Priem. Sabine Köhler, Erlangen. Jürgen Heyn, Stuttgart. Christoph Kieser, CH-Losone. Prof. Dr. Inbert Kupka, Norderstedt. Hartmut Ebbes, Rita Hergenröder, Frankfurt. Imme Berg, Lüneburg. Anne Bülow, Nürtingen. Anne Klein-Heßlig, Bonn. Matthias Dietz-Lenssen, Mainz. Helmut Bakenhus, Ottersberg. Mario A., Guatemala. Nils Greve, Münster. Wolfgang Schafnitzel, Kehlheim. Thomas Güdelhöfer, Freiburg. Birgit Finkelmann, Bärlin. Dirk u. Christine Öhne, Goslar. Elisabeth Piecha, Ingolstadt-Mailing. Edgar Pulmanis, Landstuhl. Roswitha u. Dieter Rischmann, München. Johannes Ulrich Urban, 1000 Berlin. Helga Wyss-Paasche, Zürich. Dagmar Eckart, Berlin. Thomas Köhler, Köln. Günter Schlegel, Nürnberg. Esther Leuthard, Zürich. Thomas Elkes, Hannover. Jutta Engel, Volkach. Erhan Sayali, Veitshöchheim. Cornelia Zeller, Freiburg. Gerhard Heils, München. Helmut Schwarzfischer, Rosenheim. W.N. Serné, Bremen. Astrid Bruhn, Mexico, D.F. Gabriele Ostendorp, Stuttgart. Erika Bambach, Ingo Janthur, Bodenheim. Michael Kuld, Sabine Hamke, Frankfurt. Ernst Weiss, Wien. Dr. Ulrich Kohoutek, Karlsruhe. Karlfried Gaumann, Wolfgang Erbe, Wöllstadt. Sigrid Hagn, Ingolstadt-Etting. Dr. Thomas Mallon, Illertissen. Leopoldine Lang, A-Neumarkt. Jürgen Kremer, Bonn. Erika Sauer, Caracas. Dr. Helmut Brückner. Norbert Walzik, Bassum. Rolf Kienzle, Wiesbaden. Siegfried Bloch, Dagmar Engelhard, Peter Stark, Schwelm. Antoniette Cremer-Lanfermann, Wipperfürth. Peter Jondi, CH-Schönenverd. Dieter Ottink, Berlin. Dr. Susi Kehrmauner, A-St. Jakob. Manfred, Michael, Neli. Volker Friedrich, Bad Soden u. Regina Hahn, Frankfurt. Edith Lehner, Salzburg. Frank Kuhne, Hannover, Detlev Bieber, Herne. Norbert Kleine-Arndt, Troisdorf. Mareile Blank, Karlsruhe. Günter Mertins u. Sybille Gilden, Berlin. Rolf Buschmann, Mainz. Monika Vogt-Zoske, Ludwigshafen. Günter Mertins, Sybille Gildein, Berlin. Hans Georg Bier, Hinterzarten. Mirella Ripfel-Fabrizi, Innsbruck. Edda Eisen, Köln. Detlef u. Marianne Christoph. Sonnhild Baumgarten, Hannover. Würstle/Zörner, Augsburg. Walter Steinbrecher, Taunusstein. Dr. Hans Jürgen Kügler, Niederkassel. Armgard Meininghaus, Bonn. Wolfgang Vieweg, Hamburg. Hans Peter Beck u. Yvonne Gain, Stuttgart. Fach, Ffm. Gordian Sehrig, Berlin. Astrid Zöchling-Fuchs, Wien. Esther Biesele, Basel. Joachim Gerlach, Dornstadt. Ebba D. Drolshagen, Ffm. Esther Sutter, Andreas Straub, Schweiz. Paul Uwe u. Patricia Budau, Karlsruhe. Frank Helmbold, Bremen. Bernd Klokow, Quickborn. Klaus Peter Krause, Düsseldorf. Angela Kögelmaier, München. Jutta Müllerklein, Darmstadt. Simone Tschudin, Ziefen. Bärbel Asmus, Reckershausen. Evi Rappel. Berger, Bertold, Linz. Ursula Widmer, Zürich. Hans Wilhelm Bruns, Göppingen. Angelika u. Norbert Schneider, München. Gaby Göbing u. Bernd Fricke, Mainz. Thomas Merzhäuser, Bonn. Hans Dieter Sauer, Maintal. Ilka u. Rolf Mager, Ober-Ramstadt. Gisela Willems u. Uwe Thieme, Aachen. Bernhard Mundigl, München. Rainer u. Dörte Schaal, Welzheim. Detlef Clouth, Remscheid. Heidenberger, Bad Häring. Sylvia Herbig, Gauting. Florentine Kramer, Xela. Wolfgang Scheidt, München. Nina Schaarschmidt-Kremer. Hans Peter Astheimer, Gross-Gerau. Regine Czempin, Rolf Claasen, Gersfeld. Klaus u. Ingrid, Graz. Pedro, Chetumal, Quintana Roo.

" Patente und praktische Tips für eine Reise auf eigene Faust."

(NDR-Reisemagazin)

"Ohne alternative Verbissenheit - mit vielen hilfreichen Infos."
(Die Zeit)

Voraus

Für 'gringos' entbehrlich!

1980 fing es mit einer kleinen 50 Seiten-Broschüre an. Ich habe auf meiner ersten Mittelamerikareise alles notiert, was in den üblichen Reiseführern nicht zu finden war: Wo schläft und ißt man gut und preiswert, welcher Bus fährt wohin, was lohnt einen Umweg, welche Ziele kann man sich schenken, wo regieren Nepp und Yankeekultur?

Innerhalb von 6 Jahren kommt es nun zur 7. Auflage - und auch diesmal haben viel Freunde und Reisende mit ausführlichen Erfahrungsberichten, mit Kritik und neuen Anregungen mitgeholfen, die Infos auf einem möglichst aktuellen Stand zu halten. Nur durch diese engagierte Mitarbeit vieler Leser konnte die neue Auflage in dieser Form und Informationsdichte entstehen.

Wenn Sie vor Ort Neuigkeiten oder Veränderungen feststellen - was in einer Region wie Mittelamerika ja sicher ist - schreiben Sie bitte an den Verlag. Nur durch Ihre Mitarbeit können diese Reisetips weiterhin in dieser Form erscheinen. Sie helfen damit den Reisenden, die nach Ihnen unterwegs sind.

Noch etwas: Diese Sammlung von praktischen Informationen und Eindrücken kann und will einen Kulturreiseführer ebensowenig ersetzen wie die Lektüre von Hintergrundberichten und Reportagen. Die praktischen Reisetips sind ein Führer durch den Alltag, nicht zu Tempelstufen... Alles, was das Reisen auf eigene Faust leichter und genußvoller macht - in knapper, konzentrierter Form. Das war mein Auswahlprinzip.

Viel Spaß beim Lesen und Reisen, gesunde Heimkehr!

Inhalt

Mexiko von A – Z

Länder Orte

Mexiko von A-Z

Auf den folgenden Seiten finden Sie in alphabetischer Reihenfolge allgemeine Reiseinformationen und Impressionen aus der Alltagskultur, die auf jeden Fall zuerst gelesen werden sollten. Besonders Informationen, die für den Individualreisenden wichtig sind, wurden berücksichtigt.

Wem diese Zusammenstellung etwas regellos erscheint, der sei daran erinnert, daß der mittelamerikanische Reisealltag stets für Überraschungen und etwas Chaos gut ist. Soweit sind die folgenden Seiten auch ein kleiner Spiegel der Reiserealität.

Der in Reiseführern übliche "Land und Leute"-Abschnitt fehlt allerdings, weil ich keine Vorurteile vertiefen möchte. Detaillierte Informationen über Geographie, Brauchtum, Kunst- und Kulturgeschichte u.ä. würden den Rahmen dieser praktischen Tipsammlung sprengen. Literaturhinweise zu diesen Gebieten finden Sie im und am Ende dieses Buches.

Anreise

Flugzeug

Das Angebot an Charter- und Billigflügen, sowie an verbilligten Linienflügen wurde während der letzten Jahre immer unübersichtlicher, Preisvergleiche lohnen also auf jeden Fall. Adressen von Billiganbietern findet man im Anzeigenteil der Reiseseiten von Tageszeitungen und in Reisemagazinen, aber auch die meisten Reisebüros - besonders die auf studentisches Publikum spezialisierten - haben Billigangebote.

Zunehmend bieten jetzt auch Linienfluggesellschaften Sondertarife an, die an bestimmte Voraussetzungen gebunden sind. Diese Sondertarife liegen oft nur unwesentlich über den Billigflugangeboten, bieten aber den Vorteil, mit einer renommierten Gesellschaft zu reisen, was oft besseren Service, kürzere Wartezeiten etc. bedeutet. Unbedingt also auch bei Liniengesellschaften oder in IATA-Reisebüros nach ermäßigten Linienflügen fragen.

Nachfragen bei verschiedenen Gesellschaften lohnt sich, auch folgende **Anreisevarianten** prüfen: 1. Einreise über Miami. Weiter mit Linienflug diverser Gesellschaften, Transitvisum erforderlich, Zollabfertigung in Miami oft über 2 Stunden!

2. Einreise über Fort Worth/Dallas.

3. Für Leute mit Zeit: Mit Aeroflot von der Schweiz nach Havanna (Kuba), via Moskau.

4. Anreise mit Aeromexica oder Iberia (meist via Madrid), bei Aeromexica erhalten Reisende, die mit Aeromexiko einreisen, erhebliche Nachlässe auf Inlandstickets, (nicht immer gültig, vorher im Büro Frankfurt fragen).

Bei allen Abflügen von mexikanischen Flugplätzen ist eine Flughafensteuer fällig (internationale Destinationen ca. 4 x höher als national).

Schiffsanreise: Für Leute mit Zeit und Geld natürlich eine reizvolle Möglichkeit. Diverse Frachtschiffe verkehren zwischen Antwerpen und Veracruz und laufen auf der Passage verschiedene Karibikhäfen an. Frachter nehmen höchstens 12 Passagiere mit, lange Vorausbuchung erforderlich.

Auskunft über Passagen in Reisebüros oder bei: Seetours International, Weißfrauenstr. 3, 6000 Frankfurt, Tel. 0611/280911.

Apotheken

Apotheken (Farmacia) mit reichhaltigem Sortiment gibt es in allen größeren Orten, oft auch als Abteilung eines Supermarktes. Medikamente werden meist ohne Rezept verkauft und sind recht billig. Die Markennamen entsprechen oft den US-amerikanischen Produkten, selten den Deutschen.

Wichtiger als eine große Medikamententasche ist aber eine kleine Gesundheitsfiebel für Tropenreisende, es gibt mittlerweile mehrere Titel im einschlägigen Buchhandel (vgl. unten). Ein in Mexiko sehr gebräuchliches Medikament gegen Durchfall ist "Lomotil" (wirkt aber nicht ursächlich, sondern stellt nur den Darm ruhig) von der Firma Searle, es ist rezeptfrei für ca. 3 Mark, auch nachts ohne Mehrpreis, erhältlich. Gegen Mücken "Andantol" Salbe, gegen Zecken "Fito-Chlor".

Ärzte: Die Adressen von deutsch-und englischsprechenden Ärzten erhält man bei der deutschen Botschaft und bei den Konsulaten im Land (Adressen s. Stichwort Botschaften). Auch große Hotels vermitteln Ärzte. Im Falle einer Behandlung sollte man sich die Art der Leistung, deren Kosten und das Datum quittieren lassen, das erleichtert die Erstattung durch die Kassen zuhause (vgl. auch Stichwort Gesundheit).

Auskunft im Land - Turismo

Die staatlichen Auskunftsstellen für Touristen heißen "Secretaria de Turismo", sie sind gekennzeichnet durch Schilder "Tourist Information" oder "Turismo". Diese Büros gibt es praktisch in jeder für Touristen wichtigen Stadt, oft an zentralen Stellen. Die Ausstattung der Büros mit Informationsmaterial ist sehr unterschiedlich, die Kompetenz der Leute ebenfalls, ein Besuch lohnt aber in den allermeisten Fällen. Die Angestellten sprechen oft leidlich englisch. Häufig erhält man gute Stadtpläne, Auskunft über Verkehrsverbindungen etc. Die Büros der Großstädte arbeiten natürlich professioneller als die kleiner Orte. An Sonntagen und über die Mittagszeit sind die meisten "Turismos" geschlossen. Die Adressen stehen unter den einzelnen Orten.

Auto

In Mexiko gibt es keine Haftpflichtversicherung, wer aus den USA mit dem eigenen Auto oder Mietwagen einreist, sollte eine Zusatzversicherung abschließen, an den großen Grenzübergängen gibt es entsprechende Agenturen. Auskunft auch bei den Automobilclubs, wie beim ADAC, der ein informatives Paket für Autotouristen in USA/Mittelamerika versendet.

Auf dem freien Land fährt es sich in Mexiko herrlich. Weite, gut ausgebaute, oft schnurgerade Straßen ermöglichen rasches, freudvolles Vorankommen. Nebenstraßen und Gebirgsstrecken sind dagegen meist recht mühsam zu befahren, besonders zur Regenzeit, man muß dann ständig mit Überraschungen rechnen.

Von Nachtfahrten ist fast prinzipiell abzuraten, weil viele Fahrzeuge schlecht oder gar nicht beleuchtet sind, außerdem sieht man nichts von der Landschaft. Fußgänger haben oft kein realistisches Einschätzungsvermögen für Entfernungen (gilt auch bei Fragen nach dem Weg!) und Geschwindigkeiten. Verhalten bei **Polizeikontrollen** siehe weiter unten. Besonders gegenüber LKW und Bussen bleibt oft nichts als eine ausgesprochen defensive Fahrweise! Fazit: Der individuellen Geschicklichkeit des Fahrenden bieten sich ungeahnte Möglichkeiten.

Das **Tankstellennetz** der staatseigenen Gesellschaft **"Pemex"** Petroleos Mexicanos- ist außerhalb der Städte nicht sehr dicht, auf Überlandfahrten also immer frühzeitig nachtanken. Die **Benzinpreise** sind tifer als in Mitteleuropa (aktuellste Auskunft bei den Automobilclubs) es gibt: Normal (Nova, 81 Okt.), Super (Extra, 92 Okt., bleifrei), Diesel. Beim Tanken immer darauf achten, daß die Zählwerke auf null stehen. **Bei der Säule bleiben**, Betrugsversuche sind üblich!!

Der Verkehr in den Großstädten, besonders in Mexiko-City, ist eine einzige Nervenprobe, Autofahren wird in den Großstädten oft zur Qual. Meinungsverschiedenheiten mit der chronisch unterbezahlten **Polizei** können oft durch ein kleines Trinkgeld geregelt werden.

Haltezeichen unbedingt (!!!) befolgen. Wer auf Überlandfahrten grundlos von Polizeistreifen angehalten wird, die dann manchmal eine Art "Lösegeld" fordern, sollte sich standhaft weigern - verbunden mit dem Wunsch, einen Botschaftsangehörigen zu sprechen. Bei Falschparkern werden in manchen Städten die Nummernschilder abgeschraubt, dem kann man zuvorkommen und die Schilder hinter die Windschutzscheibe legen.

Der mex. Automobilclub "Asociacion Mexicana Automovilista", Hauptstelle in Mexico-City, Av. Chapultepec 276, erteilt Auskünfte über den Straßenzustand, er hält Karten bereit, und man kann für eine Mindestzeit von 3 Monaten Mitglied werden.

Karten: Gute Autokarten findet man in Mexiko nicht ganz einfach, man kann sich ja schon hier versorgen, vgl. dazu Kapitel Literatur. Der ADAC versendet an Mitglieder kostenlos eine Übersichtskarte. Die Karte der "AAA" - American Automobile ASS.- von Mittelamerika ist ausgezeichnet (in den USA kostenlos).

Mietwagen

Der Mieter muß mindestens 24 Jahre alt sein, die Verleiher fordern oft ein hohes Depot als Sicherheit, wer eine inter-

F.U.T.V.
TAXI 29
Tel. 2-00-66.
ISLA MUJERES
Q. ROO.

national anerkannte Kreditkarte hat, kann dies umgehen, eine solche Karte erspart Ärger und Formalitäten.

Bei allen großen internationalen Firmen kann man bereits von Deutschland aus einen Wagen reservieren, dies empfiehlt sich aber höchstens in der Hauptsaison, allerdings funktioniert das Voucher-System vor Ort häufig nicht (vgl. weiter unten). Zudem sind die großen Gesellschaften nicht die billigsten. Wer mit einer Linienfluggesellschaft einreist, bucht den Wagen am einfachsten über diese Gesellschaft, das Auto steht dann am Flugplatz bereit. Dies liest sich gut, klappt aber nicht immer, es kommt vor, daß die reservierten Autos nicht da sind, oder statt eines Käfers ein bulliger Kombi dasteht. Oft werden auch noch zusätzlich zum in Europa vereinbarten Preis Steuern, Versicherungen etc. gefordert, da hilft nur hartnäckiges Verhandeln....

Aus einem Leserbrief, "Abgesehen vom ärgerlichen Geplänkel beim Mieten und bei der Abgabe, war das unabhängige Reisen per Auto eine helle Freude, - keine Pannen, nur ein Polizeiüberfall, der mittels "Mordida" geregelt werden konnte, ...wir genossen das wilde Berg- und Talfahren mit Herz und Seele!" Na also! Preise und Konditionen sind unterschiedlich, lediglich die internationalen Gesellschaften haben ähnliche Konditionen. Bei großen Gesellschaften ist es meist möglich, den Wagen an einem anderen Ort abzugeben "rent it here - leave it there".

Immer wieder berichten Reisende von Problemen beim Einlösen der sog. Voucher (bereits in Deutschland bezahlten Mietwagengutscheine), aus einem Brief: "Das Palaver mit dem Avis-Agenten geht wieder los, spricht überhaupt kein Englisch, akzeptiert die Voucher nicht, ebensowenig die Abrechnungen von Mexico City und Oaxaca..."

Die Verkehrszeichen sind gut verständlich, Ausnahmen: E = Estacionamiento (Parkplatz), E = Parkverbot, Curva Peligrosa = Gefährliche Kurve, Despacio = Langsam, Desviacion = Umleitung, Peligro = Gefahr, No hay paso = Straße gesperrt, Cuota = Straßengebühr. **Alto = Stop**

Vorsicht: Schilder mit der Aufschrift **"Topes"** deuten auf Schikanen (Betonkugeln oder Betonwälle, oft bis zum Bodenblech) hin, auch "tote Polizisten" genannt...

Ähnlich schikanös: **"Vibradores"**, eine Art Betonwaschbrett. Beide Hindernisse gibt es auch auf Überlandstraßen vor Ortseinfahrten, aber - ganz Mexiko- manchmal auch Schilder und keine Schikane, manchmal auch umgekehrt!

Autohilfen: Auf den wichtigsten Überlandstrecken verkehren die Hilfswagen des mex. Autoclubs "AMA" zwischen 8 und 21 Uhr. Die grünen Jeeps der "Angeles Verdes" sind mit englischsprechenden Mechanikern besetzt, ein Trinkgeld wirkt - wie so oft - Wunder. Die Hauptniederlassung des "AMA" in Mexiko-City, Orizaba 7, nahe Chalpultepec-Park, informiert über aktuellen Strassenzustand etc.

Bank

Bestes und sicherstes Reisezahlungsmittel sind Travellerschecks in US-Dollar (beim Einlösen von Traveller-Schecks in deutscher Währung kann es in Guatemala und bei kleineren Provinzbanken Probleme geben). Große Bargeldmengen führen nur Leichtsinnige spazieren. Grundsätzlich gilt: Geld und Ausweispapiere **immer am Körper tragen,** am besten in einem Brustbeutel, den man in die vordere Hosentasche steckt und mit einer Kordel an einer Gürtelschlaufe festbindet - aber jeder hat da sein eigenes Rezept. Üblich auch: Geldgürtel und Innentaschen an den Hosenbeinen.

Auf keinen Fall größere Peso-Mengen bereits in Deutschland eintauschen - schlechter Kurs!

Die Wechselzeiten der Banken liegen von Montag - Freitag, von 10.30 - 13.30 (oft auch nur eine oder zwei Stunden während dieser Zeit - vereinzelt muß man mit erheblichen Wartezeiten beim Geldtausch rechnen), nachmittags werden oft keine Schecks mehr umgetauscht. Die Wechselstelle auf dem Flugplatz von Mexiko-City ist 24 h geöffnet, nachts oft nur Bargeldtausch. Immer nützlich: ein paar kleine Dollarnoten für alle Fälle, oft tauschen auch die Rezeptionen großer Hotels (Kurs genau überprüfen)..

Wer in Miami ankommt: Der "Foreign Exchange"-Schalter verkauft Pesos, viele US-Banken haben keine Pesos. Außerhalb der Bankzeiten tauschen die Büros der "Aeromexiko" und der "Mexicana" oft Schecks zu einem guten Kurs.

Besondere Vorsicht vor **Dieben** ist im Gedränge geboten, auf Flugplätzen, Bahnhöfen, U-Bahn Mexiko-City, Märkten etc.!! Mit ein wenig Vorsicht und Gefühl für gefährliche Situationen kommt man aber gut durch. Die meisten Schauergeschichten über Raub und Diebstahl sind - was Mittelamerika angeht - oft übertrieben, aber es gibt natürlich schon auch dreiste Diebstahlsversuche wie Aufschlitzen von Taschen, Busüberfälle auf Überlandstrecken etc. Mittelamerika ist aber auch nicht riskanter als irgendeine andere Region mit ähnlichen wirtschaftlichen Problemen, mir wurde jedenfalls nie etwas geklaut.

Die Filialen der Banco International und der Bananmex tauschen manchmal auch DM-EC-Schecks, vgl. auch Mex.-City, Adressen.

Devisen - Umtausch: Devisenvorschriften existieren für Ausländer derzeit nicht. Die Ein- und Ausfuhr ist frei. Dies kann sich aber ändern, wenn wieder eine Devisenbewirtschaftung eingeführt wird (bei der unstabilen Wirtschaftslage immer möglich), wie dies Ende 1982 der Fall war. In diesem Fall entsteht dann natürlich ein:

Schwarzmarkt: In Mexico: im Falle von Devisenbeschränkungen entsteht ein Schwarzmarkt zuerst an der mex.-US-amerikanischen Grenze und in großen Städten. Kurse und Intensität des Marktes ändern sich ständig, Traveller vor Ort fragen. Guatemala: ein schwarzer Markt existierte nur bis Anf. 1985, bis zu 30% über dem offiziellen Kurs, z.B. an der Hauptpost in Guatemala-City.

Derzeit (6/87) existiert weder in Mexiko noch in Guatemala ein Schwarzmarkt.

Kreditkarten: Üblich und weitverbreitet: VISA und Mastercard (Eurocard), danach American Express. Kaum verbreitet Diners Card.

Kreditkarten sind nützlich bei Ticketkauf, Hotelrechnung, etc., sie helfen die notwendige Bargeldmenge vermindern. Sehr vorteilhaft auch bei Mietwagen (erspart Kaution, aber Vorsicht bei Blankounterschrift, nachher werden alle Defekte berechnet - Autos vorher genau checken!

Botschaften Konsulate

Botschaften

Botschaften vermitteln Ärzteadressen und helfen bei Diebstahl, Rechtsstreitigkeiten. Heimatpost kann mit dem Vermerk "wird abgeholt" an Botschaften und Konsulate geschickt werden.

Botschaft der BRD, Calle Lord Byron 737, Mexico 5, D.F. Tel: 00525 545 66 55/59. Postadresse: AP M-10792. Telegramme: Diplogerma Mexico. Sprechzeit bis 12 Uhr mittags.

Botschaft der Schweiz, Calle Hamburgo 66, Mexico 6, D.F. Tel 533 0735.

Österreichische Botschaft, Campos Eliseos 305, Mexico 5, D.F., Tel. 540 3415.

Konsulate

Deutsche: Acapulco, Av. de los Deportes 24, Tel 40130. Chihuahua, Independencia 2205, Tel 25365. Guadalajara, Casa Wagner, Av. Corona 202, Tel 131414. Mazatlan, Jacaranda 10, Tel 22809. Merida, Calle 56, Nr. 506-A, Tel 12177. Monterrey, Landron de Guevara 302, tel 513737. Tijuana, Ed. del Hotel Caesar, Av. Revolucion y 5a., Tel 55215. Veracruz, Calle Independencia 41, Tel 24484.

In Guatemala

Deutsche Botschaft: (Neue Adresse) 20 calle 6-20, Zona 10. Postadresse: Apartado Postal 87 A, Guatemala, C.A.; Tel 370028 oder 370029.

Botschaft der Schweiz: Edificio Seguros Sociales, 4a. Calle 7-73, Zona 9, Tel 65921.

Camping

Camping als Urlaubskultur ist in ganz Mittelamerika bei weitem nicht so stark verbreitet wie etwa in den Mittelmeerländern. In weiten Landesteilen erlauben schon die Klimaverhältnisse kein einigermaßen erholsames Camping, organisierte Plätze mit guten Einrichtungen sind selten. Eine Ausnahme bilden die "Trailer Parks" entlang großer Fernstraßen, die auf Wohnmobile und US-amerikanische Besucher eingerichtet haben. Wohnmobile sind - nicht zuletzt wegen dem US-amerikanischen Einfluß - stark verbreitet.

Wohnmobile leihen bei: Remolqueres Canuero, S.A., Cordillera 45, Mexico 20, D.F. Schriftliche Buchung in englisch erforderlich. Vermittlung von Adressen auch über den ADAC.

Literatur: Campground & Trailer Park Guide, Rand Mc.Nally. New York. Jährlich aktualisiertes Verzeichnis mit Karten u. Infos. In Deutschland DM 40, in den USA 9$. Außerdem die ausgezeichneten Info-Broschüren des amerikanischen Automobilclubs "AAA", in den USA-Geschäftsstellen meist kostenlos.

Deutsche Stellen

Eine Übersicht über deutsche Einrichtungen hat die deutsche Botschaft in Mexiko City. Hier nur eine Auswahl: Goethe-Institut, Tonala 43, Mexiko-City 7, (Zeitungen, Bibliothek) Deutsche Schule, "Alexander von Humboldt", Benjamin Hill 43, Mexiko 11, D.F. Deutscher Club, 16. de Septiembre, altos, Puebla, Pue.

Diebstahl

Vorweg: Mir wurde in Mittelamerika noch nie etwas geklaut, weder Taschen noch Reifen aufgeschlitzt und die Kellner haben sich beim Rausgeben auch nicht häufiger verrechnet als in Deutschland.

Dennoch: Betrugsversuche sind in Mexiko - wie in vielen lateinamerikanischen Ländern - leider an der Tagesordnung. Manche Leute haben Glück, anderen reist das Pech hinterher. Die Liste der Diebereien, von denen mir Mexiko-Reisende berichten, ist schier endlos: Ein paar Kostproben:

"Im Gedränge am U-Bahneinstieg wird in die Hosentaschen gelangt"; "....unentwegte Betrugs- oder Neppversuche"; "... immer wieder den falschen Mehrwertsteuersatz berechnet." "Ich schlief in meinem Schlafsack und glaubte, es ist schon wieder so ein lästiger Kontrolleur, nur wunderte ich mich, daß alle Leute die Hände in die Höhe halten..."

WichtigsteGrundregel: Wertgegenstände immer am Körper tragen. Rucksack, Taschen etc. nie unbeaufsichtigt stehen lassen (besonders auf Bahnhöfen, Busfahrten, Zugfahrten, speziell: Palenque - Merida!!, vgl. dort). Kameras nicht lose in der Hand baumeln lassen. Wertsachen nur in vertrauenswürdigen Hotels an der Rezeption gegen Quittung abgeben, keine Wertgegenstände auf dem Hotelzimmer lassen.

Bei Überfällen oder direkter Bedrohung (auch durch die Polizei) keinen Widerstand leisten! Erfolgreiche Selbstverteidigung in wirklichen Gefahrensituationen erfordert viel Kaltblütigkeit und Brutalität und Glück - alles zusammen hat man meist nicht. Der kluge Reisende versucht, Gefahren von vornherein zu vermeiden - vertrauen Sie Ihrem Riecher! Wegen der dramatischen Verschlechterung der Versorgungslage nehmen die Eigentumsdelikte drastisch zu, also Vorsicht!!

Empfehlenswert ist in jedem Fall eine Reisegepäckversicherung wie sie verschiedene Gesellschaften zusammen mit einer Reisekrankenversicherung anbieten. Der Diebstahl sollte von einer Polizeistation bestätigt werden, mit Datum.

Von wichtigen Dokumenten macht man Kopien, deponiert sie in verschiedenen Gepäckstücken und tauscht die Kopien mit Mitreisenden.

Einreise

Zur Einreise in Mexiko ist ein gültiger Reisepass erforderlich. Die ebenfalls notwendige Touristenkarte erhält man von dem Reisebüro, das den Flug verkauft hat. Es gibt Versionen für 30 oder 60 Tage und 90 Tage Aufenthalt, sowie Verlängerungen davon. Eine abgelaufene Touristenkarte kostet bei der Ausreise Strafe! Die Touristenkarte kann man auch bei den mexikanischen Konsulaten in Deutschland (vgl. S.170) beantragen. Wer von Guatemala nach Mexiko einreist, erhält die Karte in den mex. Konsulaten im Land, meist aber auch noch an der Grenze.

Einreise Guatemala: Nur Reisepass. **Einreise Belize:** Paß und Visum. Das Belize-Visum gibt es bei den britischen Konsulaten in Deutschland und dem britischen Konsulat in Merida, sowie bei der Vertretung von Belize in Mexiko-City, vgl. jeweils dort. (Preise sehr unterschiedlich, zwischen 20 und 50 Mark, mit am teuersten bei den brit. Konsulaten in Deutschland). Visum manchmal auch noch an der Grenze bei Chetumal gegen Handgeld, hartnäckiges Verhandeln nötig. Beim britischen Konsulat in Guatemala bekommt man derzeit (6/87) kein Visum.

Wegen der dauernden Feindseligkeiten zwischen beiden Ländern war die Grenze zwischen Guatemala und Belize lange dicht. Seit 1984 ist die Ein-/Ausreise zwischen beiden Ländern wieder möglich. Über den aktuellsten Stand bei Visumangelegenheiten informieren die britischen Vertretungen, die Belize im Ausland repräsentieren, s.o.

Einkaufen

Günstiges Einkaufen auf Märkten ist in Mittelamerika weitgehend abhängig vom Verhandlungsgeschick - und das kann man nicht lernen.

Tip: Gegen Ende einer Tour handelt man routinierter als

am Anfang. Märkte in der Provinz sind billiger als die in Zentren und Touristengebieten. Märkte bei archäologischen Zonen kann man getrost vergessen. Amerikaner, 'gringos', werden am zahlungskräftigsten taxiert, und zunächst einmal sind alle Weißen 'gringos'.

Allzu große Bedeutung hat das Handeln aber nicht mehr, in den Städten gelten, mit Ausnahme von Märkten, Festpreise. Ausnahmen, beispielsweise in Hotels und kleinen Mietwagenfirmen, gibt es natürlich immer, aber dafür muß man ein 'feeling' haben. Die Mexikaner spüren meist genau, was einem etwas wert ist, dadurch wird der Handel doch recht einseitig. Dennoch läßt sich auf Märkten, gemessen an unseren Verhältnissen, recht günstig einkaufen.

Kurioserweise trifft man auf Märkten immer wieder Touristen, die zuhause über die Marktwirtschaft fluchen, aber erst einmal der heimischen Verhältnisse entronnen, zu den findigsten Kapitalisten werden. Da werden dann Billigtips gehandelt, als ginge es darum, einen neuen Supermarkt zu bestücken. Die Freuden des Marktes sind dann nicht mehr verpönt, spießiger Kleinkapitalismus gefragt. Auch sollte man sich darüber im Klaren sein, daß das massenhafte Kaufen von bestimmten traditionellen Indio-Gütern dazu führt, daß die Preise für diese Artikel steigen. So konnten sich z.B. während der Jahre des Touristenbooms in Guatemala (1979-81) die Einheimischen ihre eigenen Trachten kaum mehr leisten, weil einige europäische Großstadtindianer meinten, sie könnten ihre Solidarität durch den Kauf von 'echt starken' Handarbeiten beweisen. Die Indios waren auf billige Kunstfaserhemden angewiesen, während einige Trotter ihre alternative Beute auf europäischen Boulevards zur Schau stellten. Soviel nur am Rande, Literatur zum weiterlesen im Literaturteil.

Sogenannte antike Stücke, wie sie oft im Bereich der Ausgrabungsstätten angeboten werden, sind garantiert Fälschungen, schon weil jeder Handel und natürlich auch die Ausfuhr von archäologischen Gegenständen verboten ist.

Geschäftszeiten wie bei uns gibt es nicht, kleine Läden auf dem Land haben manchmal auch Sonntags geöffnet, in Mexiko-City haben die Läden einiger Restaurants und die Läden der 'Sunburn's-Kette' auch Sonntags geöffnet.

Elektro

Die Steckdosen sind für Flachstecker ausgelegt. Die Spannung beträgt in Mexiko 220, häufig auch 110 Volt, in Guatemala meist nur 110 Volt.

Essen

Die mexikanische Küche ist äußerst abwechslungsreich und schmackhaft - das ist kein fades Reiseführerlob! Exotische Früchte, Fische und Schalentiere und schmackhaft zubereitetes Fleisch, auch die Auswahl ist groß, und die Speisen sind fast immer recht preiswert. Mittelamerika ist also die richtige Region für Leute, die auch unterwegs gern gut und üppig essen.

Am Anfang der Reise sollte man zurückhaltend gegenüber einfachen Restaurants und Tacobuden sein, der Körper muß sich erst an die neuen Verhältnisse gewöhnen.

Immer noch gilt: N I E Leitungswasser trinken (obwohl in Mexiko das Trinkwassersystem sehr verbessert wurde), Vorsicht bei ungeschältem Obst. Rohes, Milchprodukte und Salate nur in vertrauenswürdigen Häusern essen. Natürlich lassen sich nicht alle Keimquellen ausschalten, aber auch hier gilt: "Erst die Menge macht das Gift".

Bedenken Sie, daß Ihr Körper durch die ungewohnte Umgebung (Höhenlage) ohnehin gefordert ist, ungewohnte Nahrung bringt noch zusätzliche Belastung. In den empfohlenen Restaurants werden Sie kaum Probleme haben, sie sind, wie Weitgereiste so schön sagen, 'safe'.

Die **Essenszeiten** liegen etwas später als gewohnt: Frühstück zwischen 8 und 11 Uhr, meist überaus reichhaltig mit Eiern, Obst und Fleisch. Das Mittagesssen -Comida- oder -Almuerzo- ist zwischen 13 und 15 Uhr, viele Restaurants bieten ein preiswertes Tagesgericht, die "Comida Corrida" an. Das Abendessen -Cena- ist die Hauptmahlzeit des Tages und wird oft richtiggehend zelebriert, ab 19 bis 23 Uhr.

Getränke: Kein Leitungswasser. Zur Aufbereitung von Leitungswasser gibt es unterschiedliche Methoden: Tabletten(Micropur), Filtersysteme (Sachs Filtron, Katadyn);

über das Brauchbarste streiten sich die Weltenbummler. Genauere Informationen in Globetrotterläden.

Erfrischungsgetränke gibt es in gewohnter Auswahl, manchmal hängt noch an der verlassensten Hütte ein "Pepsi"-Schild. Bier ist preiswert und gut. Die Weine sind von unterschiedlicher Qualität, leider oft teuer. Die trockenen Weine aus der herrliche Baja California zählen wohl zu den besten Amerikas.

Feste

Fiestas sind ein gewachsener Teil im kulturellen Leben von Lateinamerika. Die Kunst des Feierns ist vielerorts noch ungebrochen. Ausgelassen sein, vergessen, für wenige Stunden die sonst so unüberwindlichen sozialen Barrieren überschreiten und mißachten, endlich befreit vom schweren, trägen Irdischen - ein wenig näher den Göttern. So werden Feste zum kurzen, taumelnden Glück, undenkbar aber ohne die Not und Mühsal des Alltags.

Noch interessanter als die großen, nationalen und regionalen Feiern sind die kleinen Anlässe, die Nischen, die der Alltag bietet und die so bewundernswert virtuos genutzt werden, ein weites Feld.

Nationale **Feiertage:** 1.Jan., Umzüge. 5.Febr., Nationalfeiertag, gedenken an die Verfassung von 1857 und 1917. 21. März, Geburtstag des legendären Benito Juarez. Gründonnerstag, Karfreitag und Ostern. 1.Mai (alle Büros und Museen geschl.!), 5.Mai.1.Sept., Unabhängigkeitstag - großes Trara, auch am Abend zuvor. 12. Okt., Entdeckung von Amerika. 20.Nov., Revolutionstag. 25.Dez.

In **Guatemala:** 1.1., 6.1., Ostern, 1.5., 30.6., 1.8., nur Guatemala-City. 15.9., 12.10., 20.10., 1.11., 24.12., 25.12., 31.12. mittags.

Foto

Fotomaterial ist in Mexiko wesentlich teurer, am verbreitesten sind Kodak-Artikel. Dia-Filme werden ohne Entwicklung verkauft. Filmpreise in Guatemala mehr als doppelt so hoch wie in Mexiko. Einfuhr von 12 Filmen erlaubt! Bei den oft extremen Lichtverhältnissen sind Skylight- und Polfilter für gute Resultate praktisch unerlässlich.

Zurückhaltendes Verhalten und im Zweifel eine Frage sollten beim Fotographieren von Personen selbstverständlich sein. In einigen Gebieten mit hoher Indio-Bevölkerung ist regelrechte Abneigung und Feindseligkeit gegenüber Fotographen zu beobachten

Wie würden Sie reagieren, wenn fremd aussehende Riesen Ihr Auto begrabschen und mal kurz durch ihren Garten gehen, um Sie beim Biertrinken zu fotographieren?

Gringo

'Gringos' ist die gar nicht liebevoll gemeinte Bezeichnung für Nordamerikaner. Das Verhältnis der Mexikaner zum grossen, übermächtigen Nachbarn im Norden ist kompliziert und problemgeladen, seit die Vereinigten Staaten nach dem Krieg von 1846/47 ein Drittel des mexikanischen Staatsgebietes annektierten (Texas, Kalifornien, Arizona, New Mexiko). Diese Niederlage hat das stolze Volk bis heute nicht verkraftet. Die Schmach von damals findet noch heute ihren Ausdruck in dem oft unfreundlichen und distanzierten Verhältnis Nordamerikanern gegenüber, die zudem nicht selten eine besondere Begabung haben, sich anmaßend und töricht in Szene zu setzen.

Als Tourist sind Sie auch als Europäer zunächst einmal ein Gringo - bis das Gegenteil bewiesen ist - man sollte also offen seine Nationalität zu erkennen geben, gerade weil Mexikaner Mitteleuropäern gegenüber oft viel freundlicher eingestellt sind. Dennoch ist von der vielgerühmten Gastfreundschaft der Mexikaner gerade in den letzten Jahren einiges verloren gegangen. So problematisch solche Verallgemeinerungen auch sind, es bleibt unübersehbar, daß bei den vielen wirtschaftlichen Problemen im Land, bei der permanenten Krise, Freundlichkeit einfach einen schweren Stand hat.

Der 'Gringo Trail' ist ein mittlerweile sehr breit ausgelatschter Reisepfad durch Mittelamerika. Mit gewissen Abweichungen reisen Individualtouristen entlang dem Gringo Trail, die Rundreiseprogramme der Pauschalveranstalter folgen in etwa der gleichen Route.

So kommt es immer wieder vor, daß man nach einigen Tagen wieder die gleichen Traveller trifft. Man kann nun über diese Sache spotten oder sich über die vielen Bekanntschaften freuen, Tatsache ist, daß auch der Individualtourismus in Mittelamerika in relativ starren, durch die Verkehrsmittel, Hotelsituation etc. vorgegebenen Bahnen verläuft. Dies hat den Vorteil, daß der unabhängige Traveller auf seiner Tour meist ausreichend touristische Infrastruktur vorfindet und wem dies alles zu eingefahren ist, der kann ja jederzeit "Off Road" gehen. Wirklich Neues gibt es ohnehin kaum mehr zu entdecken, Humboldt's Zeiten sind vorbei. Aber auch der Gringo-Trail bietet noch immer reichlich Überraschungen, er führt durch reizvolle Städte und grandiose Landschaft, die meisten archäologischen Stätten liegen an der Strecke, genug Gründe also, den Trail zum Gerüst seiner Tour zu machen.

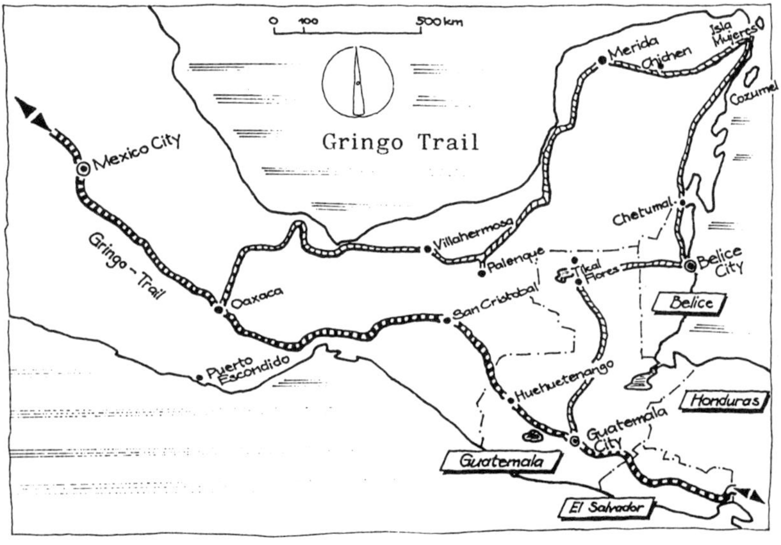

Gesundheit

Nur wer unterwegs auf seine Gesundheit achtet, bleibt aufnahmefähig und hat etwas von der Reise. Dies klingt natürlich banal, wird aber immer wieder übersehen. Oft konnte ich beobachten, wie sich manche Reisende schon in den ersten Tagen in eine Reisehektik stürzen - nach langer Flugreise und der Zeitverschiebung! Wer unter den ungewohnten Verhältnissen (Höhenlage/Klima) Sehenswürdigkeiten im Eiltempo abhakt, braucht sich nicht zu wundern, wenn der Körper einfach einmal streikt. Geruhsamer Beginn und umsichtige Planung sind gerade in tropischen Ländern die beste Gesundheitsvorsorge, dazu noch eine kleine Gesundheitsfibel, vgl. unten.

'**Turista**' heißt bezeichnenderweise die häufigste Erkrankung bei Mittelamerikatouristen (in Regionen mit schlechten hygienischen Verhältnissen haben aber auch viele Einheimische ständig ähnliche Beschwerden): Magen- und Darmschmerzen, Durchfall, hoher Flüssigkeitsverlust. Bei vorsichtiger Ernährung kann man sich vor der Turista ohne weiteres schützen, wenn es einen doch erwischt hat: Wirksam gegen Durchfall (aber nicht ursächlich) ist das Medikament 'Imodium' (Firma Janssen, rezeptpflichtig), in Mexiko wird gegen die Turista vor allem das ähnlich wie Imodium wirkende 'Lomotil' rezeptfrei verkauft. Beide Mittel stellen den Darm nur ruhig, wirken also rein symptomatisch, nur bei starkem Durchfall anwenden. **Volksmittel:** eine Wasssermelone mit zerkauten Kernen essen. Dies ist auch sinnvoll wegen dem hohen Flüssigkeitsverlust bei Durchfallerkrankungen. Auch Kopfweh ist in tropischen Regionen oft eine Zeichen für Salz- und Flüssigkeitsmangel.

In zweifelhaften Regionen nie Leitungswasser trinken! Empfohlen: Malariaprophylaxe (nach wie vor ist die Resochinpropylaxe unerlässlich, zwingend in den tropischen RegionenYukatan/Tabasco/Quintana Roo/Belice/Peten - Malariafälle nehmen wieder zu!) Hepatitisprophylaxe/Typhus -Paratyphusimpfung in tropischen Regionen, insbes. Guatemalas, Gelbfieberimpfung. Impfplan und Malariamedikament mit erfahrenem Arzt/bzw. Apotheker besprechen.

Kleine Reiseapotheke zuhause zusammenstellen, wichtiger als alle Pillen ist aber eingehende Information über richtiges Verhalten in tropischen Ländern. Es gibt mittlerweile diverse Literatur über Gesundheitsvorsorge und Laienmedizin bei Reisen in die Dritte Welt. Ich finde unter vielen anderen folgende Broschüren nützlich:

Tropenkrankheiten. Brigitte Geh, Dr. Sommerfeldt. Peter Rump Verlag, Bielfeld.
Oder: Gesund Reisen, von Dr.Ritter, C.Stein Verlag, Kiel.

Sehr wichtig ist auch ein Sprachführer mit den wichtigsten Redewendungen, in den kleinen Hospitälern spricht oft niemand englisch.

Jeder größere Ort hat ein staatliches 'Centro de Salud' hier wird man gegen geringste Gebühr (natürlich unterschiedlich kompetent) aber meist freundlich behandelt.

Hochsaison

Reisen während der Hochsaison ist - wie überall - auch in Mexiko erheblich beschwerlicher: Die Hotelpreise in den Touristenorten steigen an, oft ist es schwierig nach nervenaufreibender Busreise, ein freies Zimmer zu finden, die Flug- und Buskapazitäten sind ausgelastet, Flüge deshalb immer so früh wie möglich buchen, da es sich bei den Inlandflügen um reguläre Linienflüge handelt, können Termine immer noch nachträglich geändert oder storniert werden, ohne Geldverlust, Buchung auch schon in Deutschland möglich. Vgl. Verkehr im Land.

Hochsaison in Badeorten: Dezember bis Ostern, ganz besonders Weihnachten/Neujahr und Ostern. Über Weihnachten Neujahr sind die üblichen Touristenziele extrem stark besucht, wenn irgend möglich diese Zeiten meiden!!!

Im Sommer, während der Universitäs- und Collegeferien sind viele jüngere Traveller unterwegs, so daß es an den Haupttouristenorten schon ordentlich voll wird (Juli/August). Rechtzeitiges Reservieren erspart in diesen Zeiträumen viel Ärger. Zwischen September und Weihnachten ist es dann wieder problemloser zu reisen, eigentlich die ideale Zeit für Individualtouristen, ähnlich : Mai-Juni.

Natürlich hängt das Touristenaufkommen extrem von der aktuellen Dollarentwicklung ab - fast 90% aller Mexikotouristen sind nach wie vor US-Amerikaner. In Guatemala ist der Tourismus immer noch bedeutend geringer als in Mexiko.

Der Tourismus in den 80er Jahren

Die wilden Schwankungen im Mexiko-Tourismus während der 80er Jahre vereiteln jede zuverlässige Prognose über die zukünftige Entwicklung. Auf Niedrigpreisphasen folgten bislang noch immer regelmäßig Preisexplosionen, so daß Mexiko ständig zwischen Billigreiseland und teurem Reiseziel pendelt. Alle Preisangaben in diesem Buch sind deshalb, wie die Hotelklassifizierungen als Orientierungshilfen zu verstehen, die nur in der Relation zueinander einigermaßen gleichbleibend sind.

Die Preissprünge während der letzten Jahre waren oft atemberaubend: Wegen der schier unglaublichen Inflation haben viele Reiseveranstalter Anfang der 80er Jahre Mexiko ganz aus ihrem Programm gestrichen. 1983 wurden dann die Hotelpreise eingefroren und der Peso um insgesamt 300% ! abgewertet, damals konnte man bei unglaublich niederen Preisen fast überall einen freien Platz bekommen, nur die von US-Amerikanern besuchten Plätze erlebten noch einen Boom. 1984 und 1985 sind die Preise dann wieder recht zügig gestiegen und der Peso verlor nur gegenüber dem Dollar entsprechend an Wert.

Neuerdings kommt auch der Tourismus nach den vielen Wirtschaftskrisen und Depressionen nicht mehr so recht in Schwung, der niedere Dollar hält viele Amerikaner eher zuhause, dafür genießen die europäischen Touristen seit Ende 1986 den immer günstiger werdenden Wechselkurs, wie lange noch, weiß freilich niemand...... Abseits derYankee-Hochburgen findet man auch in der Hochsaison oft noch genug Platz. Die Zahlen der Boomjahre Anfang der 80er werden so schnell nicht wieder erreicht werden...

Hotel

Es gibt in Mexiko und in Guatemala zahlreiche preiswerte und dabei gute Hotels. Manchmal sogar ausgesprochen behagliche, charmante Unterkünfte, oft in umgebauten Gebäuden aus der Kolonialzeit, in denen man sich gleich wohlfühlt. Auch einfache Billigunterkünfte gibt es reichlich, nur darf man dort natürlich keine großen Ansprüche stellen.

Preise: Es ist fast unmöglich, für Mittelamerika verläßliche Hotelpreisangaben zu geben. Der Dollarkurs, von dem der Wert des Peso, des Quetzal und des Belize $ ja stark abhängt, Inflationsrate, Saisonschwankungen und politische Verhältnisse bewirken ständige und unvorhersehbare Preisänderungen. Nachdem wir in den zurückliegenden Auflagen dieses Buches bis 1986 noch konkrete Preise angegeben haben, sind wir nun zu einem Klassifizierungssystem mit drei Kategorien übergegenagen, das Ihnen wenigstens eine ungefähre Schätzung der Hotelkosten und des Komforts ermöglichen soll. Dabei ist ein einstern Haus nicht überall gleich teuer und komfortabel, sondern in der Relation zur Region, bzw. zum Preisniveau im betreffenden Reiseland zu sehen. Ein *Hotel in Acapulca ist natürlich teurer als ein *Haus mitten im Dschungel von Chiapas. In jeder Kategorie haben wir versucht, kleinere, persönlich geführte Häuser vorzuziehen. Eine Ausnahme sind die praktisch durchweg guten

Hotels der Ketten 'Villas Archeologicas' und 'Mision Inn', bei den ärchäologischen Zonen.

* einfache Pensionen und Hotels, meist geringer Komfort aber häufig solide Familienbetriebe, mit herzlicher Atmosphäre.

** Mittelklasse, meist gute Zimmer mit Dusche, oft gutes Restaurant im Haus,

*** obere Mittelklasse, bis Komfortklasse. Dusche obligatorisch, internationaler Standard.

Die Klassifizierung in diesem Buch hat natürlich nichts mit der offiziellen Hoteleinteilung zu tun. Sie ist ebenso wie die Auswahl der Häuser ein Resualtat der persönlichen Erfahrungen von Lesern und Autor.

Auskunft über dieaktuelle Hotelpreissituation geben die - allerdings auch nur leidlich oft aktualisierten Hotelpreislisten der mexikanischen Fremderverkehrsämter. Wenn Sie die aktuellen Preise in den Listen der Verkehrsämter mit unseren Sternangaben vergleichen, erhalten Sie einen ersten Anhalt über die Preissituation.

Mitte 87 (beim Dollarkurs von DM 1,80) kosten die *Hotels im Buch zwischen 10 und 25 Mark, **Mittelklasse 30 -40 Mark, ***Luxus ab 40 Mark, je Dozi, diese extrem günstigen Preise können sich aber bald wieder ändern, also immer mit den aktuellen Listen vergleichen.

In **Guatemala** liegen die Hotelpreise derzeit ebenfalls sehr günstig, teilweise noch unter mexikanischen Niveau!

In **Belice:** relativ kleines und teures Zimmerangebot, oft niederer Standard. Gute Hotels sind deutlich teurer als in Mexiko, teure nicht immer gut. Einfache Zimmer ab 20 Mark.

In einfachen Hotels kann man oft auch mit mehr als zwei Personen - gegen geringen Aufschlag - in einem Dozi absteigen. Dies praktizieren auch viele Einheimische.

Nicht nur für Paare: Doppelzimmer mit **einem** großen Bett 'cama matrimonial', diese Zimmer sind bis zu einem Drittel billiger als Zimmer mit zwei getrennten Betten 'duas camas'.

Wir haben immer versucht, Hotels zu empfehlen, die über längere Zeit hinweg ihren Standard gehalten haben. Freundlichkeit und Aufmerksamkeit schien uns wichtiger als ein Zimmertelefon. Tips über Billighotels sind naturgemäß gewagt, weil sich deren Zustand oft schnell verändert, außerdem erhält jeder Traveller unterwegs genügend 'heiße' Infos über die aktuellen Billigherbergen

Meine große Bitte: Schreiben Sie über Ihre Hotelerfahrungen, nur so können die Reisenden nach Ihnen ebensoviel von diesem Buch profitieren wie Sie es jetzt tun.

Reservieren: Auf allen größeren Flugplätzen im Land und auf vielen Busbahnhöfen gibt es Reservierungsschalter für Hotels. In Hauptsaisonmonaten kann man auch vom bewohnten Hotel aus das nächste per Telefon reservieren lassen, dies klappt aber nur bei einigermaßen zuverlässigen Häusern, z.B. den Hotels der guten 'Villas Arquelogicas' - Kette.

Ein reserviertes Zimmer erspart viel Ärger - es gibt ja nichts Zermürbenderes als hektische und vergebliche Zimmersuche in tropischem Klima.

Reservierungen von Deutschland aus sind oft problematisch, die Preise oft höher als die im Land.

Wichtig: Hotelpreis sollte immer an der Zimmertür angeschlagen sein. Preise immer **ohne** Frühstück. Viele Hotels bieten einen Gepäckaufbewahrungsservice an, man braucht dabei bei Rückkehr nicht im selben Hotel wohnen bleiben.

Klima

Wegen der unterschiedlichen Höhenlagen und der Lage zwischen zwei Weltmeeren gibt es sehr unterschiedliche Klimazonen, es werden - in grober Vereinfachung - drei Klimazonen unterschieden.

1. Tierra caliente - heiße Zone -, bis 800 m Höhe, Jahresdurchschnitt über 25 Grad C., tropisch feuchtheiß, z.B.: Tabasco, Yukatan, Chiapas, Peten, Belice.

2. Tierra templada - gemäßigte Zone -, 800 - 1.000 m Höhe, Jahresdurchschnitt 18 - 22 Grad C., z.B.: Oaxaca, Guatemala-City.

3. Tierra fria - kalte Zone - über 1.800 m Höhe, Jahresdurchschnitt um 15 Grad, im Winter kalt, im Sommer angenehm warm, große Tag - Nachtunterschiede, z.B.: Mexico-City, Chiapas.

Höhenlagen und Durchschnittstemperaturen in einigen wichtigen Städten Mexikos:

Höhenlagen		Jan.	Febr.	März	April	Mai	Juni	Juli	Aug.	Sept.	Okt.	Nov.	Dez.
Acapulco	0	26,4	26,6	27,0	27,8	28,6	28,6	28,6	29,1	28,3	28,1	27,8	27,1
Cancun	0	25,0	25,2	25,4	27,8	28,5	29,0	29,2	29,4	29,0	27,9	26,7	25,8
Merida	9	22,9	23,6	25,8	27,3	28,0	27,7	27,2	27,6	27,1	25,9	24,5	23,2
Mexico-City	2240	12,6	14,3	16,9	17,9	17,6	17,4	16,3	15,9	15,1	15,0	14,1	12,6
Monterrey	538	16,4	17,6	20,3	23,7	26,1	28,1	28,4	28,3	25,9	22,4	17,7	15,6
Oaxaca	1550	19,0	20,5	22,6	23,5	23,6	22,3	21,8	21,7	21,2	20,3	19,8	18,7
Taxco	1755	19,8	20,7	23,3	25,8	23,7	22,8	20,6	20,5	20,5	20,5	20,4	20,0
Villahermosa	10	23,7	24,8	26,6	28,4	29,0	29,1	28,3	28,8	28,5	27,2	26,4	24,0
Veracruz	0	21,8	22,5	23,9	25,8	27,8	28,1	28,1	28,2	27,7	26,7	24,5	23,0

Die **Regenzeit** dauert von Mai bis September, je nach geographischer Lage schwanken die Niederschläge sehr stark: 52% des Landes, besonders der Norden, gelten bei weniger als 10 cm Niederschlag im Jahr als sehr trocken, 6% des Landes sind bei über 5 m Niederschlag pro Jahr sehr feucht.

Das Vegetationsbild weiter Teile Mexikos (z.B. Yukatan) variiert sehr stark zwischen der Trockenzeit und der Regenzeit, die braunen Buschsavannen der Trockenzeit verwandeln sich in der Regenzeit in nahezu tropisch dichte Regenwälder. Wer Freude an vegetationsreicher Landschaft hat, sollte nicht mitten in der Trockenzeit reisen, oder seine Reiseroute in die immerfeuchten Gebiete legen.

Klimaregionen von Mexiko:

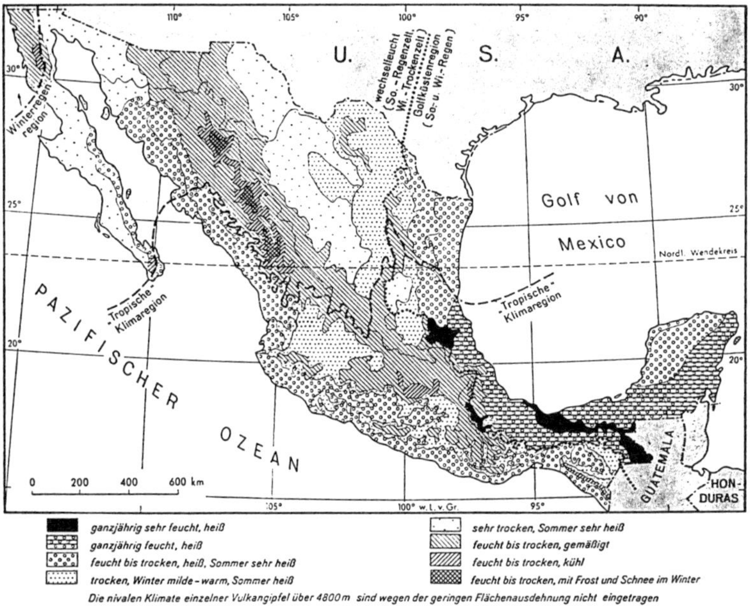

Meist fallen die Niederschläge als kurze Schauer in den Nachmittagsstunden. In Küstennähe und in tropischen Regionen kommt es oft zu den sagenhaften Wolkenbrüchen, in kürzester Zeit prasseln dann Riesenmengen auf die Erde, bald danach scheint wieder die Sonne.

Reisezeit: Generell beeinträchtigt die Regenzeit die Urlaubsplanung nur am Rande, wer also einigermaßen hitzebelastbar ist, kann ganzjährig in Mittelamerika reisen. Die feuchtwarme Hitze in den tropischen Regionen (Tabasco/Pazifik-, Karibikküste/Belize/Peten) macht einem aber ordentlich zu schaffen, man kann also kein normales Tagespensum ansetzen. Unangenehm vor allem die Nachthitze in diesen Regionen.

In den höhergelegenen Landesteilen, ab ca. 1.800 m , wird es nachts, insbesonders in den Wintermonaten empfindlich kalt, an entsprechende Kleidung denken.

Kurz: Bedingt durch das ausgesprochen uneinheitliche Klima kann nicht von einer idealen Reisezeit für Mittelamerika gesprochen werden. Wer erhöhte Preise und Hektik vermeiden möchte, sollte die Hochsaisonmonate beachten.

Foto: Romualdo Garcia, aufgenommen zw. 1905 - 14 in Guanajuato.

Land und Leute 1

Die Reiseführerpsychologie, die Spanier im Wesentlichen zu verkappten Stierkämpfern macht und die Mexikaner auf stolze Sombreroträger reduziert, so verquer diese Darstellungen auch sein mögen, allemal werden so Vorurteile verfestigt. Wer sich ernsthaft um Land und Leute bemüht, kommt um ausführliche Lektüre nicht herum, Hinweise dazu am Buchende im Literaturteil. Sehr lesenswert sind die Bücher der großen Poeten Octavio Paz und Carlos Fuentes, die jetzt teilweise auch in deutscher Übersetzung vorliegen. Dies sind wirklich faszinierende Texte, und auch die Freunde griffiger Formeln werden darin etwas finden, so z.B. bei Octavio Paz:
"... jeder Mexikaner ist der Sohn einer Jungfrau, umzingelt von Millionen finsterer Hurensöhne."

Octavia Paz: Das Labyrinth der Einsamkeit, Bibliothek Suhrkamp Bd. 404. Carlos Fuentes: Terra Nostra, dtv 10043

Von ein paar Texten bin ich so begeistert, daß ich es gleich loswerden möchte: Hans-Jürgen Heise, Von Quezalcoatl zum Pepsicoatl. In der Monatszeitschrift Merkur 7/80. Wohl nirgends gewinnt man auf 14 Seiten mehr Einsicht in die vertrackte Situation des Landes. Gleich im Anschluß daran ein Essay von Dietmar Merten: Streit um Uncle Sams Erbe. Revolution vor der amerikanischen Haustür. In vielen Punkten bereits Realität geworden.

Nach wie vor unersetzlich: Egon Erwin Kisch, Entdeckungen in Mexiko. Knaur 1088. Tiefe Einsichten in die Strukturen des Landes, vom Altmeister der Reportage, glänzend formuliert. Ein Kunstwerk.

'Feuerlinie' heißt ein Gedichtband von Gioconda Belli (Peter Hammer Verlag, Wuppertal, 1981). Die Autorin kämpfte gegen die Somoza-Diktatur, floh nach Costa Rica und arbeitet nun an führender Stelle in der Sandinistischen Bewegung. Ihre packenden Verse verbinden Eros und Revolution. Das Buch gehört in jeden Rucksack.

Land und Leute 2

Auf Reisen durch Mexiko und Mittelamerika ist die schier unglaubliche Mannigfaltigkeit der Eindrücke wohl die dominanteste Erfahrung. Es gibt keinen Satz, der auf ganz Mexiko zutreffen würde. Industrienation westlicher Prägung, Schwellenland, Entwicklungsland: alles trifft zu - und auch nicht. Verschiedenste Klimaregionen und Vegetationsverhältnisse. Die 20 Millionen Menschenwüste von Mexico-City, weite fast menschenleere Tropenwaldregionen im Südosten des Landes. Gemischte Bevölkerung: Mestizen, Indios, Weiße. Diese Gegensätze vereiteln eine kurze prägnante Beschreibung der Verhältnisse.

Chaos als Programm

Sicher ebenso interessant wie der Besuch der archäologischen Zonen, der ja ein Hauptreisemotiv der meisten Touristen ist, ist die Beobachtung der Alltagskultur Mexikos. Es ist das Gefühl, in ein Sammelbecken von Problemen gereist zu sein, das jeden sensiblen Reisenden nach der Ankunft erfaßt. Und gleichzeitig beginnt die andauernde Verwunderung, mit welch spielerischer Ausdauer vieles gemeistert wird. Kaum vorstellbar, was sich hinter den Daten zur Bevölkerungsstruktur verbirgt: Bevölkerung 1960: 35 Mio., 1986: 80 Mio, Bevölkerungszuwachs: 3,5%, d.h. Verdopplung alle 20 Jahre. Die Hälfte der erwerbsfähigen Bevölkerung ist arbeitslos, über die Hälfte der Bevölkerung ist derzeit unter 20 Jahren alt, was braut sich da zusammen?

'PRI'

Unter diesen Verhältnissen sind viele vertraute Denkmuster hinfällig. Die 'Regelung auf mexikanisch' - Korruption, Chaos, bisweilen geniales Chaos - das ist mexikanischer Alltag. Über allem die 'PRI = Partido Revolutionario Institutional'. 8 Millionen Mitglieder, geführt von einer verfilzten Machtclique, seit 55 Jahren ununterbrochen an der Macht. die 'institutionalisierte Revolution', niemand stört sich an diesem parteigewordenen Widerspruch.

Ohne PRI läuft nichts in Mexiko, kein Ansehen, keine Macht, schon gar kein Geld. In der PRI sind korrupte Polizisten, Kaufleute, linke Intelektuelle, Unternehmer. Jeder der Redner der PRI, und es gibt viele, beruft sich auf die Errungenschaften der Revolution: Unter dem legendären Bauernführer Emiliano Zapata haben von 1910 bis 1917 die Land- und Rechtlosen für 'Tierra y Libertad' gekämpft. 1 Million fiel. Die PRI beansprucht für sich, das revolutionäre Erbe zu verwalten. Was wurde daraus: 1968 protestierten Studenten auf dem Platz von Tlateloco, sie waren dagegen, daß der Staat Milliarden für das Spektakel Olympische Spiele verprasst, aber nichts für seine Leute hat - Hunderte der Demonstranten wurden erschossen.

Durch Pachtverträge und Schuldverschreibungen wurden viele Kleinbauern systematisch enteignet, wenn heute landlose, 'Campesinos', das brachliegende Land der Hacienderos besetzen dann arbeiten die von den Grundbesitzern gedungenen 'Pistoleros' Hand in Hand mit der Polizei: 1981 gab es 27 Tote bei einer 'privaten Landnahmeaktion' bei Puebla. In Monte Libano im Bundesstaat Chiapas wurden unlängst 70 Bauernhütten niedergebrannt und auch 1986 wurde laufend von Übergriffen berichtet (vgl. dazu das Kapitel 'Wo Gewalt Tradition hat'.

Auch der letzte Staatspräsident Lopez Portillo langte kräftig hin: In seine Amtszeit fällt der schon märchenhafte Aufstieg und der ebenso spektakuläre Fall der staatseigenen Ölgesellschaft 'PEMEX'. Wie seine Vorgänger installierte Lopez Portillo seinen Clan in entscheidenden Positionen. Da kein Präsident wiedergewählt werden darf, werden die letzten Regierungsmonate oft zur persönlichen Bereicherung genutzt: Lopez' Wohnsitz besteht aus 4 Palästen über dem Smog von Mexico-City. Sein früherer Polizeichef Arturo Duarez ließ sich, bei einem offiziellen Monatsgehalt von 1300 Mark, eine 10 Millionen Villa im Pazifikbadort Zihuatanejo hinstellen, wurde dann plötzlich unter Anklage gestellt. Die Frau des Präsidenten, Carmen Romano de Lopez Portillo, ließ kurz vor Ablauf der Regierungsperiode wertvolle Kunst aus dem Anthropologischen Museum in Mexiko-City wegschaffen.

Aber, Mexiko ist immer noch das politisch stabilste, das sicherste und das friedlichste Land in Mittelamerika. Einmal abgesehen vom Kleinstaat Costa Rica hat Mexiko den höchsten Lebensstandard, das freieste politische System und die besten Sozialleistungen - für Leute, die das mexikanische Spiel beherrschen.

'Der Neue'

Turnusgemäß wurde Anfang Juli 1982 ein neuer Präsident gewählt. 75% wählten Miguel de la Madrid, der natürlich alles besser machen wollte. Noch frei von Skandalen wetterte er in seiner Antrittsrede vor allem gegen die Korruption, er sprach von der vielbemühten 'moralischen Erneuerung'. Mit seinen für Mexiko ungewohnt offenen Worten erwarb er sich die Symphatie von vielen, aber der Zorn wird riesig sein, falls die verzweifelten Hoffnungen wieder einmal nicht eingelöst werden. Inzwischen hat de la Madrid wenigstens ein klein wenig ernst gemacht: Der letzten großen Säuberungswelle 1984 fielen 105 Regierungsbeamte zum Opfer. Der prominenteste Gauner war der ex-Polizeichef von Mexiko-Stadt, Arturo Durazo (vgl. auch nächste Seite). Durazo wurde Mitte 84 auf dem Flughafen von Puerto Rico verhaftet. Neben einer Menge anderer Verbrechen wird dem früheren Polizeiführer maßlose Bereicherung aus der Staatskasse vorgeworfen.

Aber auch der neue Schlag ist nur eine Kleinigkeit gegen die "chronische Krankheit der Raubgier und Bestechlichkeit" (Octavio Paz). Der Journalist Armando Ayala Anguiano sieht die Krankheit einfach und unheilbar, "Die Regierung kann die Bevölkerung wirtschaftlich nicht zufriedenstellen, um uns zu unterhalten, bietet sie uns deshalb einen römischen Zirkus."

Mordida

Mordida ist der in Mexiko allgegenwärtige 'Biß' mit Geldscheinen: Korruption. Ohne Mordida geht nichts, wer im öffentlichen Leben etwas erreichen will, muß beißen - und ganz im Machismo-Denkmuster, wer Mordida nicht beherrscht, ist ein 'pendejo', ein Schlappschwanz.

Für viele ist die Korruption der Hauptgrund der gegenwärtigen Wirtschaftskrise. Tatsächlich, in Mexiko herrscht Korruption satt, und wieder einmal allen voran der staatliche Ölmulti **'PEMEX'**: Die jährlichen Bilanzlücken sind gigantisch. 1981 fehlten Einnahmen in Höhe von 4 Milliarden Dollar. Pemex-Chef Jorge Diaz Serrano erklärte zu dem Schwund lapidar: "verdunstet". Als im Juli 1979 ein Ventil auf der Bohrinsel Ixtoc I platzte, flossen neun Monate lang täglich 20 000 Barrel Öl in den zuvor glasklaren Golf von Mexiko. Nach Monten erst bemühte die Pemex den legendären Ölbrandbekämpfer Red Adair aus Texas. Der fluchte: "Haben Sie schon einmal so ein Durcheinander, so eine Sauordnung gesehen?" Es gibt viele undichte Stellen bei der Pemex: Während 2 Jahren verschwanden 97 Mill. Kubikfuß Gas aus den Bilanzen. Offizielle Erklärung: Die Menge würde zum Füllen neuer Leitungen gebraucht. Ein Oppositionspolitiker rechnete nach: Man hätte damit eine Leitung füllen können, die 248mal um den Äquator läuft.

Mordida überall: Da ordnet ein Schuldirektor an, daß statt blauer nun grüne Uniformen getragen werden müssen. Der Direktor ist mit dem Besitzer der nahen Textilfabrik befreundet. So geschehen in Nezahuacoyotl. Die **Polizei** ist durchgehend korrupt. Wer eingestellt werden will, muß zahlen, ebenso wer weiterkommen will. Den enormen Finanzbedarf der Polizei bekommt auch der einfache Tourist zu spüren: Immer wieder werden von Polizisten grundlos irgendwelche Strafgelder kassiert.

Der Polizeichef von Acapulco, Arturo Moreno, früher ein mittlerer Beamter, soll durch Drogenhandel reich geworden sein. Der ehemalige Geheimdienstchef, Miguel Nassar Haro, ist mittlerweile als Chef einer mexikanisch-amerikanischen Autoschmugglerbande enttarnt. Auch Arturo Durazo, der ex-Polizeichef von Mexiko-Stadt, darf nicht fehlen. Sein ehemaliger Leibwächter hat einen Bestseller geschrieben, 'Das schwarze des schwarzen Durazo', er wird darin fast jeden Verbrechens bezichtigt.

Und wo gibt es ein Gesetz, das Regierungsbeamte zwingt, vor und nach ihrer Dienstzeit ihren persönlichen Besitz offenzulegen. Und wo gibt es eine Versicherung gegen 'Probleme mit Behörden', in Mexiko ...

Museum

Fast alle Museen sind Montags geschlossen! Viele der bekannten - und sehr sehenswerten - Museen liegen am **'Gringo-Trail'**, sind also leicht zu erreichen und im Ortstext besprochen. Sonntags oft freier Eintritt, aber viele Leute. Eintrittspreise selten über 1 Mark.

Muße

Muße, Langweile, einfach mal Zeit haben - eigentlich sind das ja Selbstverständlichkeiten auf Reisen. Leider sieht man immer wieder Leute, die durchs Land rasen, rennen oder fahren, ohne dabei die mannigfaltigen Schönheiten Mittelamerikas überhaupt noch wahrnehmen zu können. Sicher, archäologische Zonen, Tempel, Museen können einen gerade in Mexiko in Besichtigungsstress bringen, der Kanon der klassischen Sehenswürdigkeiten ist schier endlos. Entsprechend pervertiert ist der Kulturkonsum vieler Touristen, "habt ihr schon Tikal gemacht, und Monte Alban?", oft gehörte Fragen, die Kulturstress verraten. Man ist nicht mehr an Ort und Stelle, man macht! Nichts gegen Museen und andere Stätten, nur, es gibt schließlich noch Anderes Wer ein Land besucht, sollte auch die Alltagskultur sehen mögen, in der ja 99% der Leute leben müssen. Außerdem könnte man ja mal:

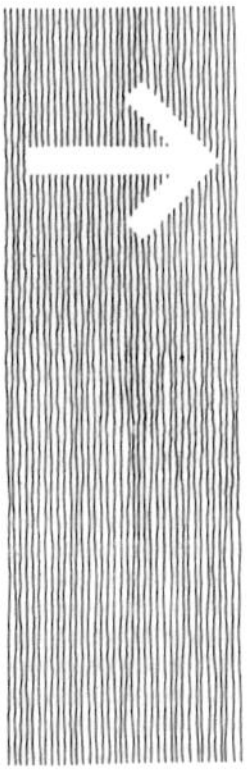

herumwandeln und nach den Richtlinien von Mi Fei dem alten - Zartheit, Geschwungenheit, Klarheit und Schlankheit - ein Pflanze oder ein Bauwerk beurteilen.

eines Morgens ganz früh mit seinem Lieblingsbuch auf einen Hügel oder Berg wandern. Pflanzensamen sammeln, ordentlich archivieren, zuhause aussäen.

ohne Gepäck und nicht allein in die Vororte der Großstädte fahren, umherlaufen, den Mut nicht verlieren, nachdenken.

in einem guten Geschäft ein Hemd kaufen.

Polizei

"... überhaupt ist die Polizei eine unerfreuliche, belastende Erscheinung und deutlich auf Erpressung von Trinkgeld aus." (Aus einer Zuschrift)
"Die Polizei muß die Garantie für die öffentliche Sicherheit

und Ordnung sein und nicht der Grund für deren Zusammenbruch." (Der neue Präsident Miguel de la Madrid in seiner Antrittsrede am 1. Dezember 1982)

Die Polizisten sind mal freundlich, mal auf Erpressung irgendwelcher Gelder aus. Oft hilft Autofahrern nur das Zahlen aus der Klemme. Nie polizeiliche Haltegebote oder Straßenkontrollen mißachten - schon garnie in Guatemala!! Und wer's gar nicht glauben möchte, nochmal Mexiko live vom August 1984:

"Aus Puebla wurden uns Dinge erzählt, die es umso wichtiger erscheinen lassen, auch während der Fahrt auf verriegelte Türen zu achten. Wird man trotzdem überfallen und beklaut, ist es wohl das Dümmste, was man tun kann, zur Polizei zu gehen und Anzeige zu erstatten. Wenn man das Geld hat, sollte man die Polizei nach dem Preis für das Gestohlene fragen und mit etwas Glück hat man seine Siebensachen bald wieder." (Nina Schaarschmidt-Kremer, Bonn)

Preise

Die im Text angegebenen Preise können nur als Orientierungshilfen verstanden werden. Zwar sind alle Preise auf dem Stand von Anfang 1987 - aber: Die unstabile Wirtschaftslage und ständige Währungsschwankungen führen laufend zu Preisänderungen. Derzeit sind Mexiko und Guatemala preiswerte Reiseländer; - das kann sich mit einer Änderung der Inflationsrate und einem neuen Dollarkurs aber jederzeit ändern. Allein in den letzten 6 Jahren pendelte Mexiko mehrmals zwischen teurem und sagenhaft preiswertem Reiseland. Luxushotels waren manchmal unerschwinglich, dann wieder - wie derzeit - mit 40 DM fast geschenkt. Wir geben deshalb bei Hotels und Restaurants auch keine konkreten Preise mehr an - sondern Kategorien, die eine Schätzung erleichtern sollen - die Relation der Hotelpreise untereinander bleibt ja meist gleich.

Auch in Hochpreisphasen liegen die Preise für Transport (besonders Bus und Zug) bedeutend unter Mitteleuropaniveau. Auch einfache Hotels und Restaurants sind keinesfalls teurer als bei uns.

Derzeit bekommt man beim Tausch in **Mexiko** für 1 DM ca. 270 Pesos (Mitte 87). Der Kurs in Deutschland ist wesentlich schlechter.

Der guatemaltekische Quetzal orientiert sich am Kurs des US-Dollar. Die Preise sind dadurch recht stabil. Es gibt im Moment (Anf. 87) keinen nennenswerten Schwarzmarkt im Land, dies kann sich aber ändern, sobald die Banken nicht mehr günstig tauschen, im Moment erhält man für 1 US$ ca. 2,75 Quetzal.

Zum Schwarzmarkt vgl. auch unter Banken/Geld und unter Guatemala-City.

Reconfirmation

Eine im internationalen Flugverkehr übliche Sitte, daß Flüge eine bestimmte Zeit (Inland 24 h, international 72 h) vor Abflug noch einmal vom Passagier bestätigt werden müssen. In Mittelamerika sehr wichtig, weil es viele gibt, die Flüge auf Verdacht buchen, aber nicht antreten, sog. 'no shows', diese nicht reconfirmten Flüge werden dann über eine Warteliste neu vergeben. Wer einen gebuchten Linienflug nicht antritt, muß mind. 24 h vor Abflug annulieren, um Stornogebühren zu vermeiden.

Reconfirmation ist **nicht** erforderlich bei Lufthansa und bei allen computergebuchten Inlandflügen von Aeromexico und Mexicana.

Sprache

In den Großstädten und in den Touristenzentren kommt man mit Englisch gut durch, Deutsch wird nur selten verstanden. Abseits der Metropolen sind zumindest elementare Spanischkenntnisse unerlässlich. Gerade Individualreisende brauchen einen Sprachführer im Gepäck - dies ist auch im Krankheitsfall abseits der Großstädte sehr wichtig. Im übrigen wird man schon mit geringen Spanischkenntnissen sehr viel freundlicher und aufmerksamer empfangen. Dies liegt vielleicht auch daran, daß der amerikanische Durchschnittstourist oft genug ein 'Gracias' nur mit großer Mühe über die Lippen bringt.

Taxi

Taxifahren ist in der Regel recht preiswert. Taxis, die vor großen Hotels warten, sind meist teurer als die an den üblichen Standplätzen. Gleiches gilt für Taxis, die **von** Flugplätzen wegfahren. Der häufigste Taxistandplatz ist der **Zocalo**, so heißt meist der Hauptplatz einer Stadt in Mexiko.

In Mexico-City verkehren preiswerte 'collectivos', Sammeltaxis, die auf festgelegten Routen verkehren, freie Plätze zeigt der Fahrer mit Handzeichen an. Taxistände sind oft mit einem Schild **'sitio'** markiert. Am preiswertesten sind in Mexico-City die gelben VW-Käfer Taxis (5 km ca. 5 DM). Mit Ausnahme von Mexico-City haben die Taxis keine Taxameter (auch dort lange nicht alle). **Preise** unbedingt vorher aushandeln. Spanischkenntnisse wirken preisdämpfend.

Telefon

Transatlantische Ferngespräche sind in Mexiko extrem teuer, weil mit einer Luxussteuer belegt .

Fern- und besonders Auslandsgespräche von Hotels aus werden oft astronomisch teuer abgerechnet. Für eine kurze Nachricht nach Übersee ist ein Telegramm oder Telex am billigsten: 20 Silben ca. DM 25.

Ortsgespräche von der öffentlichen Zelle kosten ca. 10 Pf. **Inland-Ferngespräche** werden billig, wenn man sie von den sog. 'Casetas de larga distancia' aus führt. Adressen und Öffnungszeiten dem örtlichen Telefonbuch entnehmen.

Casetas in Mexiko-City z.B. bei: Sanburn's am Paseo de la Reforma, neben Sheraton Hotel, in Merida: Nähe Zocalo, Ecke Calle 59&62.

Internationale Ferngespräche 09 - Vermittlung spricht Englisch. Nationale Ferngespräche 02, Notruf 07, Polizei 06. Auskunft in Englisch in Mexico-City: 250-0123.

Tourismus aktuell

Nach wie vor kommen über 90% der Mexiko-Touristen aus den USA. Und das Verhältnis zum großen Nachbarn im Norden ist seit jeher gespannt. Das hat natürlich historische Gründe (vgl. Literaturhinweise ab S. 164), aber auch aktuelle. Vor allem wird der Stolz der Mexikaner nicht so leicht mit dem ökonomischen Gefälle zwischen den USA und Mexiko fertig. Die USA sind an Vielem im Land schuld, für die Mexikaner aber an **Allem**. Gewöhnen sie sich daran, daß Sie als 'Gringo' und, noch schlimmer, als 'US-Gringo' gesehen und behandelt werden, dies geschieht bis zum Beweis des Gegenteils, das kann man am einfachsten mit Sprachkenntnissen.

Natürlich funktioniert das 'Sündenbock-Prinzip' auch und gerade im stolzen Mexiko: Die Schuld an der gegenwärtigen Wirtschaftsmisere sucht man allgemein bei den Reichen und bei den Ausländern, besonders den US-Amerikanern.

Zwar soll der Tourismus helfen, das Devisenloch zu stopfen, aber 'gringos' sind eben zu Zeiten wirtschaftlicher Depression noch weniger gelitten als sonst. Die vielgepriesene Gastfreundschaft, besonders die der Mexikaner, wird immer wieder hart bedrängt von einer latenten Feindseligkeit, die der Fremde überall zu spüren bekommen kann.

Die Enttäuschung über den verpufften Aufschwung, der die Reichen reicher und die Armen noch hoffnungsloser werden ließ, bemerkt man überall, besonders in den Städten. Dort ist häufig nur noch dumpfe Resignation oder undifferenzierte Wut, die besonders in den Jahren 1985/1986 - nach dem Erdbeben - auch einige Fremde zu spüren bekamen. Die Polizeipräsens in Mexiko-City und in anderen Großstädten sagt über die soziale Lage breiter Schichten mehr als viel Worte.

Also: Gut auf seine Sachen aufpassen. Spanischkenntnisse sind wichtig, helfen aber naürlich auch nicht immer. Durch die miese Wirtschaftslage werden die Überfälle leider immer dreister. Es wurden 1986 auch Busse (bevorzugt natürlich 1. Kl.) gekapert und die Passagiere gnadenlos abkassiert, incl. Schmuck, Foto etc....

Verkehr im Land

Faustregel: in Mexiko größere Strecken (ab 500 km) fliegen, darunter mit dem Bus. In Guatemala Bus. Das Eisenbahnnetz ist nur wenig ausgebaut und praktisch immer langsamer als der 1. Kl. Bus.

Aeromexico und Mexicana gewähren bei Vorlage eines internat. Tickets Rabatte auf Inlandflüge, Buchung muß aber spätestens 3 Tage nach der Einreise erfolgen (genaue Rabatte und Buchungsfristen bereits in Deutschland erfragen).

Ebenso das gemeinsame Inlandflugheft (mit allen **aktuellen Tarifen)** anfordern:

Aeromexico, Friedensstr. 11, 6 Ffm., Tel. 069-230401. Tarifliste wichtiger Verbindungen auch beim mex. Verkehrsamt.

Entfernungen, Reisezeiten und Anstrengungen auf Reisen werden in Mittelamerika meist unterschätzt. Entfernungen über 1000 km sind ja keine Seltenheit bei Mittelamerikaetappen, wer diese Distanzen bequem zurücklegen möchte, muß fliegen. Andererseits sieht man nur auf Busfahrten ins Land hinein, am meisten sieht man natürlich auf Fahrten mit den 2. Klasse-Hühnerbussen, die aber auch ganz schön nerven können. Jeder muß hier eben seinen eigenen Reisestil entwickeln.

Flugzeug

Mexiko verfügt über ein ausgezeichnetes und dichtes Inlandflugnetz, das im wesentlichen von den beiden überregional bedeutenden Gesellschaften gebildet wird: der staatlichen **'Aeromexico'** und der privaten **'Mexicana'**.

Mexicana wird von alten Hasen wegen des oft effizienteren Service vorgezogen. Aeromexico hat aber das dichtere Inlandflugnetz und arbeitet meist auch gut. Die Preise beider Gesellschaften sind gleich. Die Pünktlichkeit bei beiden Gesellschaften sehr gering, nie zu knappe Anschlüsse planen.

Achtung: Neu - Flughafengebühren, vgl. unter 'Zoll'.

Verschiedene US-amerikanische Gesellschaften bieten Pauschaltickets an, die auch Ziele in Mexiko beinhalten. Man kann mit diesen Tickets 1, 2 oder 3 Wochen unbegrenzt fliegen, diese Tickets können sich besonders für Leute lohnen, die über New York oder **Miami** einreisen. Auch **Aeromexico** zu gewissen Zeiten bietet Pauschaltickets und Abonemments an, unbedingt bereits in Deutschland bei den Gesellschaften Infos über Bedingungen und aktuelle Preise einholen!

Alle Inlandflüge können bei Aeromexiko bereits in Deutschland reserviert werden. Computerbuchungen brauchen nicht mehr reconfirmt (bestätigt) zu werden.

Spätestens aber aber bei Reisebeginn in Mexiko sollte man sich sein Flugpaket zusammenstellen. Da es sich um Linienflüge handelt, kann man ja jederzeit im Rahmen der verfügbaren Plätze **umbuchen**. Die Angestellten der Fluggesellschaften beraten meist recht gut, wenn man nicht gerade zu den Stoßzeiten kommt. Am besten nur Flüge am Stück buchen, weil nur der jeweils weiteste Flug bezahlt wird und Flugunterbrechungen kostenlos sind. Wer z.B. Mexico-City - Cancun bucht, kann in Villahermosa und Merida kostenlos unterbrechen.

Verspätugen sind üblich - Anschlußflüge nie zu knapp planen!!

Zwischen **Mexiko** und **Guatemala** bestehen folgende Flugverbindungen: Derzeit (1987) nur zwischen zwischen Mexico-City und Guatemala-City mit verschiedenen US-amerikanischen Gesellschaften, mit der mit der Mexicana und mit (evtl.) mit der guatemaltekischen Aviateca. Preise ab 180 US $.

Bus

Busse sind das Haupttransportmittel in Mexiko und Mittelamerika. Das Busnetz ist dicht und meist effizient. Die Leistungen werden von Privatgesellschaften erbracht, auf wichtigen Strecken konkurrieren oft mehrere Linien miteinander, meist häufige Verbindungen auf Überlandstrecken.

Die **Fahrpreise** sind ausgesprochen niedrig. 500 km 1. Klasse kosten ca. 20 Mark (6/87). (Das mexikanische Verkehrsamt versendet eine Liste mit unterschiedlich aktuellen **Buspreisen** für die wichtigsten Strecken im Land). Zweiter Klasse Busse sind unklimatisiert, halten häufig und können auch unterwegs angehalten werden, viel Folklore auf diesen Fahrten, aber auch viel Streß, für längere Strecken nur mit Vorbehalten zu empfehlen. 2.Kl. Busse sind nochmals ein Drittel oder bis zur Hälfte billiger als 1. Kl.

1. Kl. Busse haben numerierte Sitze. Die Karten müssen im Voraus gelöst werden. Oft verkehren die 1. Kl. Busse im Punkt zu Punkt Verkehr, halten also unterwegs nicht. Fast immer mit Klimaanlage, die auch manchmal funktioniert.

Die **Busbahnhöfe** sind - entsprechend ihrer Bedeutung - oft eine kleine Welt für sich. Poststation, sanitäre Einrichtungen, Kioske, Hotelreservierungsschalter erleichtern das Reisen.

Wichtig: 1. und 2. Kl. Busbahnhöfe sind fast immer getrennt, oft auch die Bahnhöfe verschiedener Gesellschaften.

Der vielzitierte verwegene Fahrstil mexikanischer Busfahrer gehört eher ins Reich der Touristenlegenden. Es wird natürlich zügig und forsch gefahren, auch risikofreudiger als bei uns, bis auf die berühmten Ausnahmen braucht man aber keine Angst zu haben.

Bahn

Bahnverbindungen spielen in Mittelamerika eine untergeordnete Rolle im Personenverkehr, die Fahrzeiten sind zudem oft länger als bei Busreisen, die Preise sind ähnlich günstig. Der Komfort ist mit Ausnahme der 1. Kl. Züge mit Schlafwagen ist sehr niedrig.

Es gibt ein paar für Touristen interessante Strecken, die im Ortstext erwähnt werden, hier eine Übersicht:

1. Die Paradestrecke Chihuahua - Los Mochis im Norden des Landes. Ein geringer Teil der Trasse führt durch atemberaubende Landschaft hoch über dem 'Kupfercanon', meist wird um die Tour aber mehr Wirbel gemacht, als es der Sache angemessen wäre. Das mexikanische Verkehrsamt versendet spezielle Unterlagen zu dieser Tour. Eine Spitzenreportage über die Tour im 'stern' 6/85. Schönste Sicht bei der Fahrt von Los Mochis nach Chihuahua (also in umgekehrter Richtung), rechts in Fahrrichtung sitzen!

2. einige Städte am Gringo-Trail - Oaxaca, Palenque, Merida - kann man auch per Bahn erreichen. Interessant aber mühsam u.U. die Verbindung Palenque - Merida, s. dort (Vorsicht auf dieser Strecke vor Dieben!).

Für 1. Kl. Züge ist Kartenreservierung erforderlich, in Mexico-City beim Terminal 'Terminal de Ferrocarriles Nacionales de Mexico', bekannt unter dem Namen 'Estacion Buena Vista', der Bahnhof liegt etwas außerhalb. Anfahrt siehe Mexico-City, Verbindung.

In **Guatemala** ist die Trasse Guatemala-City - Puerto Barrios von Bedeutung. Eine sehr einfache, aber reizvolle 2. Kl. Verbindung. Bahn auch von Guatemala-City - Tapachula (mexikanische Grenze), mit Anschluß nach Veracruz.

Wirtschaft

"Eigentlich müßten wir schon längst untergegangen sein".

100% Inflation und 100% Korruption, das sind die Eckdaten der mexikanischen Wirtschaft, die sich seit Jahren in ihrer wohl schwersten Krise befindet: über 90 Milliarden $ Auslandsschulden (soviel wie der gesamte Ostblock), 50% Arbeitslosigkeit, jedes Jahr werden neue internationale Finanzrettungsaktionen gestartet, ohne umfangreiche Neukredite der Gläubigerbanken wäre Mexiko längst zahlungsunfähig - und einige Banken ihr Geld los.

Dabei waren die riesigen Ölvorkommen die große Hoffnung: Seit Anfang der 70er Jahre wurde die Förderung systematisch erhöht, und Mitte der 70er Jahre war Mexiko viertgrößter Ölproduzent der Welt, ehrgeizige Industrialisierungsprogramme wurden begonnen, besonders der Ausbau der Stahl- und petrochemischen Industrie wurde forciert. Die Landwirtschaft wurde vernachlässigt. Viele Projekte waren von Anfang an zu groß angelegt. Weltwirtschaftskrise und unvorstellbare Schlamperei und Korruption bei dem staatlichen Ölmulti Pemex gingen zusammen. Zunächst war die Pemex nicht bereit, auf das Überangebot und die sinkenden Preise zu reagieren, dies führte zur Halbierung der Ölexporte, erst nach einer verspäteten Anpassung der Preise stieg der Export wieder etwas.

Die Kassen der Pemex haben viele Löcher, Kenner vermuten, daß von der Pemex jährlich Öl für mehrere Milliarden $ auf eigene Rechnung verkauft wird. Unter dem letzten Präsidenten Lopez Portillo (1976 - 1982) erreichten Korruption und Vetternwirtschaft ihren vorläufigen Höhepunkt: Pemex Chef Diaz Serrano, natürlich ein Günstling Portillos, mußte zu Begin der 80er Jahre abtreten. Nachfolger Moctezuma Cid übernahm ein Chaos, er konnte den Zerfall der Pemex-Macht nicht stoppen. Das Paradies ist zu Ende - was einmal das höchste Bauwerk Lateinamerikas hätte werden sollen, stand jahrelang als halbfertige Bauruine in Mexico-City. Andere ehrgeizige Projekte mußten ebenso gestoppt werden, der U-Bahnausbau in Mexico-City wurde verzögert und erst durch die Vergabe der Fußball WM 1986 einigermaßen wieder in Gang gebracht.

Nach wie vor ruhen Mexikos Hoffnungen auf den Bodenschätzen und natürlich auf den Erdölvorkommen, aber der Feststellung eines früheren Pemex-Chefs ist auch heute nichts mehr hinzuzufügen:

"Es dauert lange bis aus einem Faß Öl ein Stück Brot für die Armen wird."

Zeit

In **Mexiko:** Mexiko ist in drei Zeitzonen unterteilt: Im größten Teil des Landes gilt die 'Hora del Centro', 7 Stunden früher als MEZ (Ostmexiko/Landessüden). Im Nordwesten: 'Hora de Montana', 8 Stunden früher, oder 'Hora del Pacifico', 9 Stunden früher (wird nicht immer eingehalten).

In **Guatemala/Belice** gilt die 'Hora del Centro', also 7 Stunden vor MEZ.

Zeitung

Eine gute Tageszeitung in Mexiko ist 'Uno mas uno', die Sonntagsausgabe erscheit mit der Beilage 'Tiempo Libre', in dieser Beilage eine Übersicht über Theater, Konzerte, Kino etc. Die Anzeigenmagazine 'This week' - 'Esta semana' und 'The Gazer' gibt's in Mexico-City kostenlos in großen Hotels und bei Reisebüros, sie bringen viele Adressen und Hotelpreise, aber keinen erwähnenswerten redaktionellen Teil.

Wer's garnicht lassen kann: den Spiegel gibt's ab Donnerstag an einem Kiosk der Av. Juarez, zwischen Reforma und Alameda-Park oder auf den internationalen Flugplätzen.

Die Presse in **Guatemala** ist zensiert und weitgehend gleichgeschaltet.

Zocalo

Zocalo (der Sockel), so heißt der Hauptplatz in den meisten Städten in Mexiko. Manchmal ist auch die Bezeichnung **Plaza Mayor** üblich (z.B. in Campeche). In Guatemala sagt man dagegen häufig **Parque Central.**

Die Bedeutung des Zocalo für das städtische Leben ist groß, meist konzentrieren sich wichtige Büros, Haltestellen, Geschäfte, Cafes und oft auch das Auskunftsbüro **Turismo** um den Zocalo. Abends finden Veranstaltungen, allabendlich die klassisch südländische Flanierstunde, der Paseo statt. In einer fremden Stadt sucht man deshalb zuallererst den Zocalo, von hier wird dann die Stadt entdeckt.

Eine Ausnahme bildet Mexico-City, hier haben das Touristen- und Geschäftszentrum 'Zona Rosa' und die Prachtstraße 'Paseo de la Reforma' die zentrale Funktion des Zocalo verdrängt.

Zoll

Die Ausfuhr von Antiquitäten und archäologischen Gegenständen ist verboten. Devisenbeschränkungen bestehen nicht. Vgl. auch unter 'Einreise'.

Achtung: Neu eingeführt wurde eine Flughafensteuer, zum Flugpreis bezahlt man in Mexiko Anfang 1987 ca. 7 Mark Steuer pro Inlandflug, ca. 25 Mark pro internationalem Flug - zur Abreise also nicht mit ganz leeren Taschen antreten.

Mexico-City

Größtes Ballungsgebiet der Welt. Ca. 20 Millionen Einwohner. Jährliche Bevölkerungszunahme ca. 700 000 Einwohner. 2 240 Meter hoch gelegen.

Für viele Mittelamerikareisende ist Mexico-City der Ausgangspunkt ihrer Tour - oft auch der erste und nachhaltigste Schock. Die Riesenmetropole wirkt auf den Ankommenden zunächst einmal erdrückend und beängstigend. Das eigentliche **Stadtzentrum** ist jedoch recht kompakt, so daß schon nach kurzer Zeit eine gewisse Vertrautheit aufkommt.

Bei aller Faszination, die unbestritten von der Metropole ausgeht: Mexico-City ist ein Moloch, hektisch und laut, mit einer unbeschreiblichen Luft - nach ein paar Tagen gibt es nur noch einen Gedanken: Raus!

Zuerst einmal, wie **reinkommen**?

Wenn Sie per Flugzeug ankommen, finden Sie in der Eingangshalle des Flughafens einen Schalter 'Hotel Reservacion' (nur nachmittags geöffnet). Jedes von Ihnen angegebene Hotel wird angerufen und gegf. reserviert. Bei Buchung muß eine Nacht im voraus bezahlt werden. Dieser Service erspart ermüdende Sucherei in der hektischen Stadt. Ähnliche Schalter auf den **Busbahnhöfen.**

An den Kiosken vor dem Flugplatz gibt es Taxikarten zu Festpreisen. Tafeln an den Verkaufsstellen zeigen Entfernungen und Preise in die Innenstadt - Betrug ist also fast ausgeschlossen. Diese Ticketkioske gibt es auch bei den großen Busbahnhöfen.

U-Bahn: Flughafengebäude links verlassen, mit Linie 5 Richtung El Rosario, umsteigen bei La Raza, vgl. Plan. Manchmal kommt man auch mit großem Gepäck und Rucksack durch die Kontrolle.

Vor dem Flughafengebäude stehen VW-Bus Sammeltaxis (Setta, Tickets in der Flughafenhalle, billig). Die Sammeltaxis fahren zu jedem gewünschten Hotel. Einzeltaxi in die Stadt ca. 5 Mark.

Erste Orientierung

Die gesamte Stadt ist in sog. **Zonas** aufgeteilt. Alle Zonas sind numeriert. Viele für Touristen wichtige Hotels, Geschäfte und Büros liegen in der **Zona Rosa** = Zona 1. Die Zona Rosa ist der eleganteste, sicherste und teuerste Stadtteil. Vieles läßt sich zu Fuß von hier aus erledigen.

Die Verwüstungen des Erbebens vom September 1985 sind mittlerweile weitgehend behoben, trotzdem haben sich viel Adressen in der Zona Rosa geändert.

Zwei wichtige Hauptstraßen sollten Sie sich merken: Die **Insurgentes**, sie durchläuft die Stadt von N-S, und die Prachtstraße Paseo de la **Reforma**, diese verläuft in W-O Richtung. Beide Straßen kreuzen sich am östlichen Ende der Zona Rosa. An der Reforma liegen die meisten Büros, Agenturen, Kaufhäuser etc.

Eine weitere Orientierungshilfe ist die sog. **Eje Central**, die Zentralachse (Straßenname: Lazaro Cardenas) verläuft vom Busterminal Norte zum Terminal Sur. An ihr liegen der markante Torre Latinoamericana (gute Aussicht zur Groborientierung) die Hauptpost und der Verkehrsknoten: Plaza de la Tres Cultures.

Wer seine Reise in Mexico-City beginnt, sollte am Anfang kurz treten. Die ungewohnte Höhe (2 300 m !), schlechte Luft, an einigen Stellen 100fache Überschreitung der Verschmutzungsgrenzen!! Lärm und ungewohntes Essen belasten den Körper und schränken die Aufnahmefähigkeit ein. **Also**: Weniger ist oft mehr!

Möglichst nicht ohne reserviertes Zimmer und schweren Gepäck in die Stadt einreisen! Meiden Sie die meist amerikanischen Hotelketten, wie Holiday Inn, Viva, El Presidente, teuer, sterile Umgebung, viele Reisegruppen. Zimmer in Billigherbergen bekommt man praktisch immer noch vor Ort.

METRO

RED GENERAL
SISTEMA DE TRANSPORTE
COLECTIVO

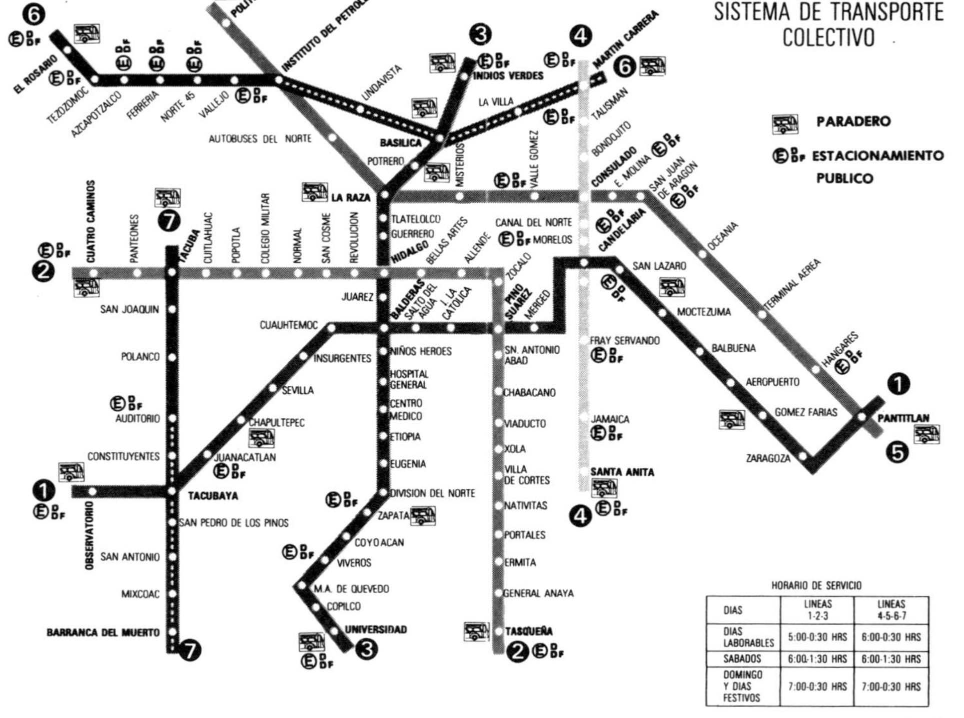

HORARIO DE SERVICIO

DIAS	LINEAS 1-2-3	LINEAS 4-5-6-7
DIAS LABORABLES	5:00-0:30 HRS	6:00-0:30 HRS
SABADOS	6:00-1:30 HRS	6:00-1:30 HRS
DOMINGO Y DIAS FESTIVOS	7:00-0:30 HRS	7:00-0:30 HRS

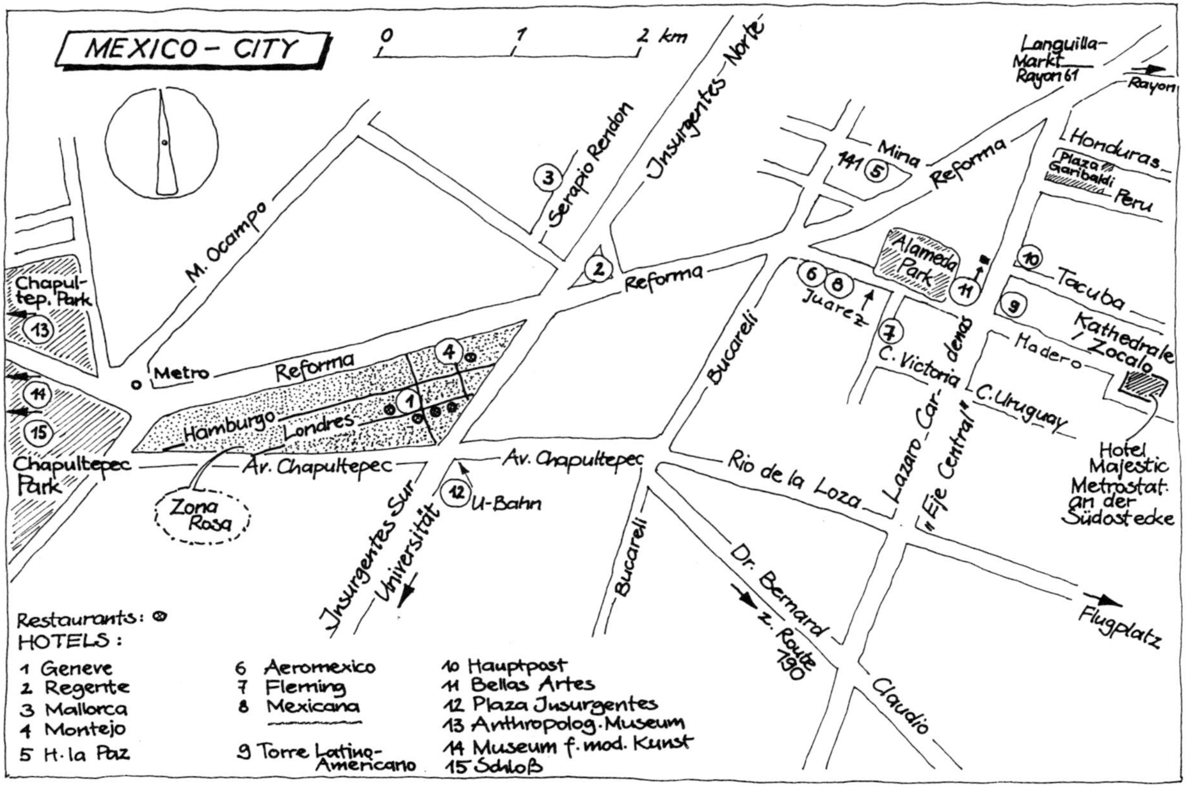
MEXICO - CITY
0
1
2 km
Languilla-Markt Rayon 61
Rayon
Honduras
Plaza Garibaldi
Peru
Tacuba
Kathedrale / Zocalo
Madero
C. Uruguay
Hotel Majestic Metrostat. an der Südostecke
Mina
141
Reforma
Alameda Park
Juarez
C. Victoria
Lazaro Cardenas
"Eje Central"
Bucareli
Rio de la Loza
Dr. Bernard
z. Route 190
Claudio
Flugplatz
Serapio Rendon
Jnsurgentes-Norte
Jnsurgentes Sur
Universität
U-Bahn
Av. Chapultepec
M. Ocampo
Metro
Hamburgo
Londres
Zona Rosa
Chapul-tep. Park
Chapultepec Park
Restaurants: ⊗
HOTELS:
1 Geneve
2 Regente
3 Mallorca
4 Montejo
5 H. la Paz
6 Aeromexico
7 Fleming
8 Mexicana
9 Torre Latino-Americano
10 Hauptpost
11 Bellas Artes
12 Plaza Jnsurgentes
13 Anthropolog. Museum
14 Museum f. mod. Kunst
15 Schloß

Unterkunft

Durch das Erdbeben 1985 sind viele Hotels beschädigt worden, speziell in der von Touristen viel besuchten Zona Rosa, um die U-Bahnstation Insurgentes und entlang der Av. Juarez. Wiedereröffnung und Reparatur waren bei Redaktionsschluß in einigen Fällen noch nicht abgeschlossen oder nicht abzusehen.

Ebenso kann es bei Büro- und Agenturadressen immer noch zu Änderungen kommen.

Zentral in der Zona Rosa und Umgebung

Hotel Montejo**, Reforma 240, Tel. 511 9840. Seit Jahren ein akzeptables Haus, absolut zentral, in einem alten Kolonialgebäude, innen restauriert. Eines der besseren preiswerten Hotels in der Zona Rosa. (Durch das Erdbeben stark beschädigt).

Hotel Geneve**, Londres 140, Tel. 525 1500. Früher einmal das Mittelklasse-Touristenhotel, heute in der Hochsaison recht überlaufen und nur mit Vorbehalten zu empfehlen. Schöne Eingangshalle mit Läden, dort Reiseliteratur und Karten.

Preiswert nahe der Zona Rosa

Hotel Regente**, Avenida Paris 9. Tel. 566 8933. Zentral, solide und seit Jahren ein gutes Haus, viel von Mexikanern besucht, Garage ohne Aufpreis.

Plaza Madrid**, Calle Madrid, komfortabel nahe der Zona Rosa. Ebenfalls preiswert und gut: Hotel Uxmal*, Madrid 13, Tel. 566 7044. Noch preiswerter, einfach: Hotel Paris*.

Um den Zocalo

'Downtown' im Bereich um den Zocalo, liegt das zweite, alte Stadtzentrum. Dort zahlreiche Hotels, die meist billiger als die im Nobelviertel 'Zona Rosa' sind.

Hotel Majestic**, Avenida Madero 73, Tel. 521 8600. Schönes Hotel der 'Best Western-Kette' im Zentrum der Altstadt, am Zocalo, vom Dachrestaurant tolle Sicht, besonders am Abend auf den beleuchteten Zocalo und die Kathedrale. Zimmer zum ruhigen Patio nehmen. Kann über 'Unitell Frankfurt', bzw. 'Best Wesern' vorgebucht werden (funktioniert aber nicht immer), das machen freundliche Reisebüros.

Hotel Fleming*-**, Calle Revillagigedo 35, Tel. 510 4530. Für den Preis ein sehr gutes Hotel, seit Jahren empfehlenswert, beim Alameda Park, also zentral (vgl. Plan), Restaurant eher mäßig. Gegenüber: **Hotel Guadelupe*** (Erdbebenschäden). auf der anderen Seite des Alameda Parks: **Hotel des Cortes****, Hidalgo 85. Angenehme Atmo in altem Haus mit Patio.

Ganz preiswert am Zocalo wohnt man im **Rioja***, 5 de Maya, Nr. 45 (Metro Zocalo), viel Vertreter und Traveller als Publikum. Zimmer gehen nach innen, deshalb ruhig. Gut geeignet für Autofahrer ist das **La Paz***, Mina 141, einfach, reell, mit Garagen, 15 Gehminuten zum Zocalo, 5 zum Alameda Park.

Hotel del Prado***, Av. Juarez 70, Tel. 518 0040. Zwar ein Kettenhotel, aber sehr günstig gelegen. viel Luxus für nicht allzuviel Geld. (Erdbebenschaden). Alle Hotels der 'Presidente-Kette' können von hier aus vorreserviert werden, es gibt dann einen günstigen Sondertarif.

Viele preiswerte Hotels liegen um die Zentralachse 'Lazaro Cardenas' (Plan), südlich der Linie Av. Juarez - Zocalo: Capitol. Die Herberge des mexikanischen Studentenverbandes 'Setej', jugendherbergsähnlich: Hamburg 273, Tel. 514 4213, Studentenausweis! **Jugendherberge**: Cozumel 57, Metro 1, Station Sevilla.

Essen

Es gibt eine Menge wirklich guter und preiswerter Restaurants in der Stadt, so daß Empfehlungen kaum nötig sind. Am Anfang Vorsicht vor ungewohnten Speisen in einfachen Garküchen: Gute saubere und teure Restaurants gibt's zahlreich in der Zona Rosa. Besonders in der **Calle Copenhagen** viele nette, reelle und gepflegte Lokale ohne Autolärm, mit Tischen im Freien.

Es gibt auch zahlreiche Restaurants der amerikanischen Ketten, z.B. Sanburn's, Shirley's, diese Häuser haben zwar wenig mit mexikanischer Küche zu tun, bieten aber preiswertes und hygienisch einwandfreies Essen, effizienter Service, also am Anfang ganz gut. Vielen Sanburn's ist eine Art **Drugstore** angeschlossen, auch sonntags geöffnet. Besonders gut das Sanburn's in der historischen 'Casa de los Azulejos', Av. Madero, Nähe Torre Latinoamericana. Ebenso das Shirley's an der Reforma 110. Gut auch die **V.I.P.**-Kette, viel Geschäftsleute, viele Filialen in der Zona Rosa, auch in anderen Städten.

Wichtigste Kneipenstraße in der Zona Rosa ist die Calle Copenhague.

Klassische Touristentreffs in der Zona Rosa: Cafe Konditori, Genova 54, danish style; solide, aber nicht billig, mit Tischen im Freien. Chalet Suizo, Niza 37. Beide oft voll - aber informelle Plätze.

Don Don 88, Londres 136, ein guter Japaner, zentralst in der Zona Rosa.

Downtown, in der Av. 5. de Mayo, (zwischen Alameda Park und Zocalo) die Bar-'Opera' mit sehenswertem antikem Inventar, gut zum Cafe und relaxen, vergleichsweise ruhiges Ambiente mitten im downtown Gewusel (So. geschl.).

Herrliches mexikanisches Frühstück: bei Delmonicos, Calle Londres, (nähe Hotel Geneve) Zona Rosa.

Sehenswert

Die folgenden Vorschläge sind wie auch später bei anderen Städten unter diesem Abschnitt, keineswegs vollständig. Es ist lediglich eine subjektive Auswahl an sehenswerten Dingen, die uns besonders gut gefallen haben und die besonders leicht zu erreichen sind. Nochmals: **Nicht zuviel** vornehmen! Eine Stadtwanderung entlang der Reforma kann viel eindrucksvoller sein als die klassische 08/15 Stadtrundfahrt.

Zur Erkundung der Stadt eignet sich neben den zahlreichen, aber oft verwirrend fahrenden Bussen die **U-Bahn.** Das U-Bahnsystem ist leicht zu durchschauen, Fahrpreis spottbillig, offiziell **keine** Rucksackbeförderung, kann aber oft umgangen werden!

Zentrale Abfahrtsstelle in der Zona Rosa ist die Station Insurgentes am gleichnamigen Platz.

Busse im Stadtzentrum

Busse sind spottbillig: Die Beschilderung der Haltestellen ist mittlerweile recht übersichtlich, bei den Trolebussen ist meist die ganze Route angegeben.

Jeder der gelben Busse mit der Aufschrift 'Nr. 100' (die Busse dieser Gesellschaft heißen im Volksmund 'ruta cien') und der Liniennr. 55 (an der Frontseite) fährt die wichtige Strecke entlang der Reforma bis zum Chapultepec Park, bzw. in die Gegenrichtung. Nr. 76 der 'ruta cien' fährt vom Zocalo über Av. Juarez die Reforma hinunter und zurück. Bus Nr. 17 fährt auf der gesamten Insurgentes Norte und Sur.

Ebenfalls nützlich: Busse 'Expresso Reforma', mit gelb-brauner Sonderlackierung. Diese Busse fahren Richtung Chapultepec, bei Aufschrift 'Zocalo', und in Gegenrichtung bei Aufschrift 'Auditorio'. Nicht aber bei Aufschrift 'Villa', diese Busse biegen vor dem Zocalo ab.

Anthropologisches Museum, Museu Nacional de Anthropologica, in bestechend klarer Gliederung bietet das Museum einen Überblick über die gesamte kulturelle Entwicklung des Landes. sicher eines der sehenswertesten Museen der Welt. Mo geschl., Führungen, Fotographierverbot!

Im Museum ein Kiosk gutsortiert mit Reiseliteratur, Karten; englischsprachige Reiseführer hier zu einem Bruchteil des deutschen Preises.

Beim Museum ein Restaurant mit Tischen im erholsamen Grün. In der hektischen Stadt wirkt das ruhige und intakte Museum wie eine unwirkliche Insel.

Anfahrt: Mit einem der Busse der Gesellschaft '100' ab Reforma, vgl. oben; U-Bahnstation Chapultepec, zu Fuß von der Zona Rosa 20 Min.

Chapultepec-Park, Naherholungsgebiet der Städter, diverse Museen, alle Mo geschl.; an Wochenenden ist der Park sehr belebt. Kleiner See mit Booten, auf dem Hügel das Schloß des Kaisers Maximilian mit Originaleinrichtung, von dort schöner Blick auf die Stadt. Im Park, gegenüber dem Anthropologischen Museum das **Museo de Arte Moderno**, wer später ins freie Land fährt, sieht hier, wie zeitgenössische Künstler ihr Land sehen.

Der Chapultepec Park mit Anthropologischem Museum und Moderne Kunst Museum ist auch wegen der Nähe der Besuchspunkte ein ideales Tagesprogramm.

Zocalo

Zocalo, 'Sockel', so heißt der Haupt- und Marktplatz vieler mexikanischen Orte. In Mexico-City das Zentrum der Altstadt. Am Platz die größte Kathedrale Lateinamerikas. In der näheren Umgebung viele Restaurants (vgl. Essen). An Wochenenden abends beleuchtet. Herrlicher Blick auf den Platz vom Restaurant (7. Stock) des Hotel Majestic (vgl. Hotel).

Torre Latinoamericana, 10 Gehminuten vom Zocalo, mit 43 Stockwerken eines der höheren Bauwerke Lateinamerikas, von der Spitze tolle Aussicht, gut zur Orientierung. Restaurant dort nicht gut!

Noch bessere Orientierung vom 51 Stockwerke hohen Hotel de Mexico, Insurgents Sur. Dachdrehrestaurant, gutes Essen - Supersicht!

Märkte, erkundigen Sie sich im Hotel, welcher Markt an welchem Tag besonders empfehlenswert ist.

Mannigfaltig der Diebesmarkt auf der Plaza Langunilla am Sonntag. Einkaufsmöglichkeit für fast alles (hoffentlich finden Sie Ihre Kamera hier nicht wieder).

Kunsthandwerk und Souvenirs: Mercado 'La Ciudadela', (Metro Balderas), breites Angebot, zentrale Lage. Mercado de Curiosidades San Juan: Calle Ayuntamiento/Calle Aranda. Mercado San Juan, Kreuzung Ayuntamiento/Lopez, größter Landwirtschaftsmarkt.

Sehr lohnend: Bazar del Sabado, hinter der Plaza del Carmen (Insurgentes, Busstation San Angel).

Universitätsstadt, ciudad universitaria, mit Olympiastadion und der berühmten Uni-Bibliotheksmosaikwand. Liegt weit, 18 km, außerhalb. Erreichbar mit Bus 'Ciudad Universitaria' C.U., ab Metro-Station Insurgentes, der Bus fährt die gesamte Insurgentes Sur entlang. Oder bis Metro Station Tasquena, von dort mit Bus Tasquena, C.U. weiterfahren. Metro-Station Universidad liegt weit entfernt!

Alte Uni, genannt 'del Chopo', Veranstaltungen abseits des etablierten Kulturbetriebes, fast täglich Theater, Konzerte, etc. Anfahrt: Metro-Station Revolucion.

InternationaleKünstler treten oft im 'Auditorio Nacional' auf. Anfahrt: Reforma, Bus 'ruta cien' bis Endstation.

Am Abend und später...

Für den kleinen Abendspaziergang, Paseo am am Zocalo, oder, nahe der Zona Rosa, Plaza Insurgentes, gleichnamige Metrostation: viele Cafes im Freien, Jungvolk, Musik, Markt.

Mit dem Taxi oder Bus zur Plaza **Garibaldi**, dem Standort der **Mariachi**-Kapellen. Schöne Kostüme. Auf Wunsch können Sie gegen Bares Ihrer Angebeteten ein Ständchen spielen lassen - ein buntes Treiben, vorsicht vor Dieben, keine Kamera mitnehmen! Alles ist recht plakativ und touristisch, durch das Chaos aber nicht ohne Reiz. Um den Platz ein Gewirr von Kneipen und Tacobuden.

Der Nachtclub 'Santa Cecilia' liegt etwas zurückversetzt an der Plaza Garibaldi, ein markthallengroßer Folklorebetrieb mit bisweilen gutem Programm, Tanz, Artistik, alles gut und kommerziell dargeboten. Internationales Publikum. Eintritt ca. 15 Mark. Plaza Garibaldi ab 21 Uhr, Club ab 23 Uhr. Programmbeginn 21 Uhr.

Bellas Artes Palast, der weiße Marmorbau ist mittlerweile metertief im weichen Untergrund eingesunken. Hier tritt in einem prächtigen 1900 Platz-Saal das mexikanische Nationalballet auf. Außerdem Oper, Konzerte etc., das sehenswerte Ballet jeden Mi, Sa, So, 21 Uhr, So auch 9 Uhr. Karten zwischen DM 10 und 25, im Vorverkauf ab 18.30 Uhr. Ein Besuch lohnt auf jeden Fall, schon wegen der prächtigen Wandmalereien im Treppenhaus. Diese sog. **Murales** geben Schlüsselszenen aus der Geschichte des Landes wieder, sie sind eine typisch mittelamerikanische Kunstform. Ein weiteres Folklore-Ballett im Stadttheater, 'Theatro de la Ciudad', Donceles 36.

Literaturtip: Nicht nur über Murales, auch über die Landesgeschichte informiert anschaulich und sehr fundiert der Kunstkatalog zur Ausstellung in der Nationalgalerie Berlin: Wand Bild Mexiko, Fröhlich & Kaufmann Verlag, Berlin. Pflichtlektüre für alle Interessenten an Kunst und neuerer Geschichte! DM 39.-

Anfahrt: Bellas Artes liegt im alten Stadtzentrum, nähe Zocalo, eigene U-Bahnstation.

Größere Ausflüge

* Teotihuacan
* Tula
* Tenajuca, Santa Cecilia
* Xochimilco
* Gernavaca
* Taxco
* Cholula
* Vulkane
* Toluca
* Acapulco

Viele Mexico-City Touristen haben schon nach kurzer Zeit genug von der Stadtwüste. Aber jeder sollte bedenken, daß schon wenige Kilometer außerhalb wunderbare Landschaft beginnt, die man besonders mit dem Mietwagen gut erkunden kann. Im folgenden eine Auswahl an Ausflügen, die man nach Möglichkeit mehrtägig planen sollte. Im Heft 'Geo' Nr. 1/77 schreibt ein gestreßter Reporter:

"... wurde mein Atem kurz, der Smog, der Dreck, die Millionen Narren in Autos auf den Straßen, der Lärm - ich ertrug das alles nicht mehr, ich floh ... nur eine gute Autostunde brauchte ich, dann war ich da: vielfarbige Bougainvilla, lila Jacaranda, gelber und roter Hibiscus, Rosen und kräftiger Eukalyptus, ein Duft wie im Himmel, ein Pool mit 28 Grad."

Pyramiden von Teotihuacan, Standardausflug, 40 km außerhalb. Umfassend restaurierte Stätte, imposant und mächtig im Hochtal gelegen. Als organisierte Tour (mit wenig Zeit) bei jedem Reisebüro, oft mit Pflichteinkehr in dubiosen Kneipen und Ramschläden.

Besser daher selbstorganisiert: Mit der U-Bahn-Linie 5 bis Terminal Norte, weiter mit dem Bus (5-22 Uhr, alle 30 min., 1 h). Oder mit dem Bus ab Indios Verdes (Endstation U-Bahn 3), dieser Bus braucht aber länger, weil er über die Dörfer fährt, Abfahrt stündlich. Früh starten, damit genügend Zeit bleibt. Ab 11 Uhr viele Reisegruppen. Pyramiden schließen um 18 Uhr, letzter Bus zurück 18.30 Uhr.

Autoanfahrt: Über die Insurgentes Norte bis zum Beginn der Autobahnzahlstelle, dann den Schildern 'Pyramides' nach. Oder, origineller, aber auch viel langsamer: Landstraße über Acolman.

Unterkunft: Bei den Ruinen das ausgezeichnete **Hotel** Villas Arqueologicas***, komfortabel, wie alle Hotels dieser Kette, sehr lohnend zur Übernachtung in schöner Umgebung.

Weitere interessante **archäologische Stätten** nahe Mexico-City:

Tula, 90 km nordwestlich Mexiko-City. Nach der Zerstörung von Teotihuacan das kulturelle Zentrum der Tolteken.

Bus ab Terminal Norte (vgl. oben, von 5-23 Uhr, all 15 min., 1 1/2 h) oder mit dem Auto über Autobahn, über Landstraße schwierig zu finden. Ausgrabungszone mit interessanten, 3 m hohen Steinfiguren ('Atlanten'), 1 km Luftlinie nördlich der Stadt (10-17 Uhr, Mo. geschl.), Fußweg ca. 3 km. Leider wurden unmittelbar bei den Ruinen breite Autobahnen angelegt.

Tenajuca, Santa Cecilia. 10 km nordwestlich, Metro Nr. 3 bis 'Indias Verdes', dort am Busterminal Bus nach 'Tlalnpantla' suchen, der immer über Tenajuca fährt. Für die letzten 3 km ggf. Taxi. Zurück oft Busse nach Indias Verdes oder La Raza.

Xochimilco, schwimmende Gärten - beliebtes Ausflugsziel, Bootsrundfahrten, Rummel, Kitsch, aber auch Blumenpracht.

Anfahrt: Metro Linie 2 bis Texquena, von dort mit Trolebus nach Xochimilco Endstation (Fahrtdauer insg. fast 2 h !), von dort einige 100 m zu Fuß. Der Ort ist bei Einheimischen unter 'Marantiales', nicht unter 'Jardines Flotantes' bekannt. In den letzten Jahren wurde das biologische Gleichgewicht dieser sensiblen ökologischen Nische immer mehr gestört, schon berichten die Gärtner von sterbenden Arten, Erträge gehen zurück und die Bootsfahrer klagen über Hautkrankheiten.

Foto gegenüber: Atlanten bei Tula

Interessante Städte in der Umgebung von Mexiko-City

Guernavaca, 80 km südlich, 190 000 E. Hauptstadt des Bundesstaates Morelos, angenehmes Klima, reiche Vegetation, ein recht gepflegter Nobel-Ferienort, beliebt besonders bei betuchten Mexikanern. Im Ortszentrum viele Hotels und Restaurants. Trotz der hohen Preise bietet der Ort mehr als das überlaufene, herausgeputzte - und auch nicht billige Taxco.

Bus ab Terminal Sur, div. Gesellschaften, alle 15 min., ca. 90 min.

Taxco, 160 km, 80 000 E., recht überlaufen, unter Denkmalschutz, in reizvoller Lage, herrliches Panorama bei der Anfahrt auf der Landstraße. Alles zwar recht touristisch (Silberschmuck in Taxco teuer, in anderen Orten kaufen!), aber die Lage, der Stadtkern und die reiche Vegetation lohnen den Besuch. Die Stadt verdankt ihre historische Bedeutung den nahen Silberminen, von hier gelangte das erste 'Kolonialsilber' nach Spanien.

Unterkunft: Preise generell recht hoch, Auswahl nicht allzu groß. Hotel Posada del Jardin*, Celso Munos 4, Tel. 20027; kleiner, persönlich und engagiert geführter Familienbetrieb (6 Zimmer). Zentrale Lage an der Santa Prisca Kirche. Besitzer spricht gut englisch und gibt Tips für Exkursionen.

Hotel los Arcos**, Juan Ruiz de Alarcon Nr. 2, Tel. 21 836. Sehr angenehmes Haus, Schwimmbad, Terrasse, gutes Restaurant. Oder: Hotel Agua Escondida* am Zocalo, vor der Kirche. Schöne Terrasse.

Cholula, sehr schöne archäologische Stätte bei **Puebla.** eines der größten Grabungsfelder im Land, mit einer riesigen Pyramide, die 17 ha bedeckt. In der archäologischen Zone auch eines der fast immer guten **Hotels** Villa Arqueologica***, Blick auf Pyramide, Popocatepetl und 'Schlafende Frau', schöner Patio, Pool. Leicht erreichbar per Autobahn, 120 km östlich Mexico-City.

Übernachten in Puebla: Hotel Colonial*, gegenüber der Uni. Hotel Senorial**, 6 Oriente y 4 Norte. am Zocalo das gepflegte Royalty Centro**, gutes Restaurant. Interessantes Museum: Museo Serdan, Calle 6 Oriente.

ADO Terminal in Puebla 3 Blocks vom Zocalo. Turismo unmittelbar südlich der Kathedrale an der 5. Oriente.

Verbindungen nach Cholula: 'Estrella Roja', mehrm. ständl. ab Ecke 3. Poniente/5. Norte.

Popocatepetl und Ixtacchihuatl, früher konnte man die wunderbaren Berge im Osten von Mexico-City noch von der Straße aus sehen, heute liegt häufig alles im Dunst. Nur an Wintertagen und bei smogfreien Wetterlagen sind die leuchtenden Schneekappen der Vulkane auch heute noch zu bewundern.

Exkursion auf den 'Popo': Anfahrt mit dem Auto zunächst auf der Straße 190 in Richtung Puebla, an der Mautstelle dann rechts in Richtung Chalco - Amecameca (Hotel vgl. unten). Nach Amecameca links auf kleiner Straße zum Paso de Cortes, weiter bis zur Schutzhütte des mex. 'Alpenclubs' in Tlamacas.

Mit öffentl. Verkehr: Mit Metro Linie 1 bis zur Haltestelle Candelaria, weiter mit 'Collectivo' bis Amecameca von dort mit Taxi weiter wie oben zur Hütte. Oder ab Busbahnhof 'Tapo' (Metro San Lazaro) mit 2. Kl. Bus 'Cristobal Colon' bis Amecameca.

Der Zustand der Station/Hütte bei Tlamacas wechselt, (Anfang 1986 aber gut). Oft, besonders an Wochenenden, wenn mexikanische Familien zum 'Schnee anschauen' herkommen, sehr viel Betrieb. Übernachtung billig, Dekkenvorhanden,Schlafsack aber besser, bei Restaurantbetrieb keine Selbstverpflegung erlaubt. Wichtig: Kocher zum Tee brauen (Wasser vorhanden). Höhe 3 882 m! Gegen Kopfweh unbedingt Aspirin o.ä. mitnehmen.

Besteigung: (hochalpine Tour, erfordert Kondition und Hochtourenerfahrung in den Bergen, beste warme Kleidung, Stirnlampe, Skistöcke. Für die Direktroute: Seil, Steigeisen, Eisschrauben etc.). Organisation möglich mit Führer (teuer, ca. 100 US $ pro Person): Vermittlung von Führern über das Tourist-Office, z. B. Reisebüro 'Grey Line', oder 'Climbing Mexican Volcanoes'; oder selbstorganisiert.

Routenwahl: Es gibt mehrere Routen, üblich sind 1. Normalroute, 2. Direktroute. Normalroute: Übernachtung in der Hütte, Abmarsch so früh wie möglich (gegen zwei Uhr nachts). Erste Etappe bis Los Cruces (2-3 h), von dort zum Kraterrand 'Labio inferior' (3-4 h), am Kraterrand entlang bis zum Gipfel auf 5452 m, ca. 1-2 h. Auch alpin Erfahrene müssen betont langsam ansteigen, Abstieg wie Aufstieg. Möglichst früh zurück bei der Hütte sein, wegen möglicher Wetterstürze am Nachmittag und weil der Schnee ab Mittag sehr weich und kraftzehrend wird.

Die Direktroute führt über die erste Biwakschachtel (4-6 Pers., 4600 m, nicht winddicht!), die unterhalb der Felsformation 'El Castillo' liegt und über die zweite Schachtel auf 4900 m zum 45-50 Grad steilen Gipfelhang, also nur für erfahrene Alpinisten mit entsprechender Ausrüstung. Im Gipfelbereich auch bei besten Verhältnissen häufig Sturm und Blankeis.

Unterkunft auf der Anfahrt in Amecameca: Hotel Los Volcanes**, mit Vulkanblick, gutes Restaurant.

Toluca, 65 km südwestlich Mexico-City. U-Bahn-Linie 1 bis Endstation im Westen, von dort Bus. Der bekannte Indianermarkt am Freitag ist von Touristen total überlaufen, besser an anderen Tagen, die Preis werden mittlerweile auch in $ angegeben...

Die Anfahrt mit Bus oder Mietwagen führt durch herrliche Landschaft, über den 3 100 m hohen 'Paso de la Cruzes'. Die Stadt selbst liegt 2 680 m hoch! Ausgangspunkt für den Besuch der weniger bekannten archäologischen Zonen **Calixtlahuaca** und **Malinalco.** Einfache, gute Unterkunft: Hotel Colonial*, Av. Hidalgo.

Morelia Übernachtungstip: Hotel La Soledad**, sehr stilvolles Haus in einem Kloster am Zocalo, ruhige Zimmer zum Innenhof, Restaurant im Kreuzgang.

Gute Einkaufsmöglichkeiten für Kunsthandwerk in der Casa de los Artesanias im ehemaligen Kloster San Francisco.

Acapulco

Der immer wieder totgesagte Rummelplatz am Pazifik ist nicht unterzukriegen: übelaufen, teuer, laut ... und immer noch, und neuerdings wieder mehr, begehrt. Und ein paar schöne Ecken gibt's natürlich - wer's garnicht lassen kann:

Das Theater Acapulco spiegelt alle Probleme des Landes. 418 km südlich Mexico-City wird auf dem Vulkan getanzt: Luxus und Laster, Arm und Reich, alles beisammen. Der Ort hatte 1950 ca. 150 000 Ew., jetzt wohnen und vegetieren dort 850 000 Menschen, und jedes Jahr erholen sich 2,5 Millionen Urlauber in diesem Szenario. Viele Arme wurden von dem vermeintlichen Paradies angezogen, sie errichteten Elendshütten an den grünen Hügeln von 'Aca', verdienten ihr Geld mit allem Möglichen und Unmöglichen. Auf die Dauer konnte die Tourismusindustrie (in Acapulco werden 30% der gesamten Tourismuseinnahmen gemacht) diesem Treiben nicht zusehen: Dieberei und Bettelei störten die Fassade. Jetzt sind die Hütten eingerissen, 700 000 Bäume wurden frisch gepflanzt, die Armut zog weiter in das neue Getto 'El Renacimieto'. Die Bühne ist wieder frei für Eitelkeiten ...

Wer jetzt immer noch im warmen Pazifik dümpeln möchte, sollte seinen Tag in 'Aca' etwa so gestalten: Morgens um 10 per Taxi über die 10 km lange Strandavenida 'Costera Miguel Aleman', zum 'La Caleta'-Strand gleiten, wer alles ausgecheckt hat, kann sich mit dem Kahn zum ruhigeren 'La Roqueta'-Inselstrand bringen lassen. Am Kontaktstrand 'Playa de la Condesa', im Zentrum zwischen den Hotels 'Continental' und 'Presidente', wird's ab 12 interessant. Romantiker treffen sich ein paar hundert Meter weiter im Südosten an der 'Playa Los Hornos' zum Sonnenuntergang. Kontakte auch an der 'Pie de la Cuesta', 15 km westlich vom Zentrum. Abends Strandfeste. Am frühen Abend Shopping und Bummel an der Costera. Essen ebendort. Zum Night Fever in die Discos der Costera, z.B. 'Boccacio', Costera 5040. Und wer jetzt immer noch kein Bett hat, soll eben durchmachen.

Hinkommen-Wegkommen: Mit Aeromexico mehrmals täglich. Mehrmals tägl. Bus 'Estrella de Oro' ab Terminal Sur, Karten im Greyhound-Büro, Reforma 27, 7 Stunden. Von Aca Flugverbindung nach Oaxaca/Villahermosa, Merida/Cancun und internat. Destinationen.

Busse: Nach Puerto Escondido nur 2.Kl.-Bus, nach Oaxaca und Zihuatanejo (vgl. unten) auch 1.Kl.

Unterkommen: Für ein oder zwei Nächte - und wer will schon länger bleiben - genügen die folgenden Tips: An der Küstenstraße 'Costera', Hotel El Cid**, oder Hotel Embassy**, Tel. 40 273, strandnahe Lage mit Pool. Preiswert und mit gepflegtem Pool wohnt man auch im Motel Costa Azul**, Horacio Nelson y Parque Norte, zwei Blocks von der Costera, Zufahrt gegenüber dem Delphinarium, nicht direkt am Meer, dafür preiswert.

Die Herberge des Studentenverbandes 'Setej', liegt in Balconas al Mar, Ardillas 121, ca. 8 km außerhalb. Bus ab Aca von der Costera, gegenüber der Post.

Zihuatanejo

Die ruhige Alternative zu Acapulco, von Acapulco leicht zu erreichen auf der Küstenstraße 200 (außerdem Jet-Flugplatz), natürlich auch kein verschwiegner Ort mehr, aber wesentlich überschaubarer als Acapulco. Im Ort viele und gute Fischrestaurants.

Unterkunft über der Bucht von Zihua: Bungalows Pacificos*, Ferienwohnungen in einem Terrassenhaus, Anlage wird von einem Deutschen betrieben.

Barra de Navidad

Ca. 60 km nördlich Manzanillo. Ein ruhiger Badeort, bislang fast nur vom mexikanischen Mittelstand besucht (deshalb ohne die gewohnte touristische Infrastruktur). Dafür aber herrliche Umgebung: Der ruhige Ort liegt in einer weiten Bucht mit Sandstrand, der Strand läuft zu einer Halbinsel hin aus, an deren Ende das Pazifikwasser zu einer Lague Zugang hat, hier Wasservögel, an den Ufern tropische Vegetation mit Mangroven und dahinter Palmen.

Das Richtige für ein paar ruhige Badetage, im Sommer allerdings wegen der hohen Luftfeuchtigkeit tropische Hitze.

Unterkunft: Hotel Delfin*, bestens geführtes, familiäres Haus, Besitzer ist Deutscher.

Verbindung: Nächster Jet-Flugplatz Manzanillo (ca. 30 km), von dort häufig nach Mexico-City.

Verbindungen

Regional

* Chapultepec Park/Anthropolo. Museum: Bus Nr. 76 / 'ruta 100'

* Zum **Flugplatz** mit Autobus Nr. 12 'Aeropuerto' ab Av. Juarez. Oder Metro Linie 5 bis Terminal Aerea.

* **Busbahnhöfe:** Es gibt vier große Busbahnhöfe und zahlreiche kleinere Abfahrtsstellen. Die Großen:
  Terminal Norte, für Destinationen nördlich der Stadt. Anfahrt: Bus Nr. 23 ab Insurgentes mit Aufschrift 'Terminal Norte' oder 'Terminal Norte y Sur'. U-Bahnlinie 5 bis 'Terminal Norte'.
  Terminal Sur, Busse in den Süden, nach Guernavaca, Taxco. Anfahrt: Bus wie oben. U-Bahnlinie 2 bis Taxquena.
  Terminal Oriente, Destinationen östlich und südöstlich, u.a. Oaxaca. Anfahrt: U-Bahnlinie 1 bis San Lazaro. Mit Gepäck: Bus Nr. 12 ab Reforma/Ecke Balderas/Hidalgo, Richtung 'Zocalo Peni' oder 'Metro San Lazaro'.
  Terminal Poniente, Busse nach Westen, z.B. Tolcua. Anfahrt: U-Bahnlinie 1 bis Observatorio. Kurzer Fußweg.

Bestimmte Orte werden von speziellen Bahnhöfen angefahren. Deshalb in der Stadt beim Reisebüro oder Turismo erkundigen, bevor man einen Bahnhof anfährt.

Praktisch: Das Greyhound-Büro im Stadtzentrum, Reforma 27, informiert und verkauft Karten für viele Richtungen.

* Zugbahnhof: 'Estacion de Buena Vista', an der Insurgentes Norte. Anfahrt: U-Bahnlinie 2, 'Revolucion', dann 15 Fußminuten auf der Insurgentes nach Norden, oder nordwärts fahrende Busse Nr. 17 auf der Insurgentes Norte, am Kaufhaus 'Suburbia' aussteigen.

Acapulco, vgl. dort.

Oaxaca, mehrmals täglich mit Aeromexico und Mexicana. Bus: ca. 10 h, ab Terminal Oriente, und andere. Karten auch bei Greyhound, Reforma 27. Schlafwagenzug mit 1. und 2. Klasse Wagen ab Estacion.

Der **Flug** führt über schöne Landschaft, man fliegt direkt an den Vulkanen vorbei!

Wer mit dem **Auto** fährt: auf der Route 150 Übernachtung z.B. in Tehuacan, Hotel Penafil**, schöner alter Palast mit Patina, Thermalbäder. Auf der Route 190 in Huajuapan: Hotel Casablanca* an der Überlandstraße.

Landschaftlich reizvoller ist aber die Route über Cuernavaca.

Villahermosa/Merida, mehrmals tägl. Flüge mit Aeromexico und Mexicana. Villahermosa Bus: 15 h, Zug bis zu 24 h. Merida Bus 24 h, Zug teilweise über zwei Tage!

Cancun, mehrmals täglich Flüge, von dort schnelle Verbindung mit der Karibikbadeinsel **Isla Mujeres**/bzw. Cozumel.

Guatemala City, mehrmals täglich mit Aeromexico (Mexicana), Panam und (evtl) Aviateca, der guatemaltekischen Linie.

Puerto Escondido / Puerto Angel, neuer Flugplatz in Escondido geöffnet, Verbindung ca. 4 x wöchentl. mit Mexicana. Bus ca. 13 h.

Adressen

American Express, Hamburgo 75, Zona Rosa.

Aviateca (Luftlinie von Guatemala), Reforma 60, Tel. 5665966.

Botschaften
Deutsche: Calle Lord Byron 737, Tel. 545 66 55/59.
Telegramm: Diplogerma Mexico. Nennt deutsche Ärzte.
Adresse für postlagernde Sendungen mit dem Vermerk 'Wird abgeholt'.
Schweiz: Calle Hamburgo 66/5. Tel. 533 07 53.
Österreich: Campos Eliseos 305. Tel. 540 34 15.

Lufthansa, Reforma 76, Tel. 566 03 11.

Mexicana, Reforma 56. Reforma 51 (Lafragua), Hotel Camino Real (Leibnitz 100), Av. Juarez/Ecke Balderas, neben Aeromexico und der Auskunftsstelle des Turismo, Insurgentes Sur 753..

Gleich zu Beginn der Reise sollte man sich einen Fluplan und die Flugpreisliste besorgen. Darin die Adressen aller Büros und Telefonnummern.

Am besten gleich alle Flüge buchen und sich über günstige Kombinationen informieren - die neue Computerbuchung ist recht effizient. Vgl. auch unter Verbindungen im ABC-Teil.

Aeromexico, Reforma 76, Insurgentes 724, Buchungsstellen mit Computerreservierung auch in den großen Hotels Camino Real, Presidente Chapultepec.

Wer seine Reise in Mexico-City startet, kann in der Region Avenida Juarez/Reforma viel erledigen: viele Fluggesellschaften und die kleine Auskunftsstelle des Turismo (Av. Juarez 70) liegen hier dicht beisammen.

Turismo: Das offizielle Auskunftsbüro für Touristen liegt leider nicht eben zentral an der Avenida Presidente Masaryk 172, Tel. 250 85 55. Es gibt dort das übliche Info-Material, Stadtplan etc. und oft auch sachkundige Auskunft (U-Bahnanfahrt bis Station Polanco).

Zentraler liegt das kleinere Stadtbüro (1986 durch Erdbeben zerstört - Eröffnung unsicher) an der Av. Juarez 70, nahe Hotel Prado. Das alte große Büro an der Juarez 92 ist geschlossen.

Greyhound-Büro, Reforma 27, Tel. 591 03 38. Verkauft Buskarten für viele wichtige Destinationen, praktisch, weil viele Busbahnhöfe außerhalb liegen. Man bekommt einen Gutschein, der dann beim Bahnhof eingetauscht wird, das erspart die Fahrt zum Bahnhof, nur um Karten zu reservieren. Allerdings gibt es nicht alle Karten, auch nicht alle Zeiten.

Hauptpost, Ecke Tacuba/Lazaro Cardenas, nahe dem Torre L.A., 9 - 23 Uhr, Sa - So 9 - 20 Uhr.

Hotelreservierungen, für das Land: Das gute Reisebüro ABC-Travel. Mariano Escobedo 752. Tel. 533 04 10, reserviert eine Reihe von Hotels im Land für Sie und arrangiert auch Mietwagen etc. Die durchweg empfehlenswerten Hotels 'Villas Arqueologicas' können reserviert werden: Calle Leibnitz 34, Tel. 541 49 95 (englisch).

Taxis, anhalten per Handzeichen an allen großen Straßen. Taxameter gibt es praktisch nur in Mexico-City, und dort nur in etwas mehr als 50% der Wagen, der Rest fährt als 'Pirat', Preise also unbedingt aushandeln. Faustregel: je größer und komfortabler der Wagen desto teurer, US-Amerikaner oder solche, die man dafür hält, bekommen 'gringo-Zuschlag'.

Am Flugplatz und an den großen Busbahnhöfen gibt es Kioske, die Taxigutscheine zu Festpreisen verkaufen. An den Kiosken sind Tafeln mit Entfernungszonen und Preisangaben. Betrug ist so praktisch ausgeschlossen.

Meist reell und billig sind die gelben VW-Käfer Taxis. 5 km ca. 5 Mark. City - Flugplatz 12 Mark (Stand Mitte 87).

Wäscherei, Automatenwäscherei 'Lavanderia automatica Atoyac', Atoyac 69, ein Block nördlich der Reforma, kurz vor dem Chapultepec Park. 9 - 19 Uhr, So geschl. Die Wäschereien der großen Hotels arbeiten schnell und zuverlässig.

Nochmal Mexico-City...

... größte Stadt und größter Slum der Welt, 20 Millionen oder sind es schon wieder mehr? In einer Stadt, die ständig vor dem Infarkt lebt, gibt es keine verläßlichen Zahlen mehr. Zuverlässig sind nur die Schlagzeilen, Apocalypse läßt sich eben gut verkaufen: 'Weltstadt, die ihr Land verschlingt', 'Ist die Stadt noch zu retten', 'Die Bevölkerung wird permanent vergiftet', so beginnen seit Jahren Mexico-City-Berichte. Leider• stimmen sie alle - und auch nicht.

Natürlich gibt es noch die klaren Wintertage mit Blick auf die schneebedeckten Vulkane, natürlich gibt es die gepflegten Stadtviertel, das San Angel der Reichen im Süden, das vielbeschriebene Coyoacan mit nobler Kolonialarchitektur, und es gibt auch noch ein paar qkm einigermaßen intakte City, eben die, die der Tourist in der blankgefegten Zona Rosa oder um den Zocalo sieht. Das sind vielleicht 5% der gesamten Stadtfläche und auch hier ist Apocalypse now: Am Morgen schon kommt die Abenddämmerung, Smog liegt in den Gassen, die Augen tränen, die Nase geht zu. In wenigen Jahren, so eine Umweltstudie, werden die Autos in der Stadt auch mittags mit Licht fahren müssen. Heute schon rieselt aus über 3 Millionen Auspuffen täglich soviel Gift, daß Versuchstiere, die man an Verkehrsknotenpunkten der Innenstadt deponierte, innerhalb von Stunden starben.

Die vergiftete Luft tötet jährlich ca. 30 000 Kinder, die Zahl der Umwelttoten wir auf über 100 000 geschätzt. Die Luft ist knapp, das Wasser, der Wohnraum, alles was man zum Leben braucht fehlt, nur die Endprodukte menschlicher Existenz sind allgegenwärtig. In biblischer Gerechtigkeit verteilt der Wind die getrockneten Exkremente von jenen 3 Millionen Städtern, die weder Kanalisation noch Wasseranschluß haben, gleichmäßig über arme und reiche Wohnviertel, Eschericichia-coli kennt keine Klassenschranken, Moctezumas Rache gilt allen. Auf die Frage 'wie geht's, erhält man in Mexiko konsequenterweise erstaunliche Antworten.

Zu Beginn des 19. Jh. lobte Alexander v. Humboldt Mexiko-City als eine Oase, umgeben von stillen Indiodörfern und fruchtbaren Gärten, noch zu Anfang des 20. Jh. hatte die Stadt gerade eine halbe Million Einwohner, dazu großzügige Alleen und prächtige Archtiektur, zu Beginn der 40er Jahre begann dann eine beispiellose Bevölkerungsentwicklung: Campesions flohen aus Hunger und Angst vor Gewalt in die vermeintlich sichere Stadt und hier war die Bevölkerungsexplosion des Landes am heftigsten. Kein Land über 50 Millionen Einwohner hat eine höhere Geburtenziffer als Mexiko, 4,3 Kinder kommen auf jede Durschnittsfamilie. Trotz aller zeugungsdämpfender Werbespots - 'La pequena familia major' - wächst die Stadt um ca. 700 000 Einwohner jährlich

Aber längst sind die aberwitzigen Zahlen über die alltäglichen Anarchie Mexiko-Citys weder zu bestätigen noch zu widerlegen: Wer will sie zählen, die 5 Millionen in Ein-Raum-Hütten, die 6000 'paracaidistas', die täglich - Fallschirmschpringern gleich - in die Stadt eindringen und bevorzugt entlang von Bahngleisen und Hochspannungsleitungen ihre schiefen Papphütten bauen, weil hier das Land am ehesten dem Staat gehört - und der schaut weg. Was gibt es noch zu zählen außer Elend in den über 500 Slums, der Stadt. Ist der Junge, der im Dieselqualm der Insurgentes Nelken verkauft oder gegen Handgeld Autoscheiben verschmiert, arbeitslos oder selbständig, hat er schon einen Schatten auf der Lunge oder zählt er erst nächstes Jahr zur Statistik der Umwelttoten....

Nachtrag: Mexico-City - Oaxaca mit dem Auto: Wer auf der knapp 600 km-Strecke unterwegs ist und übernachten möchte: Am besten in Huajuapan de Leon, ca. 200 km nordwestlich von Oaxaca, im Hotel Garcia Peral, ein schöner Neubau im Zentrum am Zocalo, mit Pool.

Oaxaca

200 000 E., 1 545 m. Die Stadt - Hauptstadt des gleichnamigen Bundesstaates - liegt in einem Hochtal, umgeben von Bergland, in dem Zapoteken und Mixteken siedeln. Oaxaca ist eine reizvolle Stadt, schöne Architektur, wenig Industrie. In den letzten Jahren wurde Oaxaca zu einem beliebten Touristenziel, viele meinen: zu beliebt. Für den Reisenden ist Oaxaca aus verschiedenen Gründen interessant:

* Man erreicht in kurzer Zeit und ohne viel Aufwand die archäologischen Zonen **Monte Alban** und **Mitla.**

* Oaxaca selbst ist eine 'handliche' Stadt, man findet sich schnell zurecht. Hotelerie und Gastronomie sind leistungsfähig. Es gibt sehenswerte Kolonialarchitektur, daneben indianische Kultur, vor allem an Markttagen. Das **Klima** ist auch im Hochsommer angenehm.

Mittelpunkt des städtischen Lebens ist der **Zocalo,** ein prächtiger Platz, umgeben von Straßencafes. Wer also abwechsungsreichen Stadturlaub mit einem bequemen Besichtigungsprogramm verbinden möchte, ist in Oaxaca richtig.

Unterkunft

Zimmer können in der Hochsaison und besonders über Weihnachten/Neujahr/Januar (viele Amerikaner) knapp werden. Am besten vorausreservieren.

Hotel Plaza**, Trujano 112, Tel. 622 00. Trotz des vielen Rummels ist das Plaza seit Jahren ein grundsolides Haus. Der Wirt läßt sich nicht von negativen Beispielen anstecken und führt das Haus ausgezeichnet, er organisiert auch Touren für seine Gäste.

Hotel Presidente***, 5. de Mayo Nr. 300, Tel. 606 11. Sonst sind die Hotels der Presidente-Kette kaum zu empfehlen, dieses hier liegt aber sehr schön, ein umgebautes Kloster, ruhig, schöne Architektur. Ein sehr angenehmes Hotel mit allem Luxus, Pool. Über Weihnachten und an Wochenenden viele Amerikaner. Kann von Mexico-City aus zu einem Sondertarif reserviert werden, vgl. dort unter 'Hotel del Prado'. Ebenfalls gut in der Nobelklasse: Mision Oaxaca***, Jalisco 15, Tel. 50100.

Hotel Senorial**, Portal de Flores 6, Tel. 639 33. Am Zocalo. Ein preiswertes und komfortables Hotel, gut geführt, gutes Restaurant. Gegenüber dem Zocalo, bei der Post: Hotel **Monte Alban***, Tel. 627 77, schöne Zimmer im Kolonialstil, manche etwas verschlissen, das Hotelrestaurant Coronita, wird im Geo-Special zu Recht sehr gelobt.

Für Autofahrer und Busreisende ist das **Hotel Veracruz**** gut geeignet, Av. Heroes de Chapultepec Nr. 1020, direkt neben dem ADO-Busterminal, mit nachts abgeschlossenem Parkplatz, sehr sauber, gutes Restaurant. Ein paar Meter weiter in Richtung Zentrum das gute Restaurant 'La Cabana Embrujada' mit einem engagierten, netten Wirt.

Hotel Principal*, 5. de Mayo 208, Tel. 635 35. Eine Art Travellertreff, für den Preis wirklich gut.

Hotel Maison del Rey**, Av. Trujano 212, Tel. 600 33, mit gutem, preiswerten Restaurant. Im Haus eine 'Caseta de larga Distancia' für Ferngespräche.

Sehr gut, preiswert und solide auch das **Hotel Francia***, 20. de Noviembre 212/Trujano, nur ein Block vom Zocalo, gutes Restaurant im Haus. Sehr gut, allerdings bei Mittelklassepreisen, das Marques del Valle**, große Kapazität, Portal de Claveira.

Etwas außerhalb Oaxaca, rechts an der Straße nach Mitla/Yagul: Posada de los Arcos*, mit Appartements in schöner Umgebung, eine ruhige, gepflegte Oase, ideal für Leute mit Mietwagen. Sehr gutes Restaurant (Avocados mit Thunfisch!!).

Essen

Viele Restaurants und Cafes liegen um den reizvollen Zocalo. Man kann dort interessantes Treiben verfolgen, leider sind einige Häuser in bester Lage auch die teuersten, obwohl sie nichts Außergewöhnliches zu bieten haben: Service häufig schleppend, Speisen wenig schmackhaft. Ein paar Meter vom Zocalo entfernt bekommt man dann wieder gutes Essen für weniger Geld.

Ganz gut ißt man im Hotelrestaurant vom Senorial. Guten Cafe gibt's im 'El Marques'.

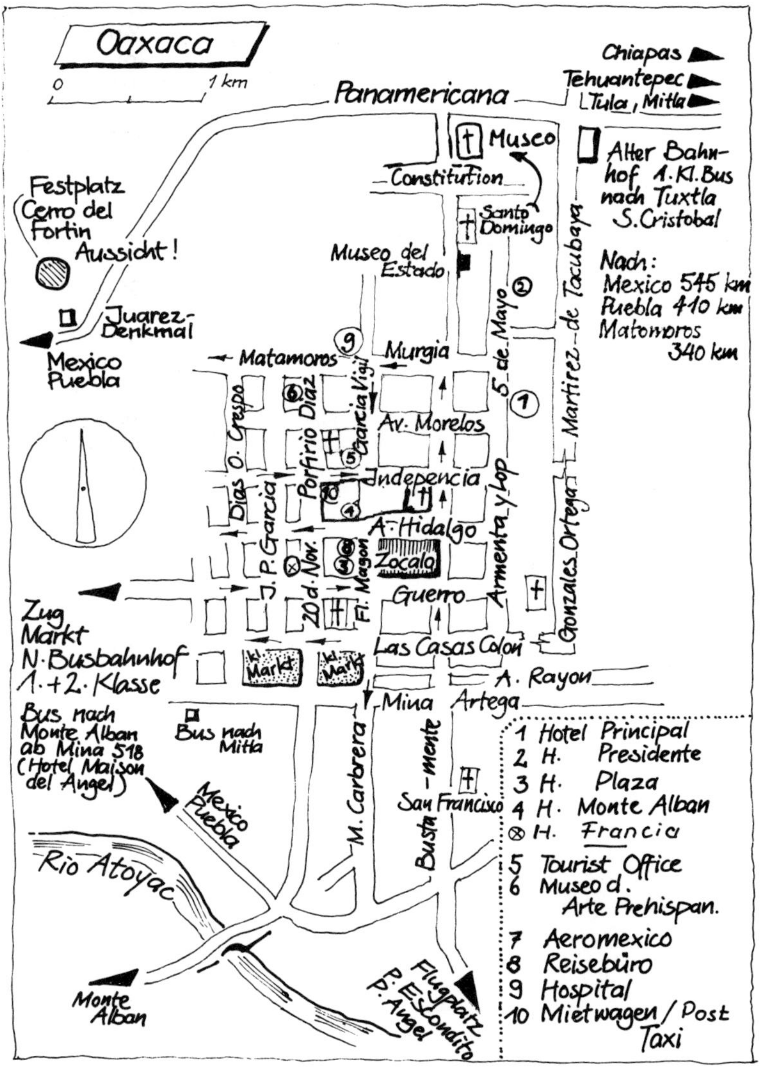
Oaxaca
0
1 km
Panamericana
Chiapas
Tehuantepec
Tula, Mitla
Museo
Alter Bahnhof 1. Kl. Bus nach Tuxtla S. Cristobal
Constitution
Santo Domingo
Festplatz Cerro del Fortin
Aussicht!
Museo del Estado
Nach:
Mexico 545 km
Puebla 410 km
Matamoros 340 km
Juarez-Denkmal
Mexico Puebla
Matamoros
Murgia
Av. Morelos
Indepencia
A. Hidalgo
Zocalo
Guerro
Las Casas Colon
A. Rayon
Mina
Artega
5 de Mayo
Martirez-de Tacubaya
Gonzales Ortega
Armenta y Lop
Dias O. Crespo
J. P. Garcia
Porfirio Diaz
20 d. Nov.
Garcia Vigil
Fl. Magon
Zug
Markt
N. Busbahnhof
1.+2. Klasse
Kl. Markt
Kl. Markt
Bus nach Monte Alban ab Mina 518 (Hotel Maison del Angel)
Bus nach Mitla
Mexico Puebla
M. Carbrera
Busta-mente
San Francisco
Rio Atoyac
Monte Alban
Flugplatz
P. Escondito
P. Angel
1 Hotel Principal
2 H. Presidente
3 H. Plaza
4 H. Monte Alban
⊗ H. Francia
5 Tourist Office
6 Museo d. Arte Prehispan.
7 Aeromexico
8 Reisebüro
9 Hospital
10 Mietwagen / Post Taxi

Das Restaurant von **Dona Elipidia** ist seit Jahren ein Tip in Oaxaca. Es gibt dort sehr gutes Essen in angenehmer Umgebung, aber nur zwischen 13 und 17 Uhr, auch nur als 5-gängiges Menü, relativ preiswert. Das Speisen im wunderschönen Patio ist ein Erlebnis. Es gibt außen kein Schild, das Restaurant liegt in der Av.M. Cabrera 413, 4 Blocks südlich vom Zocalo.

Sehr gutes Essen auch bei 'El Arca de Emmanuel', Calzada Hereros de Chapultepec (1/2 Block rechts gegenüber der ADO-Busstation) also etwas außerhalb, aber der Weg lohnt.

Neu ist der Travellertreff 'Lixhi-Tuu' (Casa de Chocolate) in der Independencia, Nähe 20. de Nov., ein Laden mit Cafe, gute Licuados und Yoghurt, billig.

Zocalo

Der Zocalo hat in Oaxaco eine ganz ausgeprägte, zentrale Funktion, besonders am Abend zur Flanierstunde, bei gutem Wetter spielt jeden zweiten Abend eine Marimbagruppe, auch das gibt's nur in Oaxaca (und vereinzelt in Guatemala). Breites gastronomisches Angebot, aber: die Wirte sind sich ihrer durchaus Lage bewußt.

Sehenswertes

Langweilig wird's niemand: Kirchen, Museen, Indiomärkte oder auch nur ein Abend am Zocalo sorgen für Abwechslung. **Abends:** Das meiste Leben um den Zocalo, oder in 'El Sol y la Luna', in der Straße Murgia. Diverse alternative Treffs in der Innenstadt, z.B. Galerie.

Kirche **Santo Domingo**, zweifellos die schönste der 27 Kirchen Oaxacas, unglaublich prunkvolle, barocke Innenausstattung. Im Kloster daneben das Bezirksmuseum mit Stücken aus der Region, Ecke Constitucion/5 de Mayo, am schönsten im Abendlicht!

Museo de Arte Prehispanico, auch 'Museo Rufino Tamayo', Av. Morelos 503. 10 Minuten zu Fuß vom Zocalo. Eine der schönsten, reichhaltigsten und sorgfältigsten Sammlungen präkolumbianischer Kunst. Die geschl. 10-13/15-19 Uhr. Der Schmuck!!

Sehr schön auch das **Museo del Estado**, dort der berühmte

Grabschatz aus dem Grab Nr. 7 von Monte Alban, sowie die reichhaltigste Sammlung zapotekischer und mixtekischer Grabplastiken. Lage: Das Staatsmuseum liegt neben (nördlich) der Kirche Santo Domingo, an einem Platz. 15 Gehminuten nördlich des Zocalo. 9 - 17 Uhr, Mo geschl.

Markt, täglich, großer Markt am Samstag, am 2.Kl.-Busbahnhof, siehe Karte, gut auch zum Beobachten. Oaxaca und die Umgebung sind bekannt für Kunsthandwerk, zu Zeiten der Saison sind die Preise aber oft der Touristenschwemme angepaßt, manchmal kann man in kleinen Galerien oder in den staatlichen Kunsthandwerksläden schon günstiger einkaufen.

Die typische '**ceramica negra**' kauft man in großer Auswahl am besten in San Bartolo de Coyotepec, bei Oaxaca (nach dem Weg durchfragen).

Eindrucksvolle **Murales** im Palacio del Gobierno, Zocalo.

Ausflüge und Markttage in der Umgebung

Neben den klassischen Zielen Monte Alban und Mitla (s.u.) bietet die nähere Umgebung noch zahlreiche lohnende Ausflugsziele, sehr reizvoll auch die vegetationsreiche Landschaft während der Regenzeit.

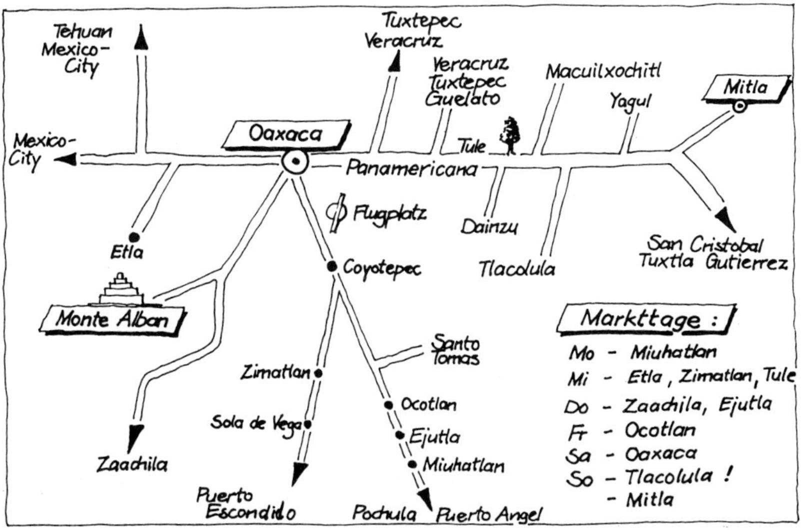

Auf Touren in die Umgebung sollte man zurückhaltend (besonders beim Fotografieren) sein und die lokalen Gegebenheiten respektieren. Gerade das aufdringliche Fotografieren in Indiodörfern ist ja eine Unsitte.

Eine sehr schöne Strecke - bes. für Mietwagenfahrer - führt nach Gueletao, 65 km nördlich; 12 km südwestlich Oaxaca liegt Cuilapam, mit einem schönen Dominikanerkloster von 1555. Anfahrt: Stadtauswärts in Richtung Monte Alban, nach dem Atoyac-Fluß links, dann Beschilderung.

Monte Alban

die archäologische Zone liegt 10 km westlich Oaxaca auf einem Hochplateau, 400 m über dem Niveau Oaxacas. Die Sehenswürdigkeit der Gegend - schon die Anfahrt ist einzig. Dann: mächtige Gebäude im Hochland plaziert. Man sollte möglichst früh anfahren, dann bleibt Zeit, dazu kommt, daß die Steinreliefs sich dann am schönsten beleuchtet zeigen. Einmalig auch das Licht- und Schattenspiel in der Landschaft.

Anfahrt: Taxi oder **Bus** - ab Hotel Maison del Angel, Mina 518, 5 Blöcke (Cuadras) westlich vom Zocalo (Plan). Karten dort. 'Autobuses Turisticos', ca. 5 mal täglich.

Man muß die Rückfahrt fest buchen, kann aber trotzdem einen Bus später fahren, hat dann mehr Zeit, letzter Bus gegen 17.30 Uhr. Erster hin: 9.30 Uhr.

Mitla/Yagul

Mitla erreicht man nach 42 km auf der Panamericana, die Strecke führt über Santa Maria del Tule, einem Ort, der mit dem angeblich ältesten Baum der Welt einen Stammplatz in jedem Reiseführer hat, dort Mi Markt.

Noch vor Mitla erreicht man die Abzweigung nach **Yagul**, die dritte und am wenigsten besuchte archäologische Zone im Hochtal von Oaxaca. Wer für Besichtigungsrummel nichts übrig hat, sollte hier seine Zeit verbringen. Schöne Aussicht und feine Stimmungen!

Die Zone besteht aus zwei Sektoren: Die Unterstadt mit Tempeln und Palästen, darüber ein Hügel mit einer Festung, der Aufstieg dorthin lohnt schon wegen der Sicht! Architektonisch repräsentiert Yagul ein Zwischenstadium zwischen Monte Alban und Mitla.

Noch vor Yagul kann man rechts nach **Tlacolula** abbiegen, bunter Sonntagsmarkt. Noch vor Tlacolula an der Panamericana Abzweigung nach **Teotitlan del Valle**, bekannt für kunstvolle Webereien, viel touristischer Rummel, trotzdem lohnend. Schöne Teppiche!

Mitla schließlich ist eine archäologische Zone, die nicht so sehr durch große Bauwerke besticht, faszinierend ist vielmehr die reiche Steinornamentik der Stätte. Mitla ist kleiner, esoterischer, aber leider nicht mehr ruhiger als Monte Alban. Auch hierher finden jetzt zunehmend laute Touristengruppen.

Busanfahrt vom Bahnhof Oaxaca, neben dem Markt, 5 Blocks westlich vom Zocalo, an der Umgehungsstraße Perificio, mit 'Fletes y Pasajes', alle 1/2 h, So alle 15 Minuten, ab Bussteig Nr. 16. Der Bus hält in Mitla an der Westseite des Ortes, von dort 15 Fußminuten zum Zentrum. In Mitla ein kleines Museum mit Zapotekenexponaten, im Patio ein Cafe. Daneben die 'Posada la Sorpresa', mäßige Übernachtungsmöglichkeit, ebensolches Essen.

Direkt bei den Ruinen ein 'Mercado de Artesanias' und ein sehr gutes **Restaurant** mit angeschlossenem Hotel.

Feste und Folklore

16 Sprachen, über 200 Dialekte, mehr als 450 verschiedene Trachten - die Mannigfaltigkeit des Brauchtums ist überwältigend. Oaxaca ist sicher der Bundesstaat in Mexiko mit der größten folkloristischen Vielfalt im Lande: Den Auftakt bilden in Oaxaca-Stadt die 'Guelagatza' (Darbietungen, in der Zapotekensprache): Beginn der Monate dauernden Guelagatza am 21. März, mit den 'Juegos Florales'. Am 15. Mai Uni-Ferien mit Feiern. Am 16. Juli und an den zwei folgenden Montagen große Feierlichkeiten. Feiern zum Unabhängigkeitstag 15./16. Sept., Feuerwerk am 20. Nov.

Feste in der Umgebung: 25.7. Culiapan. 24.8. San Bartolo de Coyotepec. 31.8. San Ramon. 8.9. Huatla de Jeminez und Teotitlan del Valle. Am 2. Montag im Oktober 'Baumfest' in S.M. del Tule. 11.10. Tlacolula. Jeweils beim **Turismo** checken!

Verbindungen

Im Sommer können die Flüge und die 1.Kl.-Busverbindungen nach Oaxaca und die Verbindung Oaxaca - San Cristobal stark gebucht sein, so früh wie möglich reservieren.

Verbindung Stadt - 1.Kl.Terminal: Bus 'Circuito' passiert auf seinem Rundkurs beide Terminals (Bus) und die Innenstadt - aber nicht für Frühanschlüsse! Busterminal in der Stadt nur für 2. Kl. Busse!

Acapulco, Merida, Cancun, mit Aeromexico und Mexicana. Merida mit stopover in Villahermosa. Nach Villahermosa auch Nachtbus: Oaxaca ab ca. 17 Uhr. **Villahermosa** an 6 Uhr. Anschluß nach **Palenque:** 8 Uhr. Gutes Flughafenrestaurant.

Mexico-City, siehe dort u. Verbindungen.

San Cristobal de las Casas (Tuxtla Gutierrez). Die Direktverbindung nach S.C. ist oft stark belegt, es fährt täglich nur ein 1.Kl.Bus, 'Cristobal Colon', ab: 7 Uhr am 1.Kl. Terminal an der Panamericana. 14 h. Alternative: Über Arriaga mit Übernachtung. Mit 'ADO', Oaxaca ab: 7 und 9 Uhr, Arriaga an: 15 und 17 Uhr. Arriaga ab nächster Tag 11 Uhr, Tuxtla an gegen 13.30.

In **Arriaga** div. Hotels, außerhalb der Parador Nacional. Der Ort ist ohne jeden Tourismus, man erlebt sich dort als den Angestarrten, auch eine heilsame Erfahrung, dieser Rollentausch...

Tuxtla Gutierrez (S. Cristobal) Täglich Flüge via Villahermosa. **Bus**: Tägl. 1.Kl.Bus 'Cristobal Colon'. Ab: 7 und 23 Uhr, der **7-Uhr-Bus hat Anschluß** nach S. Cristobal. 2.Kl.: Ab: 17.30 und 21 Uhr, ab Tuxtla: 6 Uhr, Anschluß nach S. Cistobal.

Die erste Etappe der Strecke bis **Tehuantepec** ist für Landschaftsfreunde interessant: Man fährt durch ausgedehnte **Kakteenwälder.** Einen stop lohnt auch Tehuantepec - nichts Aufregendes aber mexikanische Provinz.

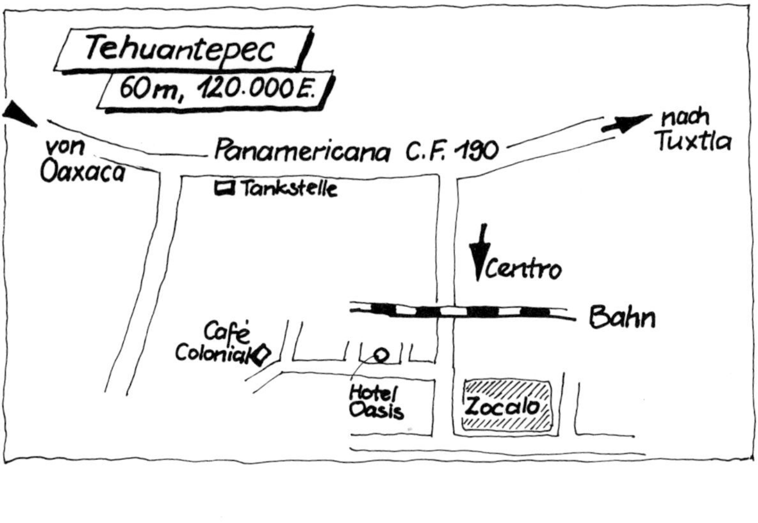

Unterkunft in Tehuantepec: La Tehuanita*, 10 Fußminuten vom Cristobal Colon Bahnhof, Zimmer mit Dusche; weitere Hotels am Ort.

Busanschlüsse nach Tuxtla Gutierrez, vgl. unter Verbindungen Puerto Angel.

Puerto Escondido, Puerto Angel: die Busfahrt zu den beiden Pazifikbadeorten gehört landschaftlich zu den **reizvollsten** Strecken, die man in Zentralmexiko fahren kann. Früher eine wilde Trasse, jetzt ist die Strecke bis auf wenige km asphaltiert. Deshalb auch mit dem Mietwagen sehr lohnend.

Bus: Mehrmals täglich mit 2.Kl.Gesellschaften: 'La Solteca' oder 'Oaxaca Pacifico', ab 2.Kl.Terminal, Bussteig Nr. 32 bzw. 22. Oder 'Estrella de Valle', 2.Kl., ab 11 Uhr an Puerto Angel 21 Uhr (Fahrzeit ca. 7 h, vgl. auch Verbindungen Puerto Angel).

Flugzeug: Jet-Flugplatz bei Puerto Escondido geöffnet, derzeit aber nur 4 x wöchentl. mit Mexicana nach Mexiko-City.

Häufig Verbindungen mit Kleinflugzeugen der 'Aero Oaxaquenas', täglich außer bei Schlechtwetter. Die Buchung klappt nur in Oaxaca zuverlässig. Sehr, sehr schöner Flug (Ende 1986 noch mit der alten DC 3); 40 Min., ca. 100 Mark.

"Die Strecke von Oaxaca nach Puerto Angel ist wirklich ein einmaliges Erlebnis, wenn auch etwas stressig. Unbedingt in Oaxaca volltanken, die nächste Tankstelle ist erst in Pochutla, ca. 8 km vor Puerto Angel. Wenn man die Strecke nicht kennt, kommt man kaum schneller als 40-50 km/h voran. Kurven, Kurven. Der Wechsel zwischen karger Vegetation im Hochland und tropischem Regenwald mit all seinen Geräuschen ist einfach atemberaubend. Und, auch wenn man sie nicht sieht, überall sind Menschen ..." (Nina Schaarschmidt-Kremer, Sommer 84)

Zugbahnhof: Der Bahnhof liegt außerhalb, westlich vom Zocalo (Plan), Anfahrt mit Taxi oder dem Bus 'Circuito', der einen Rundkurs fährt. Es gibt Tag- und Nachtzüge nach Mexico-City (vgl. dort unter 'Zug'). Die Nachtzüge sind komfortabler, reservieren unerläßlich.

Adressen

Turismo, Garcia Vigil (s. Plan), informiert auch über die aktuellen Taxipreise. Taxis am Zocalo, Post, Independencia (s. Plan). Buchladen mit englischer Reiseliteratur, Guerro 108.

Puerto Angel Puerto Escondido

Vor ein paar Jahren waren die beiden Orte an der Pazifikküste noch Fischerdörfer mit bescheidenem Tourismus. Dies hat sich in jüngster Zeit geändert - und wird sich in den nächsten Jahren noch mehr ändern. Die Straße 200 aus Acapulco ist jetzt fertig, auch die Straße nach Oaxaca ist gut ausgebaut, der Jet-Flugplatz in Escondido mit Anschlüssen nach Chicago eröffnet, so werden die Orte jetzt stärker besucht und man muß in der Zukunft mit Veränderungen - besonders in Puerto Escondido - rechnen, zumal auch die lokalen Behörden alles zur Förderung des Tourismus tun. So haben die Hoteliers in Puerto Escondido in den letzten Jahren zinslose Kredite bekommmen, um ihre Häuser aufzumöbeln und neue Kapazitäten zu schaffen.

Trotzdem, beide Orte, besonders natürlich das viel ruhigere Puerto Angel, zählen sicher zu den 'kleineren, originelleren und schöneren' Küstenorten am Pazifik und sind damit ganz sicher eine Alternative zu den immer problematischer werdenden Badeorten an der Karibikküste (Isla Mujeres, Cancun, Cozumel etc.). Der Tourismus hat noch nicht alles versaut, es fehlt mancher Luxus, aber dafür gibt's Wasser, Sand & Sterne satt...

Puerto Escondido - versteckter Hafen - wie gesagt, so heimlich geht's hier schon seit Jahren nicht mehr zu. Das Leben spielt sich entlang der Hauptstraße Avenida Perez Gasga ab, der Ort hat keine echten Zocalo, entlang der Perez Gasga, die in einer weiten Schleife von der Durchgangsstraße Costera Richtung Meer führt, liegt alles Wichtige. Noch immer wird viel gebaut - und noch immer wartet alles auf den großen Acapulco-Boom...

Hotels und Essen

Zimmer während der Hochsaison (Weihnachten - Ostern) möglichst im Vorraus reservieren.

Hotel Rincon del Pacifico**, Tel. 20056. In Postkartenlage im Ortszentrum, nahe 'Strand, Palmen und Meer'. Kein Luxushotel, aber für einen Ferienort gute Unterkunft. Daneben, auch in schöner Lage, das 'Las Palmas', von dem nicht viel Gutes berichtet wurde. Neben dem 'Rincon' ein Trailor-Park mit einem guten italienischen Restaurant,

knackige Salate. Gegenüber dem 'Rincon' das gute Restaurant 'Norma'.

Zwei lauschige Übernachtungstips für Escondido: **'Santa Fe***, noch vor der Brücke an der Ortseinfahrt von Puerto Angel, nach links zum Meer, 22 Zimmer direkt über dem Strand, bepflanzter Patio, gute Küche, Dozi um 80 Mark.

Und: **El Paraiso Escondido****, bei der Farmacia Paris /Restaurant Kike am westlichen Teil der Perez Gasga, über die Treppen nach unten. Kleines verspieltes Hotel, sehr saubere Zimmer mit Pazifikblick, Balkon, kleiner Pool im Garten, gutes Restaurant, eben ein 'paraiso escondido', einer der Besitzer ist gebürtiger Deutscher. Die Zimmer können schon von hier aus reserviert werden: Apdo. Postal 20 - 187, oder rufen Sie mal an: 5598953.

Einfach: **Roca Mar***, am Ende der Füßgängerzone, oft noch freie Zimmer. Schräg gegenüber das gute Restaurant Posada (Langusten!!)

Die Brandung an der offenen Küste kann manchmal sehr stark werden, es entwickelt sich dann ein gefährlicher Sog - Baden ist dann unmöglich. Im Hochsommer wird die **Hitze** oft schier unerträglich.

Wer vom Rummel, der ja immer größer wird, genug hat, sollte gleich nach Puerto Angel weiterziehen oder einen Ausflug in die weniger belebten Strand- und Buchtregionen der Umgebung machen:

Nach **Norden** hin beginnt eine ausgedehnte Bucht- und Lagunenlandschaft, viele Wasservögel, einsame Strände, da und dort werden auch einfache Hütten vermietet. Eine Straße zum 'Parque Nacional Lagunas de **Chacahua**' (80 km in Richtung Acapulco) ist im Ausbau, dadurch könnte die Ruhe in dieser schönen Region dahin sein, bis jetzt jedenfalls lohnt ein Besuch. Bus ab 'Pemex'Station morgens ganz früh (im Turismo fragen), Bus fährt bis Pueblo Nuevo San Jose Progresso (Ort nach Santa Rosa), dort in ein blaues Camioneta umsteigen.

Verbindungen: die Straße nach Acapulco ist fertig, auch die Brücken sind befahrbar. Ebenfalls gut ausgebaut die Strecke in Richtung **Puerto Angel - Salina Cruz** (vgl. auch Verbindungen Puerto Angel). Diverse Busverbindungen nach Puerto Angel - Salina Cruz. Alle Busse fahren über **Pochutla.** Dort kommt auch morgens um 9 der Bus aus Salina Cruz an, der dann nach Puerto Escondido weiterfährt. Pochutla - Puerto Angel ca. 10 km, Collectivos (Sammeltaxi) und Taxi.

Bus nach **Oaxaca**, 5mal täglich Abfahrt im oberen, nordöstlichen Teil des Ortes mit 'Estrella de Oro'.

Nach Acapulco: Lohnende Fahrt mit 2.Kl.Bus 'Estrella de Valle', 6 h, an der Strecke viele interessante Indiodörfer.

Fliegen: Neuer Flugplatz eröffnet. Mit Mexicana nach Mexiko-City, 4 x wöchentl., mit Jet B-727.

Mit 'Aerovas Oaxaqenas' 2 x täglich nach Oaxaca, herrlicher Flug (vgl. auch Oaxaca Verbindungen).

Puerto Angel

80 km südwestlich Puerto Escondido, der Ort ist weniger entwickelt, dadurch ruhiger und nicht so booming wie Escondido. Auch hier werden die Badefreuden manchmal durch gefährliche Brandung und Sog getrübt, am schönen Baden am Zipolite-Strand (4 km außerhalb) und in den Buchten östlich, aber auch dort gab es schon mehrere Todesfälle, also Vorsicht!

Ansonsten kann man in Puerto Angel noch ruhige Strandfreuden erleben. Alles in einem einfachen Ort, der reizvoll in einer von steilen Felsen gerahmten Naturbucht liegt. An der Küste östlich von Puerto Angel ist ein großes Tourismusprojekt geplant:'Bahias de Huatulco', etwa zwischen Rio Coyula und der Bucht Tangolunda, u.a. mit Flugplatz, Club Med., etc. Der Flugplatz ist schon weit gediehen, aber der weitere Hotelausbau stock, bis jetz steht noch nicht allzuviel (vielleicht auch weil der President in seinem Ferienhaus bei Tangolunda weiter seine Ruhe haben will?). Jedenfalls gibt es noch immer genug herrliche Buchten und Strände in diesem Bereich, so z.B. um Santa Cruz Huatulco.

Unterkunft

Eine reizvolle Unterkunft in Angel bieten Tomas und Gundi Lopes mit ihrer vielgelobten und sehr populären Casa de Huespedes*: 100 m von der Endstation der Busse Pochutla - Angel, liegt das familiär geführte Gästehaus auf einer Anhöhe. Mittlerweile ein Treff für Reisefreaks aus aller Welt. Einfache, ordentliche Zimmer, 2 Minuten zum Strand, locker-informative Atmo. Halb-, Vollpension möglich. Bei Hochbetrieb werden allerdings auch noch die letzten Kammern - zu fast den gleichen Preisen wie die schönen Zimmer vermietet.

Eine weitere preiswerte und sehr gute Familienpension ist die Puesta del Sol* von Harald und Maria Ferber-Ramirez, ca. 300 m von der Busstation entfernt, in Richtung dem schönen Zipolite-Strand, also schon westl. der Brücke über den Arroyo. Es gibt Hängematten und schöne Zimmer, ebenfalls informelle Atmosphäre. Der Wirt, Harald Ferber, organisiert auch Bootstouren zu den oben beschriebenen Buchten im Osten. In der Pension aktuelle Busfahrpläne und Auskunft über Ziele in der Region.

Gleich bei der Pension das gute Restaurant: 'Capi', an der Gabelung nach der nach der Puesta links, dann auf der rechten Seite, am Berg.

Gute Hotels direkt am Ort gibt es kaum, einfache Übernachtungsmöglichkeiten eher in Richtung Zipolite-Strand (vgl. oben).

Unter den Hotels ist das Soraya** vielleicht noch die beste Wahl, es liegt schön, zum Strand ist es nicht weit und das Restaurant ist sauber und gut. Eine angenehme Stätte, wenn der Wirt nicht gerade wieder Spinnen gegessen hat.

Das Luxushotel Angel del Mar*** liegt außerhalb in schöner, erhöhter Lage auf einem Kliff, Anfahrt am besten über Pochutla. Ob die Lage den hohen Preis wert ist, bleibt eine andere Frage. Buszubringerdienst nach Angel.

Verbindungen : Vgl. auch mit Puerto Escondido. **Direkt**verbindung mit Oaxaca (2. Kl., 8-10 h). Mit Acapulco über Escondido - Pochutla; über Pochutla nach Juchitan.

Von Angel nach Salina-Cruz: Straße nun durchgehend geteert, allerdings wenig Tankstellen, unbedingt reichlich Treibstoff bunkern.

Busverbindung nach Salina Cruz (ca. 6 x tägl., 4 h). Weiter ab Salina Cruz - Tehuantepec (alle paar min., Fahrzeit 20 min.).

Von Tehuantepec (die meisten Busbahnhöfe und Haltestellen liegen um den Zocalo) nach Tuxtla Gutierrez: 5 x 2. Kl., 'Transp. Oaxaca Isthmo'. 1 x 1. Kl. 'Cristobal Colon', 6 h (vgl. auch Verbindugen Oaxaca).

Salina Cruz wird zum Ölhafen ausgebaut, Marinestützpunkt, unschöner Strand, triste Stadt, sehr herb!

Villahermosa

400 000E., 5 m. Villahermosa - schöne Stadt - verdient ihren Namen nicht mehr. Die Stadt liegt im Zentrum des Ölexplorationsgebietes der Bundesstaaten Tabasco und Chiapas. Die Ölfunde der letzten Jahre haben die frühere Kleinstadt in kürzester Zeit rapide wachsen lassen - mit allen negativen Folgen. Man merkt, daß hier Geld gemacht wird. Das stets heiße und stickige Klima und die häufigen Regenfälle erschweren zusätzlich das Reisen.

Den negativsten Eindruck von Villahermosa bekam ich bei Besuchen zu Begin der 80er Jahre, als der Ölboom seinen Höhepunkt erreicht hatte. Ein unglaubliches Chaos in der Stadt, unfreundliche Hoteliers, hektische Atmosphäre. Die Elendsviertel am Rio Grijalva, wenig entfernt die Luxushotels, in denen die Ölleute für 200 Mark pro Nacht wohnten. Keine Zimmer frei, Chaos auf dem Flugplatz. Dazu die stehende Hitze, Lärm und Gestank, der einem den Atem nahm.

Nachdem der Ölboom abgeflacht ist, haben sich die Verhältnisse wieder etwas konsolidiert. Der neuer Flugplatz funktioniert, man bekommt wieder Zimmer zu einem einigermaßen vertretbaren Preis, im Stadtzentrum wurde eine Fußgängerzone angelegt, die - je nach Jahreszeit und Konjunktur - verweist oder hektisch wirkt. Verschwunden ist auch diese eigenartige Ölrauschmentalität, es herrscht wieder Resignation, auch bei den Hilfsarbeitern der PEMEX, sie wohnen in den Hütten am Rio Grijalva, arm wie immer. Die Träume sind dahin. Bei Hochwasser stehen die Hütten knöcheltief unter Wasser, dann stellen die Leute ihre Fernseher höher und das Hausschwein darf auf den Tisch, Hängematten werden nach oben gezurrt....

Vorbei die Rennen wildgewordener Autocowboys durch die Innenstadt, die Halden der Toyos, Broncos etc. stehen bei den Händlern. Gestoppt der Ausbau der Satellitenstadt Tabasco 2000, die Reihenhäuser werden zu Ruinen.

Villahermosa bestätigt einmal mehr die alte Reiseerfahrung, daß Städte und Regionen, in denen Öl gefördert wird, für Touristen wenig einladend sind, manchmal sogar abstoßend.

Trotz allem ist Villahermosa für Kulturinteressierte eine wichtige Station, einmal wegen dem gerühmten **Freilichtmuseum** im La-Venta-Park (derzeit, 1987 recht trist und verkommen, viele Bauarbeiten, außer den Olmekenköpfen kaum Sehenswertes) und wegen dem wirklich hochinteressanten **Museo** Regional 'CICOM'.

Daneben **war** die Stadt bislang Ausgangspunkt für den Besuch der Maya-Ruinen von **Palenque**, diese können jetzt aber auch von San Cristobal aus viel bequemer besucht werden - und immer mehr Reisende ziehen diese Route vor.

Unterkunft

Es gibt kaum schöne Hotels, die großen Kettenhotels sind teuer, die kleineren Häuser oft schlampig. Kompromisse: Hotel Manzur**, Madero 422, Tel. 224 99. Mit Reisebüro und Restaurant, zentral, mit air cond.

Ausweichmöglichkeit: Hotel Oriente**, gegenüber Manzur. Hotel Maria Dolores*, Aldama 404/Ecke Calle 27. Febrero. Einfach, gutes Restaurant.

In der Fußgängerzone. La Paz*, Av. Madero 923, einfach, aber für Villahermosa gute Wahl. Nur 10 Minuten vom 1.Kl. Busbahnhof, oft Zimmer frei. Ebenso das Hotel San Miguel*. Eine **Warnung** vor dem Hotel Tabsco: schlecht & teuer.

Essen: Man kann sich's denken, Villahermosa ist kein Platz für Feinschmecker. Gut sind manchmal die Hotelrestaurants. Ich sitze gerne im 'Los Pepes', Madero 610. Nicht etwa, weil's dort besonders gemütlich ist, aber man kann schön beobachten, blickt ins Freie und freut sich über den Ventilator an der Decke.

Sehenswert

Außer der beeindruckend herben Stadtatmo gibt es zwei klassische und herausragende Sehenswürdigkeiten:

* Das **'CICOM'** = Centro de Investigaciones de las Culturas Olmecas y Mayas. Bekannt unter 'Museo Cicom', der prächtige Nachfolgebau des früheren 'Tabasco State

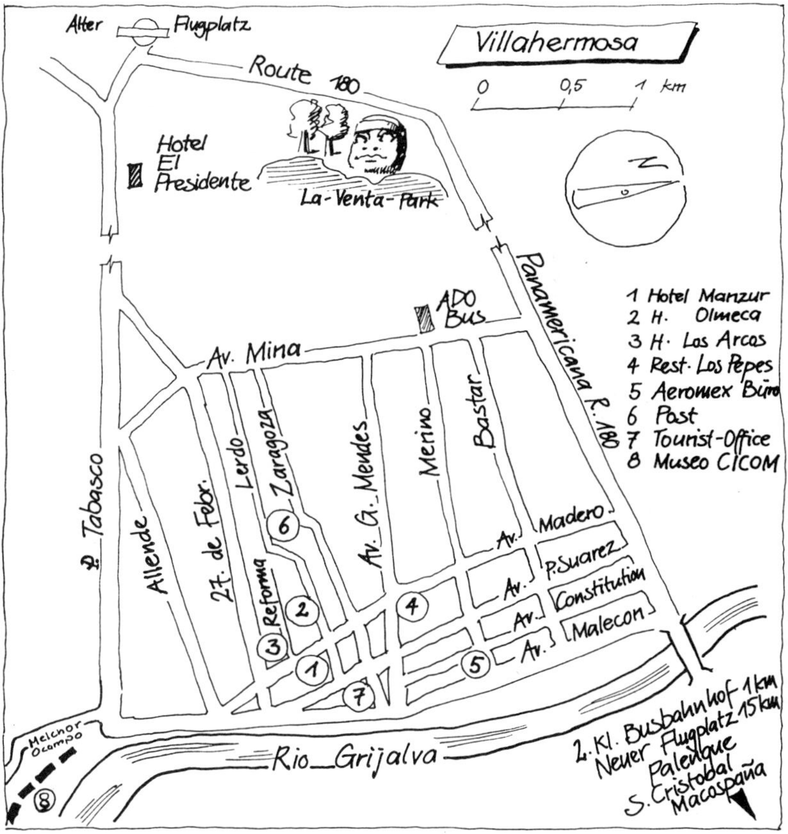

Villahermosa
0
0,5
1 km
Alter Flugplatz
Route 180
Hotel El Presidente
La-Venta-Park
Panamericana R. 180
ADO Bus
Av. Mina
1 Hotel Manzur
2 H. Olmeca
3 H. Los Arcos
4 Rest. Los Pepes
5 Aeromex Büro
6 Post
7 Tourist-Office
8 Museo CICOM
Tabasco
Allende
27. de Febr.
Lerdo
Zaragoza
Reforma
Av. G. Mendes
Merino
Bastar
Av. Madero
Av. P. Suarez
Av. Constitution
Av. Malecon
Melchor Ocampo
Rio Grijalva
2. Kl. Busbahnhof 1 km
Neuer Flugplatz 15 km
Palenque
S. Cristobal
Macospaña

Museum', fast alle Stücke befinden sich jetzt im neuen Museum. Adresse: Prolongacion de Melchor Ocampo, am Rio Grijalva. 8.30-20.30 Uhr, Mo. geschl. Neben dem Anthropologischen Museum in Mexiko City wohl die schönste Sammlung präkolumbianischer Kultur im Land..

Im Endstadium des Ausbaues sind mehrere Bauten geplant. Theater, Geschäfte, Landungsbrücke - auch jetzt fertiggestellten Gebäude lohnen einen Besuch unbedingt!

* **La Venta Park**, ca. 3 km außerhalb in Richtung altem Flugplatz liegt das berühmte archäologische Freilichtmuseum 'Museo de la Venta'. Ein tropischer Park in einer Sumpflandschaft, derzeit etwas verkommen (1987). Die berühmten, bis 20 t schweren Olmekenköpfe wurden 1925 im nahen Dschungel von 'la venta' entdeckt. Sie zählen zu den hervorragendsten präkolumbianischen Kunstwerken. Mückenschutz mitnehmen. Nachmittags oft starker Regen, offen 9.00 - 17 Uhr, Mo. geschl.

Verbindungen

Wer von Villahermosa aus Palenque besuchen möchte, sollte eher eine Übernachtung in Palenque einplanen als lange in Villahermosa zu bleiben. So läßt sich in Villahermosa in 2 oder allerhöchstens 3 Tagen alles Notwendige abklappern und länger wird kaum jemand bleiben wollen.

Nach Palenque

* Alle Hotels mit Reisebüro bieten eine organisierte Eintagestour an. Zweifellos die bequemste und einfachste Art, die Stätte zu besichtigen.

* Palenque auf eigene Faust: Möglichst Übernachtung in Palenque (Hotels siehe dort) einplanen, sonst wirds zu hektisch. Anfahrt 160 km mit 'ADO' Bus, 1.Kl., 3 h, Mehrere Busse morgens, einer Nachmittags (nicht alle Busse fahren bis Palenque-Ort, manche direkt zu den Ruinen. Möglichst früh anfahren und am besten ein Ticket bis 'Palenque Ort' lösen (vgl. Kapitel Palenque), dann kann man im Ort zuerst ein Zimmer suchen und das

Gepäck loswerden. Karten für die Rückfahrt so früh wie möglich, am besten gleich lösen.

* Palenque auf eigene Faust an einem Tag. Dann bleiben aber nur ca. 4 h für die Besichtigung, was sehr wenig ist. Bei 'ADO' ein Ticket bis 'Palenque Ruinas' lösen, diese Busse fahren direkt zu den Ruinen und warten dort bis zur Rückfahrt.

Flugverbindungen mit Acapulco, Cancun (Isla Mujeres), Merida, Mexiko-City, Tapachula, Tuxtla, Gutierrez.

Kleinflugzeuge nach Bonampak und Palenque (vgl. unter S. Cristobal)

Der neue, großzügig angelegte Flugplatz liegt ca. 15 km außerhalb in Richtung Palenque. Gut ausgestattete Info-Stelle, Reservierungsschalter. Manchmal wenig Taxis vom und zum Flugplatz.

Wer von Palenque kommt und einen Anschlußflug erreichen möchte, kann gleich am Flugplatz aussteigen.

Busse (ADO, 1.Kl.) nach Merida ab Villahermosa 6 x täglich, 4 davon Nachtbusse), außerdem viele Zusteigemöglichkeiten zu ADO-Bussen nach Merida, die in Villahermosa Zwischenaufenthalt haben.

Außerdem: Mexiko-City, Oaxaca, Tuxtla-Gutierrez (San Cristobal), Tapachula: Start morgens, Tuxtla an 15 Uhr, ab 18 Uhr - San Cristobal: 20 Uhr, am nächsten Morgen weiter Grenze Guatemala an 10.30 Uhr, Anschluß Guatemala-City.

* Die Straße 195 zwischen Villahermosa und Tuxtla-Gutierrez/San Cristobal ist gut ausgebaut. Die Strecke ist teilweise sehr kurvenreich, wegen der verschiedenen großartigen Landschaftsformen, die man durchfährt, aber sehr lohnend. Wer mit dem Wagen fährt, sollte einen Tag einplanen, Nebel und Regengüsse können die Fahrt sehr verzögern. Im Hochland Vorsicht bei vorgetäuschten Anhaltemanövern!

Adressen

Turismo, Ecke Malecon/Zaragoza 103, unten am Rio Grijalva. Tel. 231 71 u. 224 22. guter Service. Schalter auf dem Flugplatz.

Neuer 1.Kl.Busbahnhof 'ADO': Schnittpunkt Av. Merino/Av. Mino. Gutes Selbstbedienungsrestaurant. Der **2.Kl.Busbahnhof** liegt ca. 2 km außerhalb in Richtung Palenque - ständig Verbindung in die Stadt.

Taxis sind knapp, am einfachsten noch vom Zocalo oder 1.Kl. Busbahnhof. Preise vorher aushandeln! Einheitspreis Innenstadt ca. 4 Mark. Flugplatz 20 Mark.

Abstecher nach Veracruz

Auf dem Weg **Yukatan - Mexiko-City** kann man den kleinen Umweg über Veracruz machen. Z.B. von Villahermosa aus: 1.Kl. Bus 'ADO', 8 h. Die Stadt eignet sich weniger zum Baden, eher interessant als große Hafenstadt, mit nettem Zentrum, schön abends am Zocalo, viele Kolonialbauten. Am Wochenende, wenn die mexikanischen Badegäste einfallen, gibt es aber reichlich Trubel.

Hotels: Royalty**, Abaso 34, Tel. 22895. Schöne Lage außerhalb am Meer, innen allerdings etwas verkommen. Preiswerter und mit mehr Atmo, fast nur von Mexikanern besucht: Castellan*, direkt am Strand (evtl. geschlossen).

Seinen Kaffee sollte man unbedingt im 'Gran Cafe de la Perroquia' (antiquo) in der Independencia einnehmen. Seit Jahren ein Treff, zentralst im Zentrum gegenüber der Kathedrale/ Zocalo, schönes Ambiente, gutes Essen.

Bus zu Badeständen: 'Mocambo/Boca del Rio', wer mit diesem Bus fährt, erreicht auch ein sehr gutes Restaurant: 'Las Brisas del Mar'. Ausgezeichnete 'mariscos', Weine etc., nicht teuer.

Turismo: Am Zocalo im Palacio Municipal. Noch ein Hotel, am Hafen: **Ruiz Milan***; Paseo de Malecon, schön und sauber.

In **Cordoba** (150 km westlich) ein sehr schönes Hotel, Garten, Pool, preiswert: Hotel Real Villa Florida, Tel. 26666/21178.

Bus Veracruz - Oaxaca: 1. Kl. ADO, 2 x tägl., 8 h.

Palenque

Palenque war vor wenigen Jahren noch ein lausiges Urwaldnest. Das zunehmende touristische Interesse an den 8 km entfernten Ruinen und die seit kurzem jetzt befestigte Straßenverbindung mit San Cristobal haben das Dorf gründlich verändert. Die staubige Dorfstraße Benito Juarez wandelte sich zur Geschäftsstraße mit Bank, Restaurants und Hotels. An der Straße zu den Ruinen sind zwei Luxushotelanlagen und eine einfache Bungalowsiedlung entstanden, jeder möchte das große Geschäft mit den Touristen machen.

Der Ort ist durch all das nicht attraktiver geworden, uninteressant wie eh und jeh - nur die Bevölkerung ist noch unfreundlicher. Vielleicht auch wegen dem provokanten Verhalten vieler Rucksackler, die sich einen Dreck um lokale Sitten kümmernd, ihr Glück im 'magic mushroom'-Konsum suchen und im stumpfen Vollgedröhntsein auch finden. Trotzdem sollte man in Palenque mindestens eine Übernachtung einplanen. Die Ruinen liegen wunderbar in tropischer Vegetation, und am Abend erwarten einen dann schwüle Nächte unter tropfenden, dicken grünen Blättern. Fröhliche, traurige Tropen ...

Unterkunft

Die Hotelsituation in Palenque ist mäßig, bis auf Ausnahmen sind die meisten Häuser recht teuer und bieten wenig konstante Qualität. Der Zustand der Hotels wechselt häufig, also genau hinsehen.

Hotel las Ruinas**-***, an der Straße zu den Ruinen, ca. 1,5 km davor. Eine schöne Anlage in wunderbarer tropischer Umgebung, mit Pool, aber abends einsam, wenig los, dafür Tropenstimmung mit Grillenkonzert. Essen nur als Menü. Qualität ändert sich je nach Manager.

Ebenfalls nahe bei den Ruinen das Hotel **Cah Chan** (bei km 31), manchmal besser, dann wieder schlechter als das Ruinas. Beide Hotels eignen sich wegen ihrer Lage außerhalb des Ortes besonders für Mietwagenfahrer, es gibt keinen regelmäßigen Busverkehr, nur Sammeltaxis!

Ebenso Motel **Nututun****, das kleine Hotel war zwar das letzte Mal etwas angegammelt und wieder nur 'halbfertig', aber es liegt einfach herrlich im Regenwald, vom (teuren) Restaurant wunderbare Sicht auf den Fluß. Bademöglich-

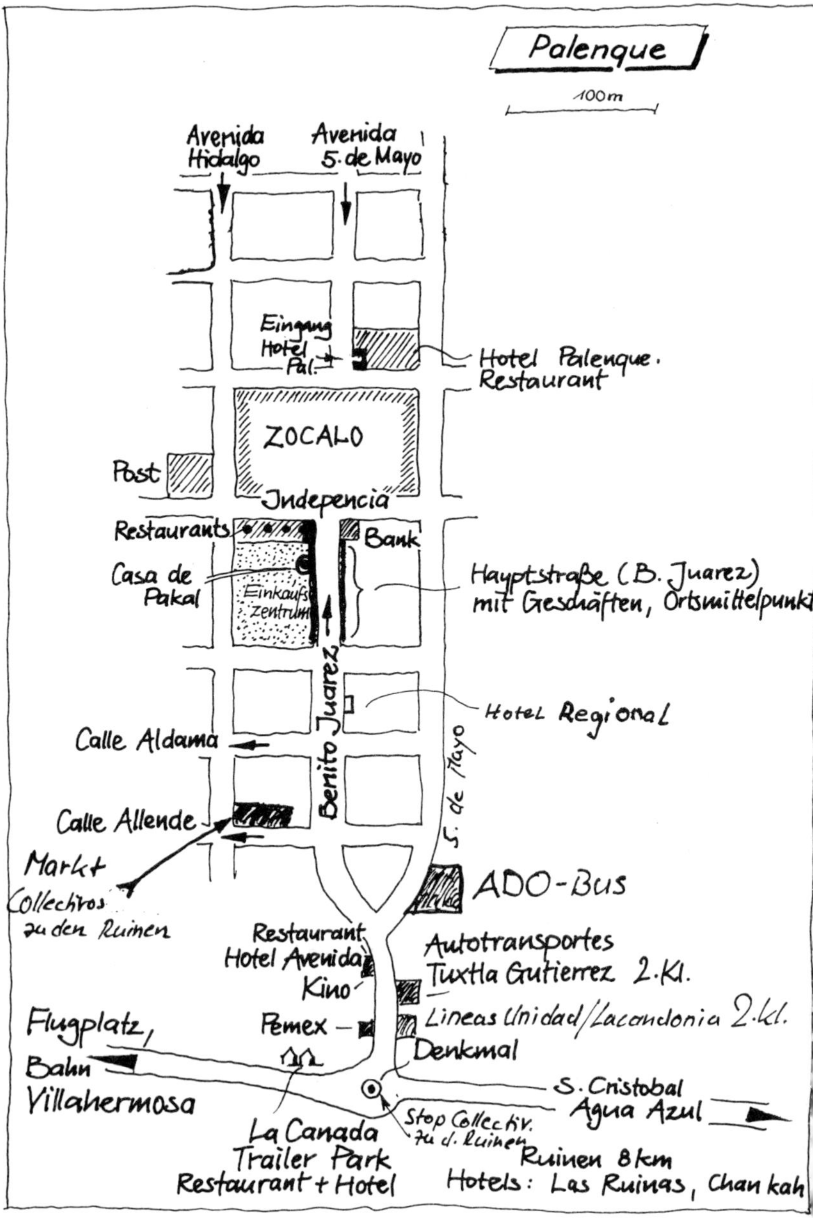
Palenque
100m
Avenida Hidalgo
Avenida 5. de Mayo
Eingang Hotel Pal.
Hotel Palenque. Restaurant
ZOCALO
Post
Indepencia
Restaurants
Bank
Casa de Pakal
Einkaufszentrum
Hauptstraße (B. Juarez) mit Geschäften, Ortsmittelpunkt
Benito Juarez
Hotel Regional
Calle Aldama
5. de Mayo
Calle Allende
Markt
Collectivos zu den Ruinen
ADO-Bus
Restaurant Hotel Avenida
Kino
Autotransportes Tuxtla Gutierrez 2.Kl.
Lineas Unidad/Lacandonia 2.Kl.
Pemex
Denkmal
Flugplatz, Bahn Villahermosa
S. Cristobal Agua Azul
Stop Collectiv. zu d. Ruinen
La Canada Trailer Park Restaurant + Hotel
Ruinen 8km
Hotels: Las Ruinas, Chan kah

keit. Die Bungalows liegen in Richtung Agua Azul, Abzweig 2 km nach Palenque von der Straße zu den Ruinen.

Hotels in Palenque Ort: Bungalow-Anlage **La Canada**** am Ortseingang, bei der Kreuzung. Verstreute Hütten im Wald, ein Restaurant mit Dschungelflair und ein einfaches, aber schöngelegenes Hotel, alles basic, aber o.k. und herrliches Ambiente, empfehlenswert.

Preiswert und einfach, aber sauber: Hotel Regional*, vgl. Plan. Etwas komfortabler, das neu renovierte **Hotel Casa de Pakal****, Juarez 10, an der Hauptstraße zum Zocalo, links davor. Ein Neubau im Kolonialstil, mit Restaurant.

Etwas weiter oben, an der Ecke Juarez/Independencia ist ein **Trottertreff**, das Restaurant Nicte Ha. Falls die o.g. Hotels voll sind, ist auch das Misol-Ha*, Benito Juarez, nähe Zocalo, einen Versuch wert (oft dreckig). Das Hotel Palenque, oben am Zocalo, war früher einmal der Travellertreff - heute vermodert es zunehmend.

Zu den Ruinen

Die archäologische Zone liegt ca. 8 km von Palenque Ort entfernt. Geschlossen wird die Anlage um 17 Uhr, es ist dann alles wie ausgestorben, keine Rückfahrmöglichkeit für Tramper.

* Sammeltaxis zu den Ruinen fahren unregelmäßig vom Denkmal am Orteingang (vgl. Plan), bzw. 2 Kl. Busse, die Busse halten manchmal nochmal an der Pemex-Station, bzw. an den Hotels an der Zufahrt zu den Ruinen, dann sind die Sitzplätze aber oft weg. Außerdem Einzeltaxis zu den Ruinen.

* Vom Zugbahnhof und der Flugpiste (beide ca. 5 km außerhalb in Richtung Villahermosa) zu den Ruinen zu kommen, ist nicht ganz einfach: die Busse, die vorbeikommen, sind oft voll oder halten nicht. Beim einfachen Bahnhof kein Kartenverkauf. (Auch keine Reservierungsmöglichkeiten für Zugplätze nach Merida!!). Ausweg: Taxi.

Ausflug nach Agua Azul

Ein wunderbares Ausflugsziel, entspricht genau unseren Postkartenvorstellungen vom Urwald, nur Tarzan & Jane fehlen. Es gibt dichten Regenwald, Wasserfälle. Baden im klaren, warmen Quellwasser... ein Traum, am ruhigsten unter der Woche.

Davor liegt aber eine etwas beschwerliche Anfahrt über eine teilweise sehr steile und zur Regenzeit oft ausgewaschene Piste, aber es lohnt sich! In Agua Azul kein Hotel, aber einfache Übernachtungsmöglichkeit in Hängemattenlager (herrliche Lage mit Blick auf die Wasserfälle) und Hütten, mehrere kleine Restaurants. Agua Azul liegt 64 km von Palenque, nahe der neuen Straße Palenque - San Cristobal, man kann also auf dem Weg dorthin Station einlegen, vgl. unten bei Verbindung.

Anfahrt: Mit dem Bus 'Maya Transportes' gegen 4, 7 und 10.30 Uhr (checken) direkt nach Agua Azul, zurück am Mittag. Es bleiben dann nur 2 1/2 Stunden - zuwenig für ein Paradies. Alternative: übernachten, Proviant mitnehmen! Oder Anfahrt mit dem 2.Kl. Linienbus, der täglich (7 Uhr, checken) nach Tuxtla Gutierrez/San Cristobal fährt, Bus ist mit 'Tuxtla' markiert. Aussteigen an der Abzweigung, dann ca. 4 km Fußmarsch. Zurück wie oben. Mietwagenfahrer sollten mit sehr schlechter Strecke rechnen - ändert sich je nach Wetter.

Weitere tropische Wasserfälle auf der Stecke Palenque - San Cristobal: 'Misol-Ha', ca. 30 km vor Palenque. Eine Kooperative versucht dort neuerdings mit Macht und vielen Eingriffen in die Natur, den Tourismus anzukurbeln, schöne Gegend zum Baden.

Verbindungen

Bus: Täglich Busverbindung Palenque - Tuxtla Gutierrez - San Cristobal. Abfahrt morgens 7 Uhr (nachchecken). Fahrzeit ab 7 Stunden, je nach Wetter Straßenzustand recht anstrengend. Oft überfüllt. Vgl. Cristobal! Direkt fährt nur 'Autotransportes Tuxtla', eine andere Gesellschaft fährt nur bis Ocosingo, man muß dort in den oft vollen anderen Bus. Fahrzeit: 11 Stunden.

Bus nach Villahermosa: 4 x tägl. 1.Kl. 'ADO', 3 Stunden, rechtzeitig reservieren. Neue ADO Station am Ortseingang, vgl. Plan.

Bus nach **Merida**: Tägl. nur 2.Kl., Ankunft in Merida nach Mitternacht (man kann dort oft nicht im Terminal übernachten, vgl. Merida Verbindungen). Alternative: Mit dem Nachmittagsbus nach Villahermosa, ab 17 Uhr. Von dort 21.30, 1.Kl., 8 h, nach Merida. Aber: Anschlußbus kann voll sein. Oder Zug, s.u.

Die Busverbindungen haben sich in letzter Zeit häufig geändert und für einige Verwirrung gesorgt. Also: nachfragen. Bahnhöfe der drei wichtigsten Gesellschaften sind im Plan eingezeichnet. 1.Kl.: 'ADO', gegenüber dem Kino am Ortseingang.

Flugplatz, einfache Piste, kaum Einrichtungen. Wird u.a. angeflogen von Aerochiapas aus Richtung S. Cristobal, ebenfalls aus Richtung Villhermosa. Kleinflugzeuge für Flüge nach **Bonampak** und **Yaxchilan** (vgl. dort) können gechartert werden. Preis weitgehend Verhandlungssache, kaum unter DM 500/Maschine/5 Personen.

Verbindung Flugplatz - Palenque Ort mit Sammeltaxi, 2.Kl. Bus aus Villahermosa hält nicht immer.

Zugbahnhof liegt ca. 5 km außerhalb in Richtung Villahermosa, einfache Station. Kein Kartenverkauf, keine Reservierungsmöglichkeit für Schlafwagen nach Merida!

Unregelmäßig Pendelbus mit Palenque-Ort. Nach **Merida**: täglich, Zug kommt gegen 22 Uhr (oft große Verspätung), Fahrzeit ab 10 Stunden aufwärts. 1.Kl. 'Especial', ist die beste Variante, unbedingt im voraus reservieren (aber nicht in Palenque möglich), 1.Kl. 'General', ist stickig, dreckig. Der 2.Kl. Zug ist nur etwas für harte Traveller, Fahrzeit oft über 18 Stunden, nachts unbeleuchtete Abteile, unbedingt Taschenlampe mitnehmen, Vorsicht vor Diebesbanden in allen Klassen!

Die Zugfahrt ab Palenque ist beliebtes Trotter-Abenteuer geworden. Insbesondere in der 2.Kl. muß man sich auf allerlei Unvorhersehbares einstellen. Die Züge haben oft lange Verspätung, da sie aus Mexiko-City kommen.

Über den Rio San Pedro in den Peten-Dschungel von Guatemala siehe unter Verbindungen Flores.

Von Palenque auf der Straße 186 über die Laguna de Bacalar an die Karibikküste bei Acumal/Cancun

Eine bislang wenig bekannte Streckenvariante abseits des ausgelatschten Gringo-Trails, am besten für Leute mit Mietwagen. Nach langer Fahrt durch die menschenleeren Regionen in Bundesstaat Campeche herrliche, einsame Bademöglichkeit in der Süßwasserlagune von Bacalar (ca. 20 km westl. Chetumal). Vor Ort ein Hotel 'de la Laguna', etwas modrig, aber für eine Nacht o.k. Das Hotel liegt versteckt zwischen den Ferienvillen des mexikanischen Geldadels.

Tuxtla Gutierrez San Christobal

Durch das Hochland von Chiapas

Ein sehr lohnender Abschnitt auf dem Gringo-Trail führt durch das Hochland von Chiapas: Reizvolle Berglandschaft, üppige, interessante Vegetation. San Cristobal ist auch eine interessante Station für Leute, die nach Guatemala weiterreisen möchten, (Grenze Ciudad Cuauhtemoc/La Mesilla), außerdem guter Ausgangspunkt für den Besuch der Ruinen von Planque. Viele Leute bleiben auch ein paar Tage einfach zum Relaxen im Ort und kehren dann um oder fahren über Palenque weiter.

Wer die lange Tour Oaxaca - Tuxtla - San Cristobal abkürzen möchte, fliegt am besten bis Tuxtla.

Tuxtla Gutierrez, 180 000 E., 530 m. Lange Zeit war Tuxtla Mexikos Kaffeezentrum. Heute Hauptstadt des Bundesstaates Chiapas, durch Ölfunde in der Region rasche Entwicklung, deshalb recht hektisch, starke Bautätigkeit. Die Lage in einem fruchtbaren, subtropischen Tal ist aber reizvoll.

Sehr lohnend auch die Landschaft der Umgebung, z.B, der 'Canon del Sumidero', eine 1000 m tiefe Schlucht, 22 km nördlich der Stadt (vgl. w.u.).

Unterkunft

Die Hotelsituation ist schlecht - teilweise teuer, teilweise ungemütlich.

Ganz gute Wahl das Hotel Serrano*-**, Av. Central Poniente 224, Tel. 208 07. Unweit Zocalo. Brauchbar mit Einschränkungen: Mar Inn*, 2 Av. Norte Ote. 347. Tel. 227 15. Recht luxuriös: Hotel Bonampak**, am westlichen Ende der Stadt, Boulevard B. Dominguez.

Gut **Essen** kann man im Restaurant des Hotels 'Posada del Rey', am Parque Central (Zocalo), oberster Stock.

Turismo, gegenüber Hotel Bonampak (vgl. oben) Tel. 20732.

Sehenswert: Das Museum 'Museo de Anthropologica', bei Acuario. Sa. geschl. Außerdem das archäologische Museum in einem großzügigen Neubau.

Interessant ist auch ein Besuch im **Zoo**, in dem Tiere aus Chiapas in einer - vergleichsweise - natürlichen Umgebung zu sehen sind.

Sehr lohnend für Landschaftsfreunde ist ein der Ausflug zur 1000 m tiefen Schlucht 'Canon del Sumidero', am Rio Grijalva. Bootsfahrt möglich (ca. 2,5 h).

Anfahrt: Kleinbus täglich (außer So) ab Acuario (Zoo), 22 km, 6 Mark.

Verbindungen

Flugzeug (Flugplatz weit außerhalb): Acapulco, Merida, Mexiko-City, Tapachula, Villahermosa. Mit Kleinflugzeugen der Gesellschaft 'Aviacion de Chiapas', Tel. 215 24. Av. Norte/4. Poniente. Täglich, morgens ca. 70 Mark nach Palenque. Verbindung soll ausgebaut werden, im Turismo checken.

Es gibt eine Direktverbindung mit Sammeltaxis (Collectivos) nach San Cristobal (relativ teuer).

Bus nach Villahermosa, 3 x morgens, 2.Kl., 9 h, 1 x täglich 1. Kl. mit 'Cristobal Colon'; an Colon Busbahnhof, 2. Av. Norte, 2. Blocks westlich der Av. Central.

Nach **San Cristobal** (herrliche Strecke) ab Busbahnhof 'Autotransportes Tuxtla Gutierrez', 3a. Avenida Sur 750, 1.

Kl. 4 x tägl., 2. Kl. 5 x tägl. ca. 2 h. An diesem Bahnhof halten auch die Busse von 'Oaxaca Isthmo', aus Oaxaca und Tehuantepec.

Außerdem täglich Oaxaca, tägl. Grenze Guatemala.

Die Straße 195 zwischen Tuxtla und Villahermosa ist gut ausgebaut und befestigt, die ausgesprochen kurvenreiche Bergstrecke zählt sicher zu den spektakulärsten Strecken, die man in Ostmexiko fahren kann, sollte niemand auf seiner Reise auslassen. Nachtfahrten sind gefährlich und bringen nichts.

San Cristobal de las Casas

90 000 E., 2 113 m. San Cristobal de las Casas ist eine Gründung aus der Kolonialzeit, die älteste im Bundesstaat Chiapas (1538). Aus dieser Zeit sind noch viele Bauten und Kirchen erhalten. Heute ist die Stadt, die in einem vegetationsreichen Hochtal liegt, ein Zentrum der indianischen Kultur und des Handelns. In den letzten Jahren wurde der 'Geheimtip' zunehmend zu einem Touristenmekka. Wie so oft: zuerst Alternative, dann Reisegruppen. Heute fehlt San Cristobal in keinem Rundreiseprogramm und die Rucksacktraveller kommen immer noch zahlreicher.

Trotz des zunehmenden Tourismus hat die Stadt noch ihre eigene Atmosphäre, man ist bald vertraut mit der Umgebung, das Klima ist auch im Hochsommer angenehm - im Winter recht kühl.

San Cristobal bietet viel: Indianische Bevölkerung, Kultur, Kolonialarchitektur, alles in sehenswerter Einheit. Zudem eignet sich S.C. als Stützpunkt für den Besuch von Palenque (siehe dort). Anfang 1982 brachte ein großer Vulkanausbruch Angst und viel Asche in die Region, man bemerkt heute nichts mehr davon, damals waren die Straßen mit Asche bedeckt, der Himmel tagelang dunkel.

Unterkunft

Hotel **Fray Bartolome de las Casas****, Ecke Ninos Heroes/Insurgentes, bei der Pemex-Station. Tel. 809 32. Ein schönes Kolonialgebäude mit Patio, einige Zimmer zur Straße etwas laut, aber trotzdem ein gutes Haus, manchmal von Reisegruppen fast vollständig belegt und ohne Atmosphäre.

Ebenso das Hotel **Ciudad Real****, am Zocalo; komfortabler, modernisierter Altbau, gut geführt, mit gutem Restaurant. Preiswerte Ausweichmöglichkeit am Zocalo: Hotel **Santa Clara***, mit leistungsfähiger Bar.

Gut für Autofahrer: an der Ortseinfahrt Parador **Ciudad Real**, Diagonal Centenario Nr. 32. Tel. 818 86. Gut auch das Hotel **San Martin***, Calle Real de Guadelupe 16. Dozi ab 25 Mark. Sehr gut und preiswert: Hotel **de la Valle***.

Preiswerte Pensionen: Casa de Huespedes Margarita*, Real de Guadelupe, 34, eineinhalb Blocks vom Zocalo, seit Jahren der Travellertreff, gutes Essen, großes Frühstück mit Vollkornbrot. Zimmer sauber, heiße Duschen (wichtig im Winter), breite Betten mit guten Matratzen und Decken. In der gleichen Straße, ebenfalls gut: San Martin* und Posada Tepeyac, ein paar Häuser hinter Margerita.

Ebenfalls ein Trottertreff: Pension Los Banos, Calle 1. de Marzo. Bäder, Sauna. Ebenfalls in der 1. de Marzo: Hotel Familiar, preiswert und gut.

Neu eröffnet in zentraler Lage: **Manison del Valle****, Calle Diego de Mazariegas Nr. 39, schöner Patio und Balkonzimmer zum Beobachten der Plaza

Die **Casa Na Bolom**, die von der Witwe des dänischen Archäologen Frans Blom, Gertrude Duby, geführt wird, kann nur mit großen Vorbehalten zum Wohnen empfohlen werden. Um das Haus, dem ein interessantes Museum und eine sehr interessante Bibliothek angeschlossen ist, wird seit Jahren eine riesen Publicity gemacht. Tatsache ist, daß dort recht esoterisch gestimmte Leute in wirklich netter Umgebung zu horrenden Preisen wohnen, spartanisch essen, und es toll finden, daß sie für viel Geld von allem etwas weniger bekommen. Atmo aber exclusiv!

Tel. 814 18, Av. Vicente Guerrero Nr. 38. Museum lohnend: 16-17.30 Uhr, Mo. geschl., Bibliothek: Di. bis Fr. vormittags.

Essen

Es gibt mittlerweile viele Restaurants, und Treffs oft auch von hängengebliebenen Travellern geführt, Qualität wechselt oft, Scene-Treff z.B. bei: La Galeria, Miguel Hidalgo 3, 1/2 Bock südlich vom Zocalo. Europäisch, alternativ angehaucht, geführt von Deutschen, alles von Joghurt bis

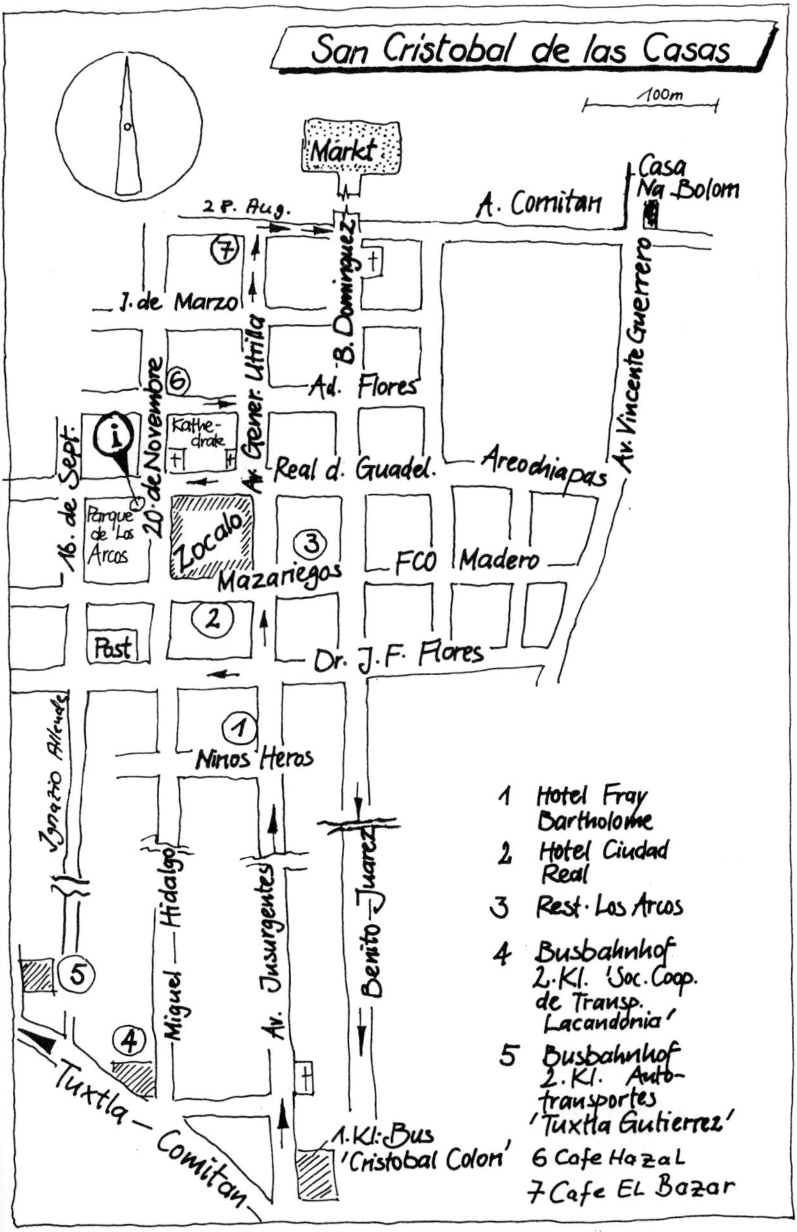
San Cristobal de las Casas
100m
Markt
Casa Na Bolom
A. Comitan
28. Aug.
B. Dominguez
J. de Marzo
Av. Gener. Utrilla
Av. Vincente Guerrero
20. de Novembre
Ad. Flores
Kathedrale
16. de Sept.
Real d. Guadel.
Areochiapas
Parque de Los Arcos
Zocalo
FCO Madero
Mazariegos
Post
Dr. J. F. Flores
Ignazio Allende
Ninos Heros
Miguel Hidalgo
Av. Insurgentes
Benito Juarez
Tuxtla – Comitan
1. Kl.: Bus 'Cristobal Colon'
1 Hotel Fray Bartholome
2 Hotel Ciudad Real
3 Rest. Los Arcos
4 Busbahnhof 2. Kl. 'Soc. Coop. de Transp. Lacandonia'
5 Busbahnhof 2. Kl. Autotransportes 'Tuxtla Gutierrez'
6 Cafe Hazal
7 Cafe EL Bazar

Kunsthandwerk, nett. Gut essen und rumtrödeln kann man im 'Plaza' am Zocalo, in der ersten Etage Treff der lokalen Geschäftswelt, gutes Essen. Gut ißt man auch in der 'Casa Blanca'.

Ein beliebter Treff ist das Cafe Basar, gutes Essen, abends Musik, -zig köstliche Kaffeesorten, auch Cappuchinooooh! Adresse: Av. General Utrilla. Gemütlich auch das Cafe Hazal (Plan). Der ehemalige Treff 'Olla Podria' heißt nun El Fandango, Mazariegos 24, sehr gutes Essen.

Sehenswert

Unbedingt sehenswert der Markt (tägl. frühmorgens!), reichhaltiges Angebot an Web- und Lederprodukten, viele Indios aus der Umgebung. Anmarsch am besten durch die belebte Straße Av. General Utrilla, an deren nördlichen Ende der Markt liegt. Auf dem Weg zum Markt: Die Kirche Santo Domingo, eines der besseren Beispiele für die mexikanische Ausprägung der Barockkunst. Im ehemaligen Convent Santo Domingo ist jetzt eine 'tienda' der 'cooperative de tejedoras'. Dort gibt's Handarbeiten in guter Qualität (Gürtel, Webereien etc.)

Gegenüber von Santo Domingo die Kooperative 'Sua Jolobil', von Tzodzilfrauen unterhalten, sie bieten nach alten Vorbildern gefertige Blusen u.ä. an.

Im Museum 'Zul Pepen', Guadelupe Victoria 47, wechselnde Ausstellungen über Naturkunde und Kunst der Region.

Eine Wohltat nach langer Reise: Die **türkischen Bäder** in der Calle 1. de Marzo, zwischen Av. 12. de Octobre und 14. de Sept.

Ebenso beliebt wie umstritten sind Ausflüge in die Indiodörfer der Umgebung. Wer's garnicht lassen kann sollte dabei beachten, daß wir uns auch nicht gerne von Negern beim Autowaschen fotografieren lassen. Deshalb Takt und Zurückhaltung, besonders beim fotografieren!

San Juan Chamula, 8 km nordöstlich, das Dorf wird praktisch nur von Indios bewohnt. Sonntags Markt. Wenn Touristen allzu massiv auftreten, werden feindliche Reaktionen der Bewohner wahrscheinlich, unbedingt zuerst beim Touristenbüro melden! Sehr interessant der Markt, wenn sich die Oberhäupter der Umgebung versammeln. Das Dorf ist Zentrum der Chamula-Indianer. Die Kirche im Ort ist sehr interessant, auch hier unbedingt Genehmigung zum Eintritt beim lokalen Turismo einholen. In der Kirche absolutes Fotografierverbot. Anfahrt: Lokalbus oder LKW ab Markt.

Ein weiterer Indio-Ort: **Tenajapa.** Busse ab Markt, 1 1/2 Stunden Anfahrt, sehr lohnend, neuerdings aber ziemlich überlaufen. Die Indianer im Ort tragen schöne Trachten, die Männer schwarze Umhänge, die Frauen bestickte Blusen und faszinierende dunkelblaue Töne, die im klaren Licht des Hochlandes ungemein schön scheinen. Feste: 23. Januar, 24. Juli.

"Der Indio verschmilzt mit der Landschaft, wird eins mit der hell leuchtenden Mauern, mit der dunklen Erde, auf der er sich um Mittag hinstreckt, eins mit der Stille, die ihn umgibt. Seine menschliche Besonderheit verhehlt er so sehr, daß sie schließlich ganz unterdrückt und zu Stein, Baum, Mauer, Stille, Raum wird." Octavio Paz

Eine interessante, noch wenig bekannte archäologische Zone auf dem Weg nach Palenque bei Ocosingo: **Tonina.** Ab Ocosinco bislang (1987) nur sehr schlechter Weg, von Ocosingo Anfahrt am besten per Taxi. 1987 gräbt ein mexikanischer Archäologe auf der Stätte, zuvor waren Franzosen tätig, deshalb bislang hauptsächlich französische Besucher.

Verbindungen

Palenque: Die direkt Verbindung nach Palenque auf der Straße über Ocosingo wird immer besser befestigt, früher (noch 1984) eine Abenteuerstrecke, jetzt zumindest außerhalb der Regenzeit auch mit einem VW-Käfer gut zu fahren.

Strecke: Ins. 210 km. Verlauf: Zunächst 11 km auf der Panamericana (Route 190), dann Abzweigung nach Ocosingo. Die Straße ist bis 40 km vor Ocosingo gut ausgebaut, die letzten 40 km vor Ocosingo sind mittlerweile (1986) auch befestigt, in der Regenzeit oft Unterspülungen und große Schlaglöcher. Von Ocosingo sind es nochmal 90 km bis Palenque, während der Regenzeit manchmal ramponiert, aber meist o.k. Das kann sich natürlich ständig durch Unwetter und Ausbau ändern. Sicher zählt die Bergstrecke aber zu den landschaftlich schönsten Touren in Ostmexiko.

Bus: Nach Palenque: 2.Kl., 'Autotransportes Tuxtla', erster Bus ab 6 Uhr (mit Platzreservierung), an Palenque 12 Uhr (oft sehr voll, aber lohnend!). Weitere Busse am frühen Vormittag (einer direkt ab San Cristobal, andere mit Zusteigemöglichkeit in S.C., ca. 6 h. Zeiten nachchecken, die Fahrpläne wurden in letzter Zeit häufig geändert. Vorsicht vor Diebstahlsversuchen.

Diverse Busse auch über über Villahermosa (ca. 10 h) nach Palenque, schöne Strecke ab Tuxtla, voll ausgebaut, Nie Nachts fahren, aus der Region wurden schon mehrfach Überfälle auf Touristen berichtet. Es besteht auch Busverbindung auf dieser Strecke: Täglich 1.Kl. mit 'Autobuses Tuxtla Gutierrez', außerdem morgens ein 2.Kl. Bus, ebenfalls über Villahermosa.

Nach Guatemala (Grenze Ciudad Cuauthemoc über Comitan (tägl. 2 Kl. Busse): Empfehlenswerte Station Comitan, eine nette Klein-Kolonialstadt, Hotels. Von dort sehr lohnend der Ausflug zum **Nationalpark Montebello.** Ein weitverzweigtes Seensystem in herrlicher Waldlandschaft.

Verschiedenfarbige Seen in wunderschöner Lage - ausgedehnte Wälder, prächtige Epiphyten auf den Bäumne.

Einfache **Unterkunft** am Tzisaco-See, oder bei 'Dona Maria', Pension Orchidea*, 5 km vor dem Parkeingang, sehr leiebvolle Betreuung, Maria kocht selbst. Zeltmöglichkeit auch direkt am See in Tzicao. Dort auch Holzhütten zu mieten mit Decken und elekr. Licht; beim Komplex eine einfache Herberge mit sanit. Einrichtungen, einfaches Restaurant.

Für Naturliebhaber sind die Seen fast ein 'must'! Anfahrt: 100 km von San Cristobal, 56 km von Comitan. 2.Kl. Busse ab S.C. (im Turismo fragen - von Comitan Lokalbusse oder Taxi). Weiterfahrt von Montebello nach Guatemala über Grenze Cd. Cuauthemoc möglich.

Busse auch nach Oaxaca, 1 x täglich 1.Kl., **Tapachula**, vgl. weiter unten.

Mit dem Flugzeug: Mit Aeromexico und Mexicana ab und bis Tuxtla Gutierrez, von dort mit dem Bus wie oben beschrieben.

Adressen

Turismo, am Zocalo, Erdgeschoß, gutes Material, Pläne.

Post, Ecke Av. Crescencio Rosas/Ninos Heroes.

Aerochiapas, nur am Flugplatz, dort auch Reservation.

Libros, am Zocalo, internationale Literatur.

Telefon, Ferngespräche von der Apotheke 'La Popular', Südseite Zocalo.

Läden mit Kunstgewerbe etc. zahlreich in der Av. G. Utrilla, die zum Markt und der Kirche Santo Domingo führt.

Bonampak Yaxchilan

Kleinflugzeuge kann man u.a. in San Cristobal chartern für den Besuch von **Bonampak** bzw. nach Palenque. Die Piste nach Bonampak ist schlecht, nur mit Geländewagen, in der Regenzeit generell ein Wagnis. Vom Ende der 'Piste' bis zu den Ruinen 8 km Fußmarsch, oft durch tiefen Schlamm. Die Stätte wurde zu Beginn der 80er Jahre, die Arbeiten wurden aber nicht sehr sachgerecht ausgeführt, viele Malereien sind kaum noch zu sehen, der beschwerliche Besuch lohnt im Vergleich mit den viel reizvolleren Ruinen von Yaxchilan kaum, zumal eine zügige Anreise ja nur per Flugzeug möglich ist. Die Preise für Air-charter schwanken je nach Auslastung, Verhandlungsgeschick etc. Flüge kann man arrangieren in:

* San Cristobal, 'Aerochiapas', Info nur direkt auf dem Flugplatz. Flüge auch nach **Yaxchilan** und in die Regenwaldregion **Lacanja**, Preise ca. (!) 100 US $ pro Person, Minimum 4 Personen. Nach Palenque fester Flugplan: Täglich morgens (bei Nebel später).

Die Flüge sind recht abenteuerlich, herrliche Sicht, aber leider auch 'many crashes', wie man erschreckend kurz im 'South American Handbook' lesen kann.

* **Tenosique**, abgelegene Urwaldsiedlung, liegt aber an der Bahnlinie, erreichbar z.B. ab Palenque mit 2.Kl. Zug (vgl. die Infos dort unter Zug). Nachtzug ohne Licht im Abteil, Dächer undicht. Von Tenosique aus die billigsten Flüge. Übernachten im Hotel Don Jose*, zentral, basic. Flug nach Yaxchilan kann vor Ort arrangiert werden, bzw. in Reisebüros, z.B. in Palenque (vgl. unten). Eine Maschine kostet ca. 500 Mark, bei Schlechtwetter DM 50/Stunde Aufschlag.

Die archäologischen Zone **Yaxchilan** liegt am mexikanischen Ufer des Riu Usumacinta in einer dichten Regenwaldzone, weitab jeder Siedlung. Es gibt dort keine Übernachtungsmöglichkeit, nur Hängematten im Freien. Die Ruinen von Yaxchilan zählen zur schönsten Maya-Architektur. Ungewöhnlich die subtile Ausarbeitung der Reliefs an Stelen und Altaren. Die Wandmalereien sind noch erhalten, sie sind wesentlich schöner als die unsachgemäß restaurierten in Bonampak. Viele der Ruinen sind noch nicht freigelegt oder schon wieder überwuchert.

Viele Besucher fliegen nach nach Yaxchilan (ca. 100-200 US $/Person).Der Landweg ist mühsamer, aber sehr reizvoll (vgl. unten). Für Einzelreisende nach Yaxchilan ist angeblich eine Sondergenehmigung erforderlich, die Trasse führt durch das Lacandones-Gebiet, den letzten Regenwald Ureinwohnern geht es sehr schlecht, es wird von Unruhen berichtet.

Organisierte Touren: Die Preise der organisierten Touren nach Yaxchilan/Bonampak müssen mit den Reisebüros ausgehandelt werden. Hartnäckiges Handeln je nach Buchungslage notwendig:

Ablauf: Die Touren sind nicht voll durchgeplant. Je nach Veranstalter und Route wird reichlich improvisiert. Anreise entweder mit Privatflugzeug oder mit VW-Bussen auf einer Schotterpiste durch den Regenwald bis Frontera. Evtl. notwendige Übernachtung in Hängematten, oder in der Grenzstation am Rio Usumacinta, dann sehr eindrucksvolle Fahrt mit dem Motor-Einbaum auf dem Rio in ca. einer Stunde zu den Ruinen von Yaxchilan, die direkt am Fluß liegen.

Ob man sich über die feine Architektur noch freuen kann, angesichts des nahen Flüchtlingsleids, ist eine andere Frage: In den Grenzregionen zwischen den Ländern spielen sich seit Jahren Tragödien ab: Guatemaltekisches Militär mordet und vertreibt systematisch die Indios in den Grenzregionen. Über den unwegsamen Regenwäldern am Rio Usumacinta und Rio Lacantun wurde in den letzten Jahren mit Hubschraubern Menschenjagd veranstaltet. Wer nach Mexiko fliehen kann, den erwartet Elend und Ausbeutung in Flüchtlingslagern, so im Lager 'Puerto Rico' (!!) am Rio Lacantun.

Wo Gewalt Tradition hat

Im Bundesstaat Chiapas, in der äußersten Südostecke Mexikos wird deutlich, daß auch die mexikanischen Verhältnisse nicht so stabil und demokratisch sind, wie es oft den Anschein hat. Zwar gibt es kaum internationale Presseberichte über Aufstände und Regierungsübergriffe, weiter im Osten Mittelamerikas gibt es eben noch Schlimmeres zu berichten, aber auch in Chiapas ist die Ruhe oberflächlich und trügerisch.

So berichtet 'amnesty international' 1986: 'In den Südstaaten Mexikos ist in den vergangenen Jahren ein Anwachsen oppositioneller Bauernorganisationen festzustellen, die unabhänig von der offiziellen Bauernvereinigung CNC arbeiten. Die meisten (gewaltsamen) Todesopfer unter Bauern und Indianern in Chiapas und Oaxaca waren Mitglieder solcher Organisationen.' 1986 starben praktisch jeden Monat Aufständische und Landarbeiter bei Zusammenstößen mit Polizei oder Militär. Ganze Gemeinden, die nicht mehr mit den offiziellen Verbänden zusammenarbeiten wollen, wurden 1986 von ihrem Land vertrieben. So in Bochill, wo 100 Häuser niedergebrannt und die Aufständischen verjagt wurden. Die Übergriffe von Ordnungstruppen und oft auch von schlichten Verbrechen werden von den offiziellen Stellen häufig gedeckt.

Journalisten, die wie Jorge Enrique Aguilar über die Bauernaufstände und andere nonkonforme Aktionen wie die spektakuläre Besetzung der Panamericana im Mai 1986 kritisch berichtet haben, wurden gefoltert und in Tuxtla inhaftiert. Die Gewalt hat Tradition in Chiapas, ai hat ermittelt, daß wie in den feudalen Zeiten auch heute noch vom Großgrundbesitzern gekaufte 'pistoleros' Abtrünnige und Unruhestifter verfolgen und ganze Dörfer einschüchtern. In nur einem einzigen Fall gingen die offiziellen Behörden 1986 gegen solche Pressionen vor...

Von San Cristobal über Comitan nach Tapachula

Die Fahrt durch das ostmexikanische Hochland zunächst auf der N-190 über Comitan (vgl. dort), und weiter in den Süden über die Paßstrecke nach Tapachula ist spektakulär.

Ab Frontera Comalapa und weiter über die Berge bis Tapachula fährt man teilweise bis auf 3000 m, herrliche Panoramastrecke, aber oft schlechter Belag und sehr viele Kurven. Aber die Mühe lohnt ganz bestimmt. "Für Landschaftsfreunde und Naturliebhaber ein Muß", wie ein begeisterter Leser schrieb.

Übernachten kann man in der interessanten Grenzstadt **Tapachula**, das Klima ist das ganze Jahr über angenehm warm, man kann bis weit in die Nacht in den Straßencafes am Zocalo sitzen und das Treiben beobachten. Das alles vor der Kulisse von 4000er Vulkanen.

Übernachten im guten Hotel Pueblo*, 3a Calle Poniente. Oder im guten und sauberen Hotel Rochester*; 20. Av. Norte, Nr. 6, direkt neben dem Buchungsbüro der Aeromexico, praktisch für Leute, die aus Guatemala kommen.

Viele gute und preiswerte Restaurants um den Zocalo. **Turismo** in der Av. Central Sur 94.

Tapachuala ist auch eine wichtige Station für Leute auf der Rückreise von Guatemala nach Mexiko, weil man von hier mit Inlandflügen (Aeromexico) zügig nach Mexiko-City kommt.

Campeche

140 000 E., am Golf von Mexiko. Die Hauptstadt des gleichnamigen Bundesstaates war früher eine beliebte Zwischenstation auf dem Weg nach Yukatan. Heute wirkt diese Stadt nicht mehr so einladend: Zwar ist da ein Stadtzentrum mit Kolonialbauten, aber es verfallen viele Häuser, in anderen Vierteln wurde viel gebaut. Herausragende Sehenswürdigkeiten, die einen Umweg lohnen würden, gibt es ohnehin nicht - und die nahe Karibik lockt ...

Hotel: Baluartes**-***, das Luxushotel am Meer, gutes Restaurant, schöne Zimmer. Preiswerter und im Zentrum liegt das Hotel Colonial*, Calle 14, Nr. 122. Angenehmes älteres Gebäude mit Patio, trotz der zentralen Lage relativ ruhig. Noch preiswerter ist das Castel Mar*, in der Calle 61, beim Hafen, Nr. 2.

Das Restaurant Miramar (Ecke Calle 8/61) ist gut und preiswert. Schlichte Einrichtung aber ausgezeichnete Gerichte, besonders Fisch!

Verbindungen

Flugplatz, Bus- und Zugbahnhof liegen außerhalb, am besten mit Taxi erreichbar.

Bus: 1.Kl. Busse 'Camino Real' nach Merida (mehrmals tägl.), und Villahermosa.

Zug: Campece liegt an der Haupttrasse Merida - Campeche - Tenosique - Palenque - Veracruz - Mexiko-City. Längere Zugpassagen sind aus diversen Gründen nur Leuten mit viel Zeit und Abenteurern zu empfehlen, vgl. dazu unter Palenque, Abschnitt Verbindungen. Ausnahme: Reservierte 1. Kl. Abteile.

Interessant ist die direkte Zugverbindung mit Palenque und Tenosique. Nach Palenque 11 Uhr und 23 Uhr, So. nur 23 Uhr. 9 Stunden.

Auto, Richtung Villahermosa: Die kurze Küstenstraße erfordert 4x Fährbenutzung, besser kleinen Umweg über Straße 186.

Als Ausgangspunkt für den Besuch der archäologischen Zonen (Uxmal, Sayil, Labna usw.) eignet sich **Merida** besser als Stützpunkt. Ausnahme: Mit dem Mietwagen kann man von Campeche aus nach Norden fahrend die Zonen nacheinander abklappern.

Merida

500 000 E., 8 m. Merida ist Hauptstadt und kulturelles Zentrum des Bundesstaates Yukatan. Vor der Verbreitung von Kunstfasern hat der Handel mit Sisal- und Henequenprodukten zum Aufstieg der Stadt als wohlhabendes Handelszentrum beigetragen - aus dieser Zeit stehen noch viele prächtige Villen. Mittelerweile ist Merida eine recht laute, verkehrsreiche und hektische Stadt, kaum für einen längeren Aufenthalt geeignet. Wegen der guten Flugverbindungen mit Miami und Übersee ist Merida aber auch interessant als alternativer Ausgangspunkt einer Mittelamerikareise gegenüber Mexiko-City, das ja um einiges anstrengender ist.

Erste Orientierung

Für den Touristen ist Merida der klassische Ausgangspunkt für den Besuch der berühmten archäologischen Zonen der Umgebung, insbesondere Chichen Itza und Uxmal. Daneben sind die Karibikbadeorte von Merida aus mit dem Flugzeug oder Bus schnell zu erreichen.

Merida ist eine spanische Gründung von 1542, ursprünglich homogen gewachsen mit viel Kolonialarchitektur. Mittlerweile recht touristisch wegen direkter und zahlreicher Flugverbindungen nach USA und Übersee. Im Sommer extrem heiß, dazu kommt starker Verkehr in der engen Innenstadt.

Mittelpunkt des städtischen Lebens ist der Zocalo. Von hier können fast alle wichtigen Punkte zu Fuß erreicht werden. Die Straßen sind systematisch numeriert: Gerade Zahlen: Straßen in N-S-Richtung, ungerade: W-O-Richtung. Zur Regenzeit, im Sommer ist das Klima sehr heiß, dafür hat es in dieser Zeit wenig Touristen; allzuviel sollte man sich aber nicht vornehmen.

Wegen der guten Hotelsituation und der voll entwickelten touristischen Infrastruktur ist Merida ein beliebter Stützpunkt auf jeder Mittelamerikareise. Zum längeren Bleiben ist die Stadt dennoch nicht geeignet, dazu ist es hier einfach zu laut, zu eng und zu hektisch.

* Für Leute, die am Flugplatz ankommen: Im neuen, übersichtlichen Flugplatz ist ein gutes Turismo, mit Reser-

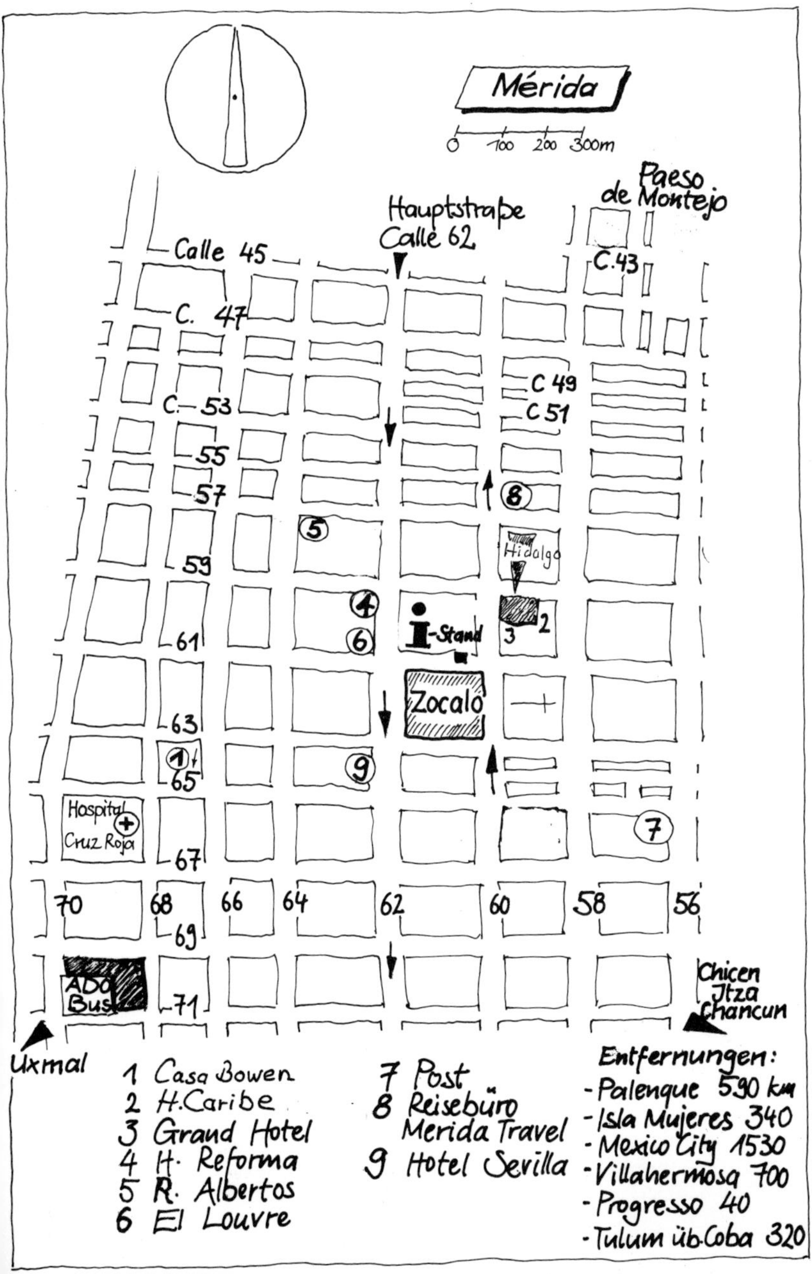

Mérida
0 100 200 300m
Paeso de Montejo
Hauptstraße Calle 62
Calle 45
C.43
C. 47
C 49
C 51
C. 53
55
57
59
61
63
65
67
69
71
Hidalgo
i-Stand
Zocalo
Hospital Cruz Roja
ADO Bus
70 68 66 64 62 60 58 56
Chicen Jtza Chancun
Uxmal
1 Casa Bowen
2 H.Caribe
3 Grand Hotel
4 H. Reforma
5 R. Albertos
6 El Louvre
7 Post
8 Reisebüro Merida Travel
9 Hotel Sevilla
Entfernungen:
- Palenque 590 km
- Isla Mujeres 340
- Mexico City 1530
- Villahermosa 700
- Progresso 40
- Tulum üb. Coba 320

vierungsservice. Der (orange) Bus Nr. 79 (manchmal Aufschrift 'Aeropuerto' oder 'Aviacion') hält direkt vor dem Ankunftsgebäude und fährt ins Zentrum. Auch Taxis, ca. 20 Mark/Zentrum. Im neuen Busbahnhof ebenfalls eine Zimmervermittlung; ab Nachmittag geöffnet.

Unterkunft

Die Hotelsituation ist gut. Es gibt viele ehrwürdige Hotels, teilweise in alten Kolonialbauten, mit Patio, tropischer Bepflanzung, und angenehmer Stimmung. Während der Saison, besonders über Weihnachten/Neujahr und Ostern möglichst vom zuvor bewohnten Hotel reservieren; außerhalb dieser Zeit kaum Probleme. Hotels und Restaurants sind recht preiswert.

Am stilvollsten wohnt man vielleicht in der **Casa Bowen****, Calle 66, Nr. 521-B, Ecke Calle 65, in der Nähe der 'ADO'-Station, zwar nicht absolut zentral, aber in 5 Min. ist man zu Fuß im Zentrum. Das helle, freundliche Haus wird von einem Amerikaner betrieben, in den Kolonialgebäuden ist eine ganz angenehme, fröhliche Stimmung, dazu ein Patio für laue Abende. Es gibt auch Appartements mit Küche. Abgeschlossene Garage.

Auch gut, aber teurer: Posada del Angel**, Calle 67, zwischen Calle 66 und 68, Nr. 535.

Absolut zentral beim Zocalo liegen die folgenden Hotels:

Hotel **Caribe****, Ecke 59/69, an dem kleinen Park-Hidalgo, gutes, solides Mittelklassehaus, kleiner Pool auf dem Dach, von dort Sicht auf die Stadt. Viele Zimmer mit air-con., Reservierung von Deutschland möglich: Parque Hidalgo, Merida (Yuc.), Tel. 992-49022) Im Hotelpatio ein Restaurant, davor ein zweites, 'El Rincon', angenehm zum Draußensitzen. Gegenüber das 'Cafe Express', ebenfalls gut.

Gleich neben dem Caribe, auch am kleinen Hidalgo-Park, Calle 60, Nr. 496, der frühere Klassiker Grand Hotel*, heute stark in die Jahre gekommen, mit viel Patina, für Freunde verblichenen Charmes ein Erlebnis ...

Ganz zentral auch das Hotel **Lord***, Calle 63, Nr. 516,

Tel. 39371, nur 50 m zum Zocalo, aber relativ ruhig.

Auch gut das **Bojorquez***, Calle 58, Nr. 483, beim Zocalo, mit Pool, Dozi ab 65 Mark. Gut auch das neue Hotel Los Aluxes**, Calle 60, Nr. 444.

Drei Blocks vom Zocalo das seit Jahren vielgelobte und nach wie vor solide Hotel **Dolores Alba****, Calle 63, Nr. 464, Tel. 13745. Ein familiär geführtes Haus in einer alten Kolonialvilla. Gleicher Besitzer wie 'Dolores Alba' in Chichen-Itza, so daß problemlos reserviert werden kann, legendär das tropische Frühstück, Garten, Schwimmbad.

Essen

Fast alle Hotel-Restaurants bieten Essen, das teilweise sehr gut ist, in angenehmer Umgebung. Ein Genuß, abends in einem angenehm warmen Patio zu tafeln, leichter Wind, tropische Düfte...

Portico del Peregrino, Calle 57, zwischen Calle 60 u. 62. Gepflegt, nicht billig, aber gut.

El Louvre, am Zocalo, Calle 61/62. 24 Stunden geöffnet, Treff für alle, kein ruhiger Platz zum Speisen, dafür aber städtische Atmosphäre, gut zum Debattieren, eher Bierhallenatmo.

Ein schönes Cafe ist das El Meson beim Kino, nähe Zocalo. Guten Fisch gibt's wieder bei 'Soberani's' (teuer).

Im Zentrum auch viele Saftbuden, die - nur für Magentrainierte - köstliche 'licuados' anbieten. gut und preiswert auch das Restaurant Mary's, Calle 63, Nr. 494, und das 'plaza 62 - Sibaney', Calle 62, an der Ecke zur 59, Patio.

Gute, ausschließlich vegetarische Küche bei: La Anaga, Calle 60, zw. Calle 53 u. 55.

Sehenswertes

Die steingewordenen Vermögen der Sisalplantagenbesitzer sieht man noch heute in der Stadt (vgl. auch Ausflug zur Sisalfinca auf dem Weg nach Uxmal). Merida wird in den Prospekten als "weiße Stadt" gepriesen, so strahlend ist die Stadt freilich schon seit Jahren nicht mehr. Die besten Beispiele für prächtige Kolonialarchitektur sind entlang des Paseo de Montejo zu sehen. Leider ist das Palais Montejo nun im Besitz einer Bank und nicht mehr zu besichtigen.

Das Kolonialmuseum am Paseo de Montejo Nr. 485 ist wieder geöffnet (Di.-So. 8-18 Uhr).

Sehr interessant ist der **Markt**, 'Mercado Municipal', täglich außer Sonntag. Mit einer Riesenmenge von Sisalprodukten, wohl der weltgrößten Auswahl an Hängematten, Hüten etc., nahe der Post, am besten fragen.

In Merida ist wirklich die beste Gelegenheit, sich mit Hängematten einzudecken, wichtig für Leute, die in den einfachen Unterkünften an der Karibikküste, im Regenwald und in Tikal schlafen wollen. Gutes Angebot, außer auf dem Markt auch bei: 'La Poblana', in der Calle 65.

Verbindungen

Als Verkehrsknoten Yukatans hat Merida zahlreiche Verbindungen mit allen wichtigen Städten der Region.

Merida ist ein idealer Ausgangsort für Mietwagentouren. Viele der kleineren archäologischen Zonen sind am einfachsten mit dem Mietwagen zu besuchen, ebenso die reizvollen unterirdischen Seen auf der Halbinsel, die Cenotes (vgl. dort), auch an der Karibikküste gibt es noch einige sehr schöne kleine Orte und Bungalowanlagen, die am einfachsten mit dem Mietwagen abzuklappern sind (vgl. Isla Mujeres - Puerto Juarez - Tulum).

Großes Angebot an Vermietern z.B. in der 60. Calle, verschiedene Agenturen checken.

Flugplatz: Neu, gut bestückt, mit Post, Läden, Zimmervermittlung etc. In einem 'Airport Guide' einmal als klimatisch heißester Flugplatz der Welt klassifiziert - wenn die Klimaanlage geht, ist's nicht so schlimm. Da wird es in Chetumal oder Belice heißer!

Flugverbindungen mit: Cancun, Chetumal, Cozumel, Mexiko-City, Villahermosa,Oaxaca.Nicht mehr mit Guatemala-City (Stand 1987).

International mit zahlreichen Städten in den USA, mit Madrid.

Bus: Auch der neue 1.Kl. Terminal ist gut ausgestattet, mit wichtigen Läden und Reservierungsschalter.

Verbindungen mit den wichtigen Orten Yukatans. Auch nach Chetumal, Villahermosa, Oaxaca, Mexiko-City, alle mit 1.Kl. 'ADO'.

Bus auch nach Palenque, 3 x tägl., 1.Kl., ADO. Nach Chichen-Itza - P. Juarez, mehrmals tägl. 1. u. 2.Kl.

Allerdings keine 1. Kl. Verbindung nach Uxmal, mit 1 Kl. Bus nur als organisierte Tour.

Wer nachts auf dem Busterminal ankommt (oft unvermeidlich bei Anreise aus Richtung Palenque/Villahermosa), wird geräumt, schlafen in der Halle wird oft nicht geduldet. Gleich um die Ecke wartet aber ein 24 h Restaurant und das Hotel Maria Teresa* liegt auch in der Nähe (Calle 64, Ecke 65), die Rezeption hat bis in die Nacht geöffnet.

Nach **Isla Mujeres** mit dem 1.Kl. Bus über Chichen-Itza nach Puerto Juarez. Von dort Fähre. Ca. 12 x täglich 1.Kl., 5 Stunden, Halt in Chichen-Itza, sehr empfohlen, siehe dort. Für Eilige: Flug nach Cancun, von dort in wenigen Minuten mit Bus nach Puerto Juarez.

Zug: Merida ist Station der Strecke von Mexiko-City über Palenque - Campece - Merida. Details siehe unter Palenque Verbindungen. Der Bahnhof liegt außerhalb. Vgl. auch Palenque/Zug.

Adressen

Aviateca, fliegt nicht mehr von Merida nach Gua.-Stadt.

Britisches Konsulat, für Visa nach **Belice**, Calle 58/53.
Deutsches Konsulat, Calle 56, Nr. 506-A, Tel. 127 80.
Schweizer Konsulat: Calle 62, Nr. 483, (Hotel Colon).

Turismo, Hauptstelle weit außerhalb, Av. Itzaes 590/Calle 59. Tel. 159 89 und 300 95. Info-Stelle am Zocalo vor dem Palast, siehe Plan, dort allerdings unterschiedlich kompetente, oft lustlose Auskunft. Weitere Stelle: 60/57 Straße.

Taxi, Standplatz am Zocalo und am Parque Hidalgo, großes Angebot.

Reisebüros, zur Reservation von Hotels bei den Ruinen Merida Travel Service, Calle 60, Nr. 488. Service unterschiedlich, geben sich aber oft Mühe. Cook's Wagon Lits, gut, Calle 60, Nr. 466.

Viele kleine Autovermieter im Bereich 60/57 Straße.

Geldwechsel, auch sonntags: 'Casa del Cambio', am Zocalo, im gleichen Haus wie Restaurant 'El Louvre'.

Wäscherei, in den größeren Hotels und: Calle 60, zwischen Calle 47 und 49, Mo - Sa: 8 - 19 Uhr, 5 Mark pro Maschine.

Progresso/Chelem/Celestun

Progresso, der Merida nächstgelegene Küstenort wird zum Überseehafen ausgebaut, davor große chemische Anlagen, im alten Ortskern Slums, am Strand Schmutz und Abwasser, also sicher kein Ausflugsziel.

Lohnender **Chelem** (bei Progreso), besonders für Leute die auf Komfort verzichten können: Einfache Bungalows 'Villa Nueva', gute Fischgerichte.

Celestun liegt ca. 80 km westlich Merida, am Golf von Mexiko. Ländliche Kleinstadt, überwiegend Fischfang und sehr bescheidener Tourismus. Ideal für ruhige Tage am Meer. In den Restaurants eine Fülle von preiswerten Fischgerichten.

Unterkunft. Hotel Gutierrez*, ordentliche Zimmer, weitere einfache Posadas am Ort. Bus nach Merida alle 2 h, 2 h. Fahrzeit. An Wochenenden starker Ausflugsverkehr von Merida, Zimmer schnell belegt.

Uxmal Chichen Itza

Uxmal und Chichen Itza sind die beiden bekanntesten und meistbesuchten archäologischen Zonen in der Umgebung von Merida, die Beliebtheit hat Gründe: Einmal abgesehen von der interessanten Architektur und der historischen Bedeutung der Stätte, beide Orte sind einfach zu erreichen und bieten gute Hotels in der Nähe.

Daneben gibt es im Bereich von Merida noch mehrere, weniger bekannte Zonen, freilich nicht weniger interessant, die allerdings keine Übernachtungsmöglichkeiten nahebei bieten: Kabah, Sayil, Labna, Xlapak. Man erreicht diese Orte jetzt auf recht guten Straßen, sie liegen relativ dicht beisammen, südlich der bekannten Zone Uxmal. Anreise am besten mit Mietwagen und in Verbindung mit einem Uxmal Besuch, Details weiter unten.

Auf dem Weg nach Uxmal: **Die Sisalfinca von Yaxcopoil**

Lohnender Abstecher (am einfachsten für Mietwagenfahrer) auf der Strecke Merida - Uxmal, bei km 33 in das Dorf Yaxcopoil mit der gleichnamigen herrschaftlichen Sisalfinca. Der Sisalboom bescherte in den Jahren um 1920 Merida eines der höchsten pro-Kopf Einkommen in Mittelamerika. Erst durch die Landreform und die Einführung von Kunstoffprodukten verloren die Sisalfincas ihre Bedeutung.

In Yaxcopoil wurde aber noch bis 1982 produziert. Die feudalen Herrschafts- und Arbeitsverhältnisse während der Sisalzeit werden beim Besuch der Finca noch einmal deutlich. Im Museum führt der alte 'Don Antonio', der auf der Finca gearbeitet hat. Zu Glanzzeiten wurden ca. 500 Menschen beschäftigt, mit ihren Familien haben über 2000 Leute auf der Finca gewohnt.

Uxmal

Uxmal liegt ca. 80 km südlich Merida, an der Straße 261. Bus mehrm. täglich, nur 2. Kl., 90 Minuten. Zone schließt um 17 Uhr. Es gibt auch Busse, die einen Rundkurs über

Labna - Sayil - Xlapak - Kabah - Uxmal fahren, dann bleibt aber wenig Zeit für die Besichtigung: Täglich ab Merida 8 Uhr, zurück mittags.

Hotels bei den Ruinen; Hotel Villa Arqueologica***, gegenüber den Ruinen, ein wirklich ausgezeichnetes Hotel, unbedingt empfehlenswert, Restaurant sehr teuer. Eines der schönsten Hotels dieser Kette, die ja ohnehin nur schöne Häuser hat. Kann bereits von Mexiko-City reserviert werden, vl. dort unter 'Hotelreservationen'.

Ein weiteres Luxushotel, aber teurer und nicht so gut: Hotel Hacienda Uxmal, oft von papageienlauten, amerikanischen Reisegruppen bevölkert. Leihwagenvermittlung!

Kabah, Sayil, Xlapak und Labna: Keine Übernachtungsmöglichkeit, die vier im Puuc-Stil erbauten Zonen können in einem Tagesausflug besucht werden, am einfachsten mit Mietwagen. Verpflegung mitnehmen (Hotels machen Lunchpaket), Getränke meist bei den Eintrittskartenverkäufern. Vgl. auch weiter unten, bei Ticul.

* Kabah liegt ca. 6 km nördlich der Grenze der Bundesstaaten Campeche/Yukatan auf der Straße 261, die Hopelchen und Merida verbindet. Es kann deshalb bereits beim Uxmal-Besuch besichtigt werden.

Die Abzweigung nach Sayil, Labna, Xlapak liegt ca. 5 km vorher, bzw. 29 km südlich Uxmal. Die Straße ist gut beschildert, asphaltiert und mit jedem Auto zu befahren (nicht Jeep - wie in einigen Reiseführern zu lesen). Bis Sayil fährt man 5 km, nach Xlapak (auch Xlampak oder Xlabpak geschrieben) weitere 5 km. Zurück über die gleiche Strecke, oder über Oxkutzkab (70 km Umweg), vgl. dazu unter 'Cenotes' weiter unten.

Man kann diese Tour auch gut mit einer Besichtigung der herrlichen **Cenotes** kombinieren. Siehe weiter unten.

* Sayil ist eine sehr weitläufige Zone, 1981 war aber erst ein Palast restauriert, diverse Wege ins Dickicht mit Wegweisern, plötzlich überraschende Tempel und Stelen (wie der 'La Venta' Park, nur in natura!).

* Xlapak: Kleine Zone, ein größeres Bauwerk, zwei kurze Wege zu kleineren Tempeln, die nicht restauriert sind.

* Labna: Sehr sehenswert, besonders der berühmte Triumphbogen, alle Bauwerke dicht beieinander.

Zur Besichtigung aller Zonen unbedingt **Mückenschutz** mitnehmen!

Ticul ist ein Aufenthaltsort für Leute, die nach dem Besuch der archäologischen Stätten in einer ruhigen Provinzstadt (14 000 E.) relaxen möchten. Es gibt hier wenig Touristen, die Preise sind erfreulich niedrig, dazu viel mexikanischer Alltag, besonders abseits der Durchgangsstraße N 261. Übernachten kann man im preiswerten Hotel **Sierra Sosa** am Zocalo, saubere, einfache Zimmer, Dozi ab 15 Mark. Der Besitzer spricht englisch und hilft mit Tips weiter (1986 mäßiger Zustand). In der Calle 23 das Restaurant Almendros.

Ticul liegt ca. 70 km südlich Merida, bei den archäologischen Zonen von Uxmal, Kabah, Labna und Sayil.

Cenotes

Bericht von Jürgen Kremer, Bonn/Mexiko - herzlichen Dank!

In der Vorstellung der Maya besteht das Universum aus Himmel (13 Schichten), Oberwelt (1 Schicht) und Unterwelt (9 Schichten). Verbunden und zusammenghalten wird alles durch den mächtigen Ceiba-Baum, dem auch die Menschen entstammen.

Die Unterwelt ist in Yukatan sehr real, denn der Karstsockel der Halbinsel ist von einem in mehreren Stockwerken verlaufenden Karsthöhlensystem regelrecht unterhöhlt und durchlöchert. Die wasserführenden Höhlen heißen **Cenote**, die trockenen **Actun.** Manche sind nur schwer zugänglich, dunkel und bedrückend, andere lassen durch Einbrüche in der Karstdecke Licht und Pflanzen herein, so entsteht mitunter ein unwirklicher, märchenhafter, ganz einmaliger Eindruck. Die Cenotes sind seit der ersten Besiedlung Yukatans die einzigen Wasserquellen zur Versorgung des Menschen. So haben sie einst die tiefe Verehrung der Mayas gehabt, alle tragen einen Namen. (Vgl. dazu im Literaturteil, Wilhelmy, H.)

1. Tour (Empfehlung): Am besten in Verbindung mit einem Besuch der Puuc-Zentren Labna, Sayil, Kabah, Uxmal.

Ab Merida mit PKW oder Bus (Calle 67) in Richtung

Kanasin, über **Tepich** nach **Acanceh**, dort 3/4 um den Marktplatz herum (bzw. hinter dem Marktplatz rechts ab) nach **Tecoh** und von dort bis **Telchaquillo.** Der Cenote in diesem kleinen verschlafenen Ort liegt gegenüber der Dorfkirche, rechter Hand, direkt auf dem Markplatz. Dort sind zwei ummauerte Öffnungen, eine, die hintere mit den Treppen, ist der Eingang. Ein typischer, lange genutzter Wasserversorgungs-Cenote. Die Kaiserin Carlotta soll dort gebadet haben.

Telchaquillo liegt unmittelbar an der alten Mayastadt Mayapan, die in den Jahrzehnten unmittelbar vor der Entdeckung und Eroberung eine bedeutende Rolle gespielt hat. Die Ruinen sind sehr zerfallen, ein Besuch lohnt dennoch. Unmittelbar vor der Hauptpyramide liegt der Cenote **Ch'en Mul.** Vor Einstieg die Erlaubnis des **Inah** - Aufsehers einholen. Hier, wie auch in den anderen Cenotes und Actunes, am besten eine starke Taschenlampe mitnehmen.

Weiter nach **Mani.** Cenote liegt etwas versteckt hinter dem Marktplatz, am Palacio Municipal vorbei, den Kopfsteinweg hinunter in der unmittelbaren Nähe des großen Ceiba-Baumes. Der Cenote ist nicht sehr eindrucksvoll, eher bedrückend - aber einprägsam. Die hier noch nach der christlichen Bekehrung den Regengöttern dargebrachten Kinderopfer veranlaßten den Bischof Diego de Landa zu seiner berüchtigten Verbrennung der hieroglyphischen Handschriften im Jahre 1562. Die Franziskaner-Mönche haben den Cenote später von oben angebohrt und einen ochsenbetriebenen Ziehbrunnen daraus gemacht.

Von dort weiter zur großen Höhle von **Loltun** in der Nähe von Oxkutzcab. Diese Höhle ist gut erschlossen. Es gibt eine Führung, während der die einzelnen Abschnitte des weitverzweigten Systems gut beleuchtet werden. Dauer 1 Stunde. Die Höhle von Loltun weist Zeugnisse einer alten und ununterbrochenen Benutzung auf. Sie ist ein unbedingtes Muß für jeden, der nicht nur 'oberflächlich' die Mayazentren Yucatans bereist, sondern einen tieferen Einblick im wahrsten Sinne anstrebt.

Übernachtungsmöglichkeiten gibt es recht ordentliche, sowohl in Oxkutzcab, als auch in Tekax, ca. 20 km weiter SO-wärts, oder in Ticul, ca. 15 km NW-lich. Man kann je nach Tageszeit von Oxkutzcab über die neue Straße noch die Zentren Labna, mit Xlabpak ganz in der Nähe und Sayil besuchen, und dann wieder zurückkehren, oder am anderen Morgen weiterfahren, um dann nach Norden in

Richtung Kabah und Uxmal abzubiegen (immer über den Straßenzustand erkundigen). Zwei bis drei Tage sollte man für diese Tour ansetzen, einschließlich der Ruinenbesuche, insbesondere Uxmal.

2. Tour (Empfehlung). Ausgangspunkt ist wieder Merida. Die Strecke bis **Acanceh** ist dieselbe. Dort fährt man dann aber auf dem Marktplatz geradeaus weiter über Eknacan, Cuzama, nach **Homun.** Der Cenote liegt ca. 500 m vor dem Ortseingang, rechter Hand, gegenüber dem Friedhof. Ein recht neuer Ziehbrunnen markiert den Beginn des Fußweges. Der Cenote von Homun ist optisch wunderschön: kristallklares Wasser, märchenhafte fast unwirkliche Lichtverhältnisse und wie als Verwirklichung des kosmischen Modells der Maya wächst ein mächtiger Baum aus ihm heraus: Unterwelt, Oberwelt und Himmel miteinander verbindend. Dafür muß man, um auf die Nationalstraße 18 in Richtung Chichen Itza zu gelangen, die etwas holprige Straße über Hocaba nach Tahmek in Kauf nehmen, aber: ich glaube, es lohnt!

Es wird damit deutlich, daß man den Cenote von Homun am besten mit einem Besuch Chichen Itzas verbindet. Dort ist natürlich der berühmte **Opfer-Cenote** und innerhalb des eigentlichen Zentrums der **Cenote Xtoloc**, beide ohnehin sehenswert und in der Besichtigung Chichens eingeschlossen.

Wirklich real wird die Unterwelt wieder etwa 4 km hinter Chichen. Dort liegt links von der Nacional 180 die berühmte Gruta de **Balankanche.** Erst 1959 wurde hier ein versiegelter Seitengang entdeckt, in dem sich ein aus der toltekischen Periode stammendes, völlig unberührtes unterirdisches Kulturzentrum erhalten hatte. Die vielen dort gefundenen Kultgefäße bezeugen die unmittelbare Verbindung Nordyukatans zum Hochtal von Mexiko, zwischen dem 10. und 12. Jh.n.Chr. Wer ohnehin vorhat, weiter nach Osten, an die Küste und vielleicht nach Tulum oder an einen der Badeorte zu fahren, kann ca. 3 km vor Valladolid rechts zum Cenote **Dzip Nup** abbiegen: ein etwas holpriger, 2 km langer Weg führt dorthin. Leider wird der Cenote neuerdings als Schwimmbecken benutzt, überall liegt Müll. Schade, denn im dunklen Dämmerlicht erschließt sich dem Auge nach kurzer Zeit der Umstellung eine unwirkliche Märchenwelt.

Neben diesen zu einer Tour zusammengestellten Cenote- und

Höhlenbesuchen, lohnt es auch, den Cenote von Dzibilchaltun, ca. 15 km nördlich von Merida, rechts der Nacional 261 nach Progresso gelegen, zu besuchen. Je weiter man nach Norden kommt, desto höher liegt der Wasserspiegel der Cenotes. Der **Cenote Xlacah**, inmitten der Ruinen von Dzibilchaltun reicht mit seinem Spiegel bis an die Kalkplatten des Randes. Er ist sehr tief und hatte einmal klares, blaues Wasser. Jetzt wird auch hier viel gebadet, das Wasser ist veralgt und überall liegt Müll herum. Ein Bus fährt täglich 7.15 Uhr und 12.15 Uhr hierher, ab Busbahnhof Progresso (30 Min.) zurück um 17 Uhr, die Haltestelle liegt am Eingang der archäologischen Zone.

Da man sich vielleicht auch ein wenig durchfragen muß, hier noch einige Tips zur Aussprache: X wie sch in schön, ch wie tsch in Tschad, s wie ss in Tasse, j wie ch in Kachel - h genauso, aber etwas weicher, c wie K im Kampf, außer im Anlaut, dann wie ss.

Die Maya-Wörter werden grundsätzlich auf der letzten Silbe betont.

Chichen Itza

Die ausgedehnte archäologische Zone von Chichen Itza (8 qkm) erfordert einige Zeit zum Anschauen. Die Bauwerke zählen zu den am besten restaurierten und eindrucksvollsten in ganz Mittelamerika.

Interessante Architektur in üppiger, tropischer Umgebung (allerdings nur während der Regenzeit - sonst eher braune Savannenlandschaft) und gute Übernachtungsmöglichkeiten sprechen zumindest für eine Übernachtung bei den Ruinen von Chichen. Die meisten Leute kommen auf dem Weg zu den Karibikzielen eh in Chichen vorbei. Es lohnt sich, nicht hastig durchzueilen.

Busanfahrt: Chichen liegt auf der beliebten Busreiseroute Merida - Chichen - Puerto Juarez (Isla Mujeres) - Chetumal - Belice.

Bus aus **Merida**, mehrmals täglich 1.Kl. 'ADO', 120 km, 2 h. Ebenso häufig Busse aus Puerto Juarez, 1. u. 2. Kl., manchmal Umsteigen in Valladolid.

Die Straße 180 wurde vor 2 Jahren nach Norden verlegt und führt jetzt nicht mehr quer durch die archäologische Zone. Von Merida kommend liegen die großen Hotels, wie Villas Arq. und Hachienda Chichen scharf rechts der Straße, von Valladolid kommend Hinweisschilder.

Der Haupteingang (gleichzeitig 2. Kl. Busstop) zu der Zone liegt jetzt also an der Westseite (nahe Juego de Pelote), an der Ostseite gibt es einen Nebeneingang für die Bewohner der Hotels Hacienda, Dolores Alba, Villas etc.).

Unterkunft

In **Piste**, von Merida aus kommend 3 km vor den Ruinen (Busstop): Hotel Posada Novela*, einfach, aber o.k. Nicht mehr gut: Hotel Cunanchen, Schwimmbad, Restaurant, auch 3er Zimmer.

Der Besitzer des Restaurants Parador Maya (an der Hauptstraße) vermietet preiswerte Cabanas*. (Bus Piste - Tulum, ab 7.30.).

Gut und solide, wie fast alle Hotels der Mision Inn-Kette** auch das Haus in Piste, Restaurant relativ teuer, besser gegenüber.

Direkt **bei den Ruinen** wohnt man natürlich am teuersten. Die früher wunderschöne Bungalowanlage des Hotels Hacienda Chichen vermodert zunehmend, die Preise sind horrend, vielleicht wird das Hotel nach einem Managerwechsel wieder so gut wie früher... Auch das Mayaland direkt neben dem Eingang der Zone ist sehr teuer, es wird viel von amerikanischen Reisegruppen gebucht, also nicht gerade ein lauschiger Platz, dafür aller Luxus.

Am besten wohnt man in Chichen etwas abseits der Zone, ca. 2 km in Richtung Puerto Juarez: Im Hotel **Dolores Alba****, zwar recht einfache Zimmer, aber gutes Essen, herrlicher Rotwein von der Baja, herrlich um stille tropische Sommerabende zu erleben. Dazu ein Pool und ein großer Garten und viel Ruhe. Ideal zum Relaxen. Gleicher Besitzer wie 'Dolores Alba' in Merida, man kann als von dort aus problemlos reservieren. Das Hotel liegt bei km 122.

Nahebei wieder ein Hotel der ausgezeichneten **Villas Arqueologicas**-Kette***, wie immer aller Luxus in einer Spitzenlage, sehr gutes Restaurant - natürlich nicht eben billig, die sich aber - wie in Uxmal - lohnen! Beide Hotels haben einen Zubringerdienst zu den Ruinen.

Das Hotel Pyramide Inn**, mit herrlichem Pool, gutes Restaurant, Service ist eher mäßig.

In der **Hochsaison** (besonders Weihnachten/Neujahr/Ostern) unbedingt Zimmer reservieren. Am ehesten wird man dann noch in Piste unterkommen, die meisten Zimmer in den Luxushotels sind für Reisegruppen vorgebucht!

Nach Valladolid - Puerto Juarez

Übernachtung auf dem Weg an die Karibikküste/Isla Mujeres, bzw. bei Wartezeiten auf den Bus nach Rio Lagartos (vgl. Isla Mujeres) in **Valladolid.** Ein etwas staubiger, auf den ersten Blick uninteressanter Ort, aber immer noch viel erhaltene Kolonialarchitektur. Valladolid war die erste spanische Niederlassung auf Yukatan.

Unterkunft: Hotel Maria Guadalupe*, einfaches, sauberes Hotel.

Verbindung: es gibt einen Direktbus Valladolid - Tulum (über Coba), er erspart den Umweg über Cancun, tägl. ca. 13.30, Aufschrift 'Playa'.

Die Karibikküste

Es gibt in Mexiko drei Hauptorte für einen Badeaufenthalt an der Karibkküste: Cancun, Isla Cozumel und Isla Mujeres. Alle drei Orte haben in den letzten Jahren eine rasante touristische Entwicklung erlebt - nicht unbedingt zu ihren Vorteil. Aber vergleichbar sind die Orte ohnehin nicht:

Cancun ist eine am Reißbrett geplante Luxustouristensiedlung, eines der ehrgeizigsten und aufwendigsten Tourismusprojekte des Landes, das zu Beginn der 80er Jahre vollendet wurde, voll auf auf die Freizeitbedürfnisse US-amerikanischer Touristen (und auf ihre Dollares) hin konzipiert: Auf einer 21 km langen Halbinsel stehen Luxushotels und ausgedehnteste Sportanlagen, auf dem Festland die ebenfalls neue Siedlung Cancun, am Stadtrand die Elendsviertel der Tagelöhner. Sämtliche Infrastruktur. Jet-Flugplatz mit internationalen Verbindungen.

Cancun bietet somit allen Ferienluxus, beste Tauchmöglichkeiten, Touristenmassen und hohe Preise.

Ähnlich die Luxusinsel **Cozumel**, wobei die Atmosphäre dort angenehmer ist, weil der Tourismus nicht so schnell gewachsen ist, es wirkt alles etwas organischer. Kurzinfos vgl. weiter unten, Kapitel Puerto Juarez - Cancun - Tulum.

Isla Mujeres

Die kleine Insel im äußersten Nordosten Mexikos besitzt noch keinen Jet-Flugplatz und bis auf eine Ausnahme auch keine Hotelsilos am Strand. Pauschaltourismus blieb der Insel bislang weitgehend erspart - nicht aber die immer größer werdende Invasion von Individualtouristen. Auch diese haben das Inselleben weitgehend verändert. Noch vor 10 Jahren war Isla Mujeres wohl ein sog. Geheimtip, heute hat sich die Insel total dem Tourismus verschrieben, mit allen negativen und positiven Folgen: Charme, Romantik und Armut einer kleinen Karibikinsel sind endgültig verschwunden, aber immer noch ist Isla Mujeres ein lohnendes

Badeziel: Sehr schöne Strände, touristische Einrichtungen, ideales Klima, Touristen (außerhalb der Hochsaison) in Maßen. Die Besucher sind ganz überwiegend jung, viele Rucksackreisende, Traveller, die sich von der langen Tour erholen. Von Juli - Mitte September viele Europäer, über Weihnachten und Ostern viele Amerikaner. Ansonsten gibts Platz für jeden, die Stimmung ist informell, man lernt sich schnell kennen.

Nochmals: Das Paradies ist vorbei, es wurde und wird viel gebaut auf Isla Mujeres, der Fischreichtum ist geschwunden, an den Stränden liegt da und dort Unrat. Erwarten Sie also keine Trauminsel.

Auch die vielbewunderten romantischen Palmenhaine am 'Los Cocos' Strand sind fast alle einer Schädlingsepedemie zum Opfer gefallen - dafür fallen einem jetzt keine frischen Kokosnüsse mehr auf den Kopf.

Unterkunft

Es gibt reichlich Hotels von Mittelklasse bis einfach. Einfach-Unterkunft genügt vollauf, weil sich das Leben im Freien abspielt. Bei der rasanten Entwicklung der Insel sind solide Tips natürlich schwer, also lieber etwas suchen, als gleich ins erste Zimmer fallen, die Preise sind recht hoch. Im Januar viele US-Amerikaner mit entsprechender Stimmung auf der Insel, Zimmer können dann knapp werden. Hier nur ein paar Orientierungshilfen, Änderungen sind immer möglich.

Das **Martinez*** und das **Orsorio*** sind seit Jahren zwei Klassiker auf der Insel: Vom Landesteg aus links, dann die zweite Querstraße rechts hoch, nach ca. 100 m sind Sie dann bei den Hotels. Je nach Laune der Besitzer ist mal das eine besser, mal das andere.

Neuerdings gut: Rocas del Caribe**, Neubau mit Pool, Av. Madero, direkt am Strand.

Einfach, billig: Maria de los Angeles*, Av. Juarez, am Südende des Ortes und Cabanas Maria am Cocos Strand, einfache Hütten mit Terrasse, gut für Hängematten.

Marcianito*, Abaso 10, Tel. 20111, ein kleines Hotel mit freundlichem Service. Autel Carmelito*, Av. Guerrero, sauber und preiswert. Etwas teurer, ebenfalls gut das Caribe

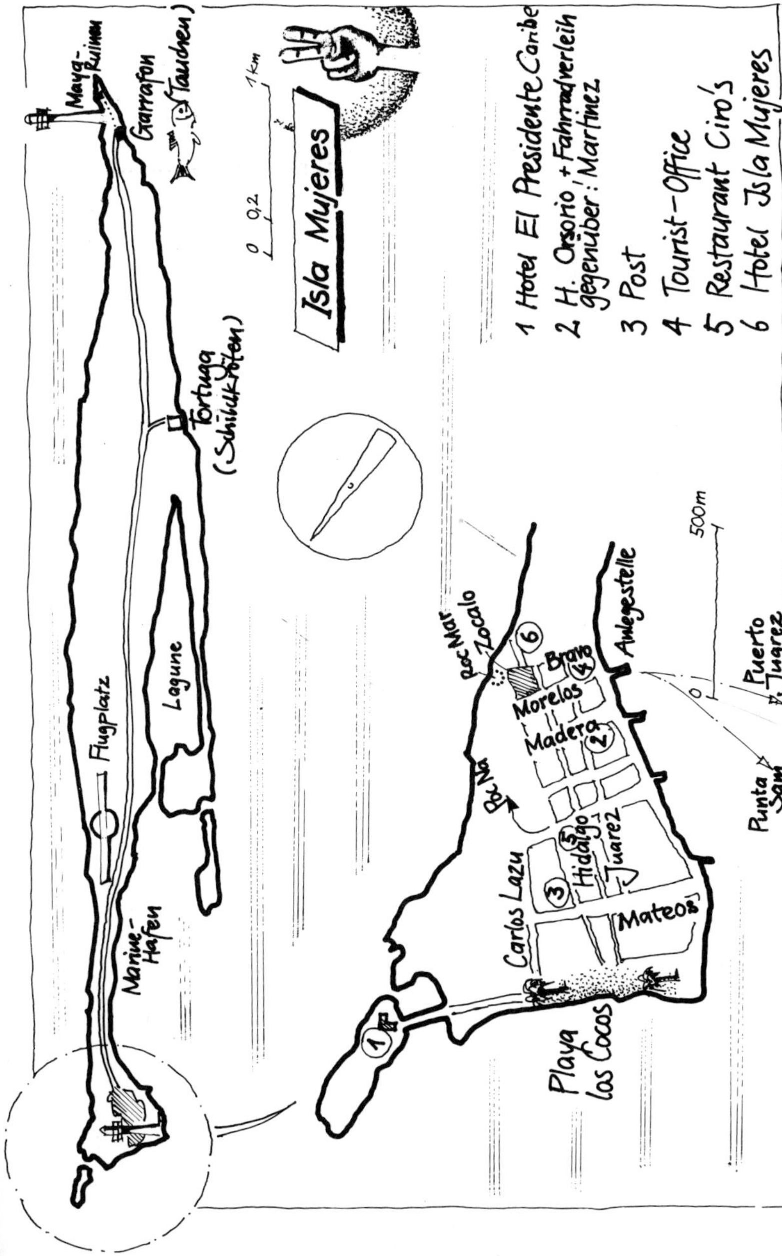
Isla Mujeres
0 0,2 1km
1 Hotel El Presidente Caribe
2 H. Orsorio + Fahrradverleih gegenüber: Martinez
3 Post
4 Tourist-Office
5 Restaurant Ciro's
6 Hotel Isla Mujeres
Maya-Ruinen
Garrafon
(Tauchen)
Tortuga (Schildkröten)
Flugplatz
Lagune
Marine-Hafen
Playa los Cocos
Carlos Lazu
Hidalgo
Juarez
Mateos
Madera
Morelos
Bravo
Roc Mar
Zocalo
Anlegestelle
500m
Puerto Juarez
Punta Sam

Maya.

Der Treff der jungen Traveller ist das **Poc Na**, die Sceneherberge im oberen, östlichen Ortsteil, immer Action & easy-going, einfache Zimmer mit Hochbetten, abends Musik und Kontakte, preiswert.

Das Luxushotel an der Inselspitze war lange Zeit völlig vergammelt und wegen Einsturzgefahr geschlossen, jetzt hat es die 'Presidente-Kette' übernommen, im sterilen Caribe*** werden die Leser dieses Buches kaum wohnen, abends angesagt ist allerdings die herrliche Bar am Meer, Sonnenuntergang!

* Wie in allen Ferienorten können die Preise zwischen Hoch- und Nebensaison stark schwanken!

* Schlafen am Strand wird nicht geduldet

Essen

Wie bei den Hotels ist es auch beim Essen schwierig, langfristig gute Tips zu geben. Zu den Klassikern zählen Ciro's und 'Gomar', beide im Ortszentrum, aber mit häufig wechselnder Qualität (Riesenlangusten). Neuerdings gut: La Pena am Zocalo.

* In den meisten Restaurants gibt es ein reichhaltiges Angebot an Fischen und Meeresfrüchten. Früher gehörten auch die großen Meerschildkröten zu den Inselspezialitäten, seit kurzem findet man dieses Gericht zum Glück nicht mehr auf den Speisekarten. Immer noch reichlich werden Hummer und andere Mariscos angeboten (auch zu zahlbaren Preisen).

Baden, am Hauptstrand 'Los Cocos', jetzt ohne die Traumpalmenkulisse vergangener Jahre (90% der Palmen wurden durch eine Insektenplage vernichtet). Der Strand liegt an der Nordspitze der Insel, 5 Fußminuten vom Zentrum, meist viele Touristen, aber viel Platz, einfache Restaurants, abends Disco.

Ruhiger, aber bei wesentlich unruhigerem Wasser ist es an der Ostküste, es gibt dort ganz einsame Strände, oft felsig, manchmal auch schmutziges Wasser, je nach Wind. Meist große Wellen.

Tauchen, im Naturschutzgebiet 'Garrafon' an der Südspitze der Insel. Steilküste mit kleinem Korallenriff. Fast täglich werden schon ab 10 Uhr früh Scharen von Cancun-Touristen hierhergebracht, seither ist auch der legendäre Fischreichtum erheblich zurückgegangen. Empfehlenswert nur außerhalb der Saison und zu unüblichen Zeiten, sonst ein überfüllter Freizeitpark, mit mehr Tauchern als Fischen. Das Wasser ist am Vormittag am ruhigsten und zum Tauchen am besten geeignet.

Tauchausrüstung im Ort oder direkt dort. Auch Flaschen erhältlich, Tauchkurse etc. Anfahrt entweder mit Leihfahrrad oder kleinem Motorrad.

Ein kleines Restaurant ist an der Küste. Von 'Garrafon' aus führt ein Fußpfad (ohne Schatten) zum Leuchtturm an der Südspitze der Insel. Dort sind auch noch die bescheidenen Reste einer kleinen Maya-Ruine zu sehen.

Die riesigen Wasserschildkröten werden leider gejagt, die Eier gesammelt, man kann die Tiere beobachten bei der 'Estacion Biologica' und ca. 1 km vor dem südlichen Ende der Straße (Plan) im Coral Tortuga.

Karibik pur

Bootsausflüge, jeden Morgen ab Landesteg (am Abend zuvor wird Werbung dafür gemacht), meist Ganztagestouren inkl. Verpflegung mit selbstgefangenen Meeresfrüchten. Z.B. zum Vogelparadies **Contoy**, sehr lohnend, unglaublicher Vogelreichtum. Leider etwas teuer, ca. 50 Mark. Weitere Vogelparadiese vgl. unten: Holbox/Rio Lagartos.

Abends in Isla Mujeres: viele Privatfeten am Strand. Billardsalon gegenüber Restaurant Ciro's, Kino am Zocalo, diverse Discos (einfach) im Ort, eine noble im 'El Presidente - Caribe'.

Verbindungen

Der Militärflughafen auf der Insel wird z.Zt. von keiner zivilen Linie angeflogen. Es ist aber für die Zukunft eine Flugtaxiverbindung mit Cancun geplant, ebenso Tragflügelboote I. Mujeres - Cancun - Cozumel. (Bitte schreiben, ob ja)

Jet-Anschluß zu zahlreichen nationalen und internationalen (Karibik-)Destinationen ab Cancun.

Nach Puerto Juarez verkehren zwei Fähren:

1. Personenfähre vom/zum Bushalteplatz in Puerto Juarez: Fahrplanänderungen häufig, ca. 7mal täglich, 40 Min., 2 Mark.

2. Autofähre ab Punta Sam, 5 km nördlich Puerto Juarez, 4 x täglich 40 Min., mit Auto: 10 Mark. Ständig Busverbindungen Punta Sam - Puerto Juarez.

Adressen

Isla Mujeres ist klein und übersichtlich, nach einem Tag kennt man alle wichtigen Plätze. **Turismo** und **Taxi** am Bootslandesteg. Bei **Motorrad**- und Fahrradverleihern vorher alle Funktionen checken, was nach der Fahrt defekt ist, muß bezahlt werden, Fahrrad pro Tag 6 Mark.

* Vorsicht vor der sehr intensiven Sonne am weißen Strand!

Isla Holbox

Ebenfalls ab Isla Mujeres zu erreichen ist der ruhige Freaktreff Isla **Holbox**, schöne, stille Strände, Hängemattenlager, einfache Kneipen. Viele Wasservögel und Flamingos.

Andere Anfahrtmöglichkeit: Von Valladolid mit dem Bus bis Chiquila, dann Fähre, die aber nur bei Bedarf verkehrt.

Noch viel ruhiger und fast nur von Mexikanern besucht: **Rio Lagartos**, 100 km nördl. Valladolid (Bus über Tizimin), ein Hotel.

Puerto Juarez - Tulum - Chetumal

Die Karibikküste zwischen Puerto Juarez und Chetumal bietet eine Reihe interessanter Aufenthaltsmöglichkeiten. Auf der gut ausgebauten Straße Nr. 307 ist problemlose Anfahrt möglich. Die teilweise wenig bekannten Buchten (Caletas) der Region sind durchaus eine Aufenthaltsalternative zur Isla Mujeres.

Das Autofahren in dieser Region des Bundesstaates 'Quintana Roo' macht Freude. Die Straße verläuft zwar auf langen Strecken im monotonen Buschwald, manchmal auch im Dschungel, der stellenweise gerodet wurde. Stichstraßen führen aber immer wieder an die Postkartenküste (manchmal wird an Tauchbuchten Eintritt verlangt). Das Meer wird im Sommer bis zu 30 Grad warm. Leider wurde der gesamte Küstenbereich im letzten Jahren viel von Amerikanern besucht und ziemlich teuer, manche Plätze sind jetzt ebenso überlaufen wie Isla Mujeres, besonders zur Saison im Winter; später im Jahr, ca. ab Ostern ist dann weniger los.

Unterkunftspreise und Qualität variieren besonders an allen Orten entlang der Karibikküste (einschließlich der Inseln) sehr stark nach Saison und je nach Auslastung mit amerikanischen Gästen, also vor Ort genau hinsehen und verschiedene Anlagen vergleichen.

Die Orte von N - S

Puerto Juarez: reizloser Ort, Fährstelle nach Isla Mujeres. Verbindungen siehe dort. Für Leute mit Zwangsaufenthalt: Hotel Isabal*, schräg gegenüber der Anlegestelle, gutes Restaurant, viele Mexikanos. Daneben: Restaurant Francis, gutes Essen.

1.Kl. 'ADO'-Bus hält neben dem Landesteg. 2.Kl. gegenüber, links, vor dem Supermarkt.

* Nach 21 km ab Puerto Juarez Abzweigung nach links nach Punta Nizuc, Clubdorf des Club Mediterranee, wenig später, rechts die Abzweigung zum Flughafen Cancun. **Cancun:** Badegroßstadt mit allen dazugehörenden Erscheinungen. Wer's nicht lassen kann: Bester Strand in Cancun: Sheraton Beach, Anfahrt mit Bus Nr. 1 oder 'Hoteles', ab Av. Tulum.

Unterkunft: Hotels auf der Strandhalbinsel amerikanisch-international und teuer, im Ort die preiswerten oft primitiv und laut. Vernünftige Unterkunft beim Busterminal: El Batab*, Av. Chichen Itza, Nr. 52, nur 5 min. von der Av. Tulum, wo die Stadtbusse abfahren.

* Als nächstes erreicht man eine Reihe von Badeplätzen, die teilweise herrliche Bademöglichkeiten bieten, bei recht wenig Trubel: **Puerto Morelos**, 36 km südlich Cancun, Fährstelle für die Autofähre nach Isla Cozumel. Dann und wann Anlegeplatz für Kreuzfahrtschiffe.

  Unterkunft in Bungalowanlage Cabanas Ojo de Agua, teuer!

* **Punta Bete**, 62 km südlich Cancun, 'Cabanas Marlin Azul', diverse Bungalows direkt am Meer, ausgestattet mit riesigen Betten, Küche, Duschen, Toilette. In der Anlage ein Restaurant 'La Selva', Palmen spenden den wichtigen Schatten, schöner Sandstrand, (seit 1986 aber völlig überteuert, also vorher checken). Strand kann manchmal - wie im gesamten Küstenbereich - durch Ölklumpen verschmutzt sein.

  Cananas sind reservierbar von Merida aus: Calle 61, Nr. 477, Tel. 174 10. Ebenso die teuren Cabanas 'Capitan Lafitte', etwas professioneller, Bungalows teilweise mit Klimaanlage. Restaurant (1986 für das Gebotene zu teuer, vorher genau ansehen).

  Daneben ein Zeltlager mit Restaurant 'Arno'. Reservieren von Merida: Calle 58, Nr. 471, Tel. 304 85. Postadresse: Apartado Postal Nr. 1463, Merida. Yuc. Beide Anlagen sehr teuer. Es gibt noch einen einfachen Camping, mit Salzwasserduschen, Cabanas ohne Strom.

* **Playa del Carmen**/Cozumel. 68 km von Cancun. Anlegestelle der Personenfähre nach **Cozumel.** Der Ort ist je nach Saison total verschlafen bis lebhaft und hat etwas touristische Infrastruktur. Geeignet für einen kurzen Badestop, schon wegen dem herrlichen, weiten und großzügigen Badestrand. Die größeren Hotels werden viel von Amerikanern besucht. Es gibt mehrere Tauchriffe in der Nähe, Motorbootservice.

  Wegen der Fährverbindung mit Cozumel auch sehr gute Anschlußverbindungen mit dem Bus nach S und N.

Unterkunft in Playa del Carmen: Direkt an der Anlegestelle zwei teure Hotels, eines davon: Hotel Molcas***, luxuriöser, schöner Neubau.

Preiswerter: Pension Posada Lily*, gegenüber dem Busbahnhof oder Sie fragen sich zu Susan Winter durch ('Dona Susana'), Susan vermietet Häuser und Cabanas. Campingplatz und preiswerte Hotels im Ort.

Sehr gute Unterkunftsalternative: Posada Pamul**, in Pamul direkt an der schönen Bucht, schöne Zimmer in Doppelbungalows, Campingplatz, Restaurant.

Ein gutes Fischrestaurant in Playa del Carmen ist 'Dona Juanito', ebenso: 'Senora Nuestra Playa del Carmen'.

Cozumel: Vielbesuchte Touristeninsel mit allen Einrichtungen, viele Amerikaner, schöner Strand. Direktverbindungen mit den USA, entsprechende Ferienkultur. Zwischen den teilweise sehr schönen Strandhotels (direkt am weißen Sandstrand, kristallklares Wasser, Palmenhaine, perfekte Postkartenkulissen) und dem recht reizlosen Ort San Miguel de Cozumel besteht keine regelmäßige Linienbusverbindung.

Relativ preiswertes Hotel am Strand: Cantarell**, Tel. 20 144., während der Hochsaison teuer.

Fähre Playa del Carmen - Cozumel: 3 x tägl., 1 1/2 Stunden. Letzte Fähre gegen 18 Uhr. Es soll eine Tragflügelbootverbindung nach Cancun eingerichtet werden.

* Lagune **'Xel-Ha'**, 117 km von Cancun. Nationalpark. Sehr stark von US-Amerikanern besucht, während der Saison ein Rummelplatz. In der Maya-Sprache bedeutet 'Xel-ha' 'wo das Wasser geboren wurde'; ein weitverzweigtes System von Buchten, Grotten und Unterwasserhöhlen dazu ein Süßwassersee, reichhaltige Unterwasserfauna, über dem Wasser interessante Vegetation. Es darf aber nur in einigen Buchten getaucht werden, für Nichttaucher eher uninteressant. Lage: 1 km von der Straße 307, Restaurant, Duschen. Eigene Tauchsachen mitbringen, sonst muß man auf die Verleiher warten und versäumt so die ruhigste Zeit.

Ca. 4 km **vor** der Abzweiung nach Xel-Ha, Straße nach **Acumal**, einer der gepflegteren Badeorte im Bundesstaat mit dem so schönen Namen 'Quintana Roo' mit einem der schönsten Strände der Küste: ein kilometerlanger, goldgeber Traum. Es gibt diverse, meist sehr teure Bungalowanlagen - besser in Coba übernachten.

Tulum

132 km von Cancun. Die berühmte Ruinenanlage direkt an der Karibkküste in traumhaft schöner Lage. Einzig bekannte Anlage direkt am Meer. Tulum bedeutet Mauer oder Festung, gemeint ist damit die Festungsmauer, die um die Zone verläuft. Ursprünglich hieß die Stadt 'Zama', dies bedeutet Sonnenaufgang, und eben dies in Tulum zu erleben ist schon einzig, auch für notorische Kulturverächter. Die Anlage ist allerdings relativ klein, man ist also schnell durch, weite Anreise extra nur wegen der Ruinen lohnt nicht. Ruinen geöffnet: 7 - 17 Uhr. Baden möglich - sehr lohnend!!

Unterkunft: Mehrere Bungalowanlagen am Strand: Ca. 2 km von den Ruinen: 'Paraiso', einfache Bungalows an herrlich weißem Strand, einsam (1986/87 vergammelt), aber Traumlage! Bei den Ruinen rechts ab.

Am Strand bei Tulum liegen noch drei weitere Bungalowanlagen, meist mit Restaurant, aber teilweise ohne sanitäre Einrichtungen, alle mit herrlichem Strand. 1987 gut: 'Santa Fee' und 'Tulum', sowie 'Chac Mool', ca. 6 km südlich der Ruinen. Hotel 'El Cruceros', direkt an der Kreuzung, sehr muffig!!

Bus: Ca. 2 x tägl. ab Puerto Juarez, ab Cancun häufiger. Der Bus hält direkt an der Kreuzung zu den Ruinen, auf die Schilder achten, sonst fährt man vorbei. An der Kreuzung Hütten und das kleine Hotel 'El Cruceros' (vgl. oben). Außerdem zwei Restaurants. Kreuzung Ruinen: 1 km, Taxi ist also nicht nötig.

Busverbindung auch mit Coba, letzte Rückfahrt aber schon gegen 14 Uhr!

Coba

Coba ist eine unbedingt sehenswerte archäologische Zone, die ausgedehnte Ruinenanlage wird umgeben von herrlicher Buschwaldvegetation. Die Zone liegt im Bundesstaat Quintana Roo, nahe der mexikanischen Karibikküste und wurde erst in letzter Zeit restauriert (die Arbeiten dauern an) und der Öffentlichkeit zugängig gemacht. Coba wird noch immer relativ wenig besucht und man kann dort herrliche Zeit verbringen, es bleibt Ruhe und Muße zum Erlebnis der großartigen Architektur, Fauna und Flora, die je nach Regenzeit üppig grün bis trocken braun sein kann. Im Grabungsgebiet mehrere Seen, Schmetterlinge gaukeln, schönste Libellen und prächtige Vegetation.

Auch auf die Gefahr des platten Lobes: Ganz sicher eine der schönsten archäologischen Sehenswürdigkeiten im Land. Euphorischer, aber voll berechtigter Travellerkommentar: 'Nachmittags kann man gefahrlos im Lago Coba schwimmen, zwischen Fischen und Wasserschildkröten und nachts spiegelt sich die Milchstraße im ruhigen Wasser des Sees.'

Zur Erkundung der ausgedehnten Anlage mindestens einen Tag einplanen, festes Schuhwerk, zur Regenzeit unbedingt Mückenschutz.

Unterkunft direkt bei den Ruinen: **Hotel Villa Arqueologica*****, wieder ein Spitzenhotel, wie alle diese Häuser, mit Restaurant (das ist allerdings nicht immer so gut), schöner Pool, ideal zum Ausspannen.

Die preiswerte Alternative: Hotel El Bocadito* mit Restaurant, gemanagt von einem ehemaligen Angestellten der Villas, sehr engagierte Betreuung.

Das archäologische Gebiet (Ausdehnung 10 x 5 km, mit 50 Straßen, 600 Bauten, nicht alle freigelegt) wird zur Zeit systematisch erforscht, die Einrichtung eines Nationalparks ist geplant. Coba ist eine der ausgedehntesten Mayazonen, die Stätte wurde von den Spaniern nie entdeckt, sie muß noch während ihrer Invasion bewohnt gewesen sein, bis ins 16. Jh., die Blüte wird um 300 - 900 n.Chr. vermutet. Das entdeckte Straßennetz um Coba gilt als das dichteste in ganz Mesoamerika, eine Straße führte bis Yaxuna, bei Chichen Itza.

Hotel möglichst von einer anderen Villa Arqueologica reservieren, vgl. Uxmal/Chichen. Weitere Hotels sind noch im Bau. Fertig ist: 'Isabel' an der Hauptstraße, gutes Essen und einfache Zimmer.

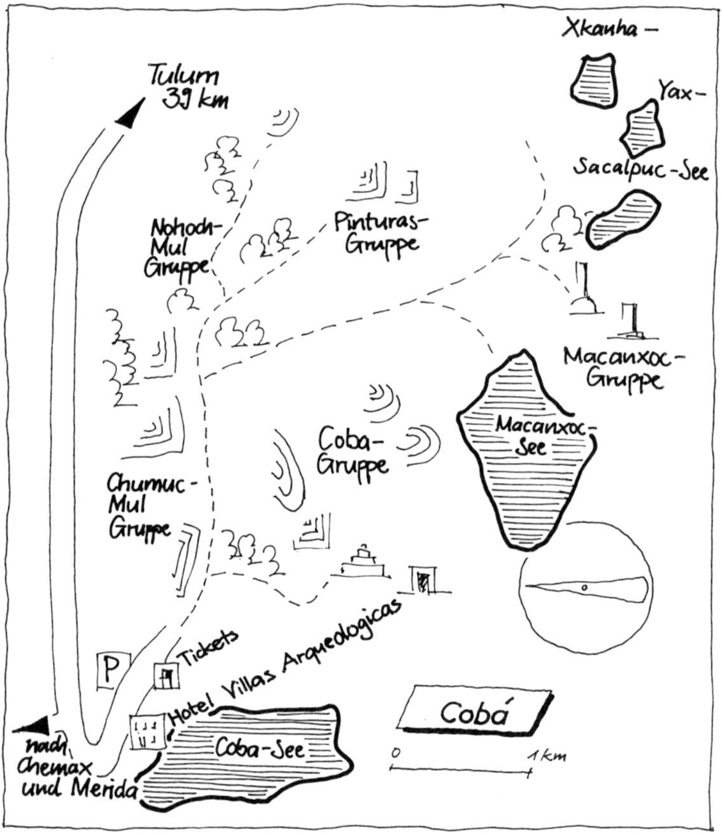

Anfahrt: Bus von Tulum tägl., von Valladolid tägl., mittags (vgl. dort). Die Fahrt führt durch herrlich dichten Buschwald.

Achtung Autofahrer: Die Straßen Chemax - Coba und Nuevo X-Can - Coba sind jetzt beide voll befestigt. Wer auf Yukatan und entlang der Karibikküste unterwegs ist, sollte beim Tanken besonders vorsichtig sein. Darauf achten, daß das Zählwerk auf Null steht, es wird gern betrogen. Immer rechtzeitig volltanken - es gibt verflucht wenig Tankstellen. Zwischen Tulum und Chetumal, z.B. nur Tankmöglichkeit im Nest Felipe Carrillo Puerto (Bank, Restaurant).

Chetumal

110 000 E., an der Küste. Chetumal ist die Hauptstadt des jungen Bundesstaates Quintana Roo. Früher war die entlegene Region an der Grenze zu Belize ein gefürchtetes Verbannungsgebiet. Dichter, undurchdringlicher Dschungel, Malaria, und ewig feuchte Hitze prägten die 'grüne Hölle' Mexikos. 1955 verwüstete ein Wirbelsturm die Stadt, heute müht sich die ferne Regierung mit Entwicklungsprogrammen um die Stadt: Ein Freihafen wurde eingerichtet, so werden zollfreie Waren aus Panama verkauft (Markt neben dem Busbahnhof), die Stadt wurde an das Inlandflugnetz angeschlossen. Und tatsächlich entwickelte sich Chetumal in den letzten Jahren rapide, allerdings nicht nur zum Vorteil, die Stadt wirkt recht hektisch, bei den guten Verbindungen braucht aber niemand allzulange bleiben. Höchstens der alte Teil am Rio Hondo, mit Holzhäusern, vermittelt noch etwas Karibik-Stimmung.

Für die meisten Touristen hat Chetumal eh nur Bedeutung als Grenzstadt vor Belice. Die Straße nach Belize zweigt zwar vor Chetumal ab, aber oft muß man eben übernachten, oder den Bus ab Chetumal nehmen.

Hotel: Maria Dolores*-**, Calle Obregon 206. Travellertreff, auch Dreierzimmer, hier gibts auch Belize-Tips.

Verbindungen

Flugzeug: Tägl. Acapulco, Merida, Mexiko-City (via Merida, deshalb etwas teurer).

Bus: Tulum/Playa del Carmen/Cancun/Puerto Juarez ca. 10 x tägl., 1. und 2. Kl. Villahermosa/Mexiko-City, alles 1. Kl.

Nach Belice: Mehrmals tägl. bis zur Grenze (erster Bus schon gegen 5 Uhr). Nach Belice-City (Strecke durchgehend befestigt) nur 2.Kl.Busse. Fahrzeit ca. 4 Stunden (Zeiten checken).

Ausflüge zu den weniger bekannten Zonen von Kohunlich, Xpujil, Becau und Chicama:

Alle diese Stätten werden viel weniger besucht als die bekannten 'sights' wie z.B. Uxmal und Chichen. Wer also in

Ruhe archäologische Stätten besuchen möchte, dazu noch herrliche Regenwald-Vegetation, sollte auf der gut ausgebauten Straße 186, quer durch Yukatan gondeln. Das ist besonders für Leihwagenfahrer ein Vergnügen, endloses Land, kaum Verkehr.

Die Zonen: Kohunlich 40 km von Chetumal, in tropischem Wald. Xpujil in weniger üppiger Vegetation, sehr lohnend, riesige Stätte, neu restauriert, nur ein paar Kilometer weiter Chicama.

Francisco Escarcega ist dann wieder der erste Zivilisationspunkt nach langer Fahrt durch Wildnis.

Unterkommen im Hotel Maria Isabel*-**, gutes Restaurant.

Herrliche **Bademöglichkeiten** in der Süßwasserlagune Laguna de Bacalar (ein Hotel), 20 km westl. Chetumal, vgl. unter Palenque Verbindungen.

Belice

Daten: als letzte britische Kolonie wurde das ehemalige British Honduras am 21. September 1981 unabhängig. Die britischen Truppen blieben dennoch im Land, nicht zuletzt, um gegen die ständigen Territorialansprüche Guatemalas gerüstet zu sein.

Bevölkerung geschätzt: 170 000 E., einzigartiges, historisch bedingtes Völkergemisch: Die spanischen Konquistadoren konnten mit dem heißen, völlig bewaldeten Land nichts anfangen, sie überließen 1640 angeblich schiffbrüchigen britischen Seeräubern das Terrain, diese machten Sklaven in Jamaica und lebten vom Export wertvoller Edelhölzer. Lukrativer Handel entstand, Kaufleute ließen sich nieder: Libanesen, Araber, Inder, Chinesen, Juden, später USA-Bürger, Aussteiger von überall, deutsche Mennoniten.

Die Ur-Bevölkerung, Maya-Indianer leben noch immer zurückgezogen im Landesinneren. 50% der Bevölkerung werden als **Kreolen** bezeichnet, sie bewohnen die Küstengebiete und Belize-City.

Landesfläche ungefähr so groß wie Hessen, 90% bewaldet, außerhalb der Städte ausgesprochen dünn besiedelt, auf dem Territorium werden große Ölvorkommen vermutet. Seit der Unabhängigkeit recht unstabile politische Lage, weil Teile der Bevölkerung der offiziellen Entspannungspolitik (Ausverkauf, wie viele meinen) Guatemala gegenüber nicht trauen. Hohe Arbeitslosigkeit.

Chetumal (mex.)
Corozal
0 25 km
Orange Walk
Guinea Grass
Shipyard
Moskall
Indian Church
Lucky Strike
Sand Hill
Salt Creek
Mexico
Punta Biena Viesta
Ambergris
Caulker
Cayos Hick
Cayo Long
Belice (brit. Honduras)
Guatemala
Provinz Peten
Tikal
Islas Turneffee
Fähre
Belice-City
Never Delay
Roaring Creek
Belmopan
Ciudad Melchor de Mencos
San Ignacio (Cayo)
Augustine
Mountain Pine Ridge
Flores
Guacamayo
Rio Macal
Millionario
Mullins River
Stand Creek
Arrecife Columbus
Santa Ana
El Chal
All Pines
Cayo Bread & Butter
Dolores
Riverdale
Cayo Douglas
Cayo Chanel
Cayo Round
Cayo Crawl
Cayo Spider
Mango Creek
Cayo Ranguana
San Luis
Monkey River
Toledo
Punta Gorda
Cayo Tom Owen's
Cayos Hunting
Modesto Mendez
Livingston
Puerto Cortez
Castillo San Felipe
Puerto Barrios
Brücke fertig
Morales
Honduras
Gua-City

Klima, tropisch heiß, niederschlagsreich, Neigung zu Hurricanen zwischen Juni und Oktober (Hurrican 'Greta' verwüstete 1979 weite Landstriche). Temperaturminima zwischen November und Februar an der Küste bis auf 17 Grad. Maxima um Mai bei bis zu 50 Grad im Landesinneren.

Tourismus

Vor ein paar Jahren noch war der Randstaat ein Ziel für Reisepioniere, auch heute gibt es keinen großen Tourismus, lediglich durchreisende Traveller nach und von Guatemala. Außerdem laufen reiche Amerikaner und Kanadier mit ihren Yachten die dem Festland vorgelagerten Inseln (Cayos) an und finden in den Korallenriffen traumhafte Tauchbedingungen. So z.B. auf **Ambergris Cay**, ca. 60 km nördlich Belize-City, ein kleines Paradies, schon mit komfortablen touristischen Einrichtungen. Auf den anderen Cays - die die touristische Hauptattraktionen Belizes sind - geht's noch ruhiger zu. Auf der beliebten Cay Caulker vermieten Privatleute Zimmer, nur kleine Hotels, so bleibt es beim sanften Tourismus. In den letzten Jahren haben besonders Rucksackreisende aus Europa das exotische Ziel entdeckt - ein Trend-Ziel ist Belize trotzdem nicht geworden. Dazu ist die Anreise wohl auch zu teuer und zu umständlich und es gibt einfach zuwenig Betten und Komfort.

Wahrscheinlich nimmt die Zahl der Traveller, die durch Belize ziehen, in den nächsten Jahren noch zu. In den letzten Jahren war die Grenze Belize/Guatemala wegen Feindseligkeiten zu Guatemala geschlossen, der Gringo-Trail unterbrochen. Seit man wieder passieren kann, ist die Belize-Tour natürlich attraktiver geworden.

Mehr als in anderen Ländern ist man in Belize stets Fremder. Belize-People sind stolz auf ihr Land, das viele Fehler hat, auch viele Vorzüge. Die Leute wollen, daß dies so bleibt und zeigen es den Touristen. Man ist und bleibt Fremder, manchmal belästigt, manchmal geduldet oder ignoriert. Anders ist es auf den Cays, die ja eine gewisse touristische Tradition haben. Hier, unter Palmen, die bis ins Meer wachsen, bei Traumwetter rund ums Jahr, bei Hummer, easy living und türkisblauem Meer kommt man miteinander aus.

Auf Cay Caulker kennen sich nach ein paar Tage alle, bis in die Nacht sitzt man am Meer, zählt Sterne und freut sich, daß Europa ganz anders ist. Reisen in so einem Land haben ihren eigenen Reiz. Stimmungen aus einer Reportage der ZEIT:

"Hey man!" In wippendem Hüftgang nähert sich uns ein junger Schwarzer. "Man, want a joint?" Good gras... singt es in karibischem Englisch. Wir befolgen Joe's Rat. Der umsichtige Wirt von 'Han's Guest House', unserer jugendherbergsähnlichen Billig-Bleibe hat uns eindringlich belehrt: "Geld verstecken, Abstand halten, mit niemandem mitgehen, Vorsicht in den Kneipen, keine deals...

"Vor den verrotteten Kulissen hölzerner Kolonialarchitektur und ärmlicher, morscher Pfahlbauten wiegen sich schwarze Gestalten mit Zwirbellocken und im Bob-Marley-Look zu den Reggae-Klängen der Kofferradios. Die schwüle Hitze diktiert das Tempo, in dem sich Menschen aller Rassen durch die staubigen ungepflasterten Straßen der ehemaligen Hauptstadt bewegen."

"You better belize ist", kann man auf den T-Shirts der Einwohner lesen, wer ein 'Feeling' für den Gehalt dieses Wortspiels hat, wird schon klarkommen ...

Etwas Reiseerfahrung ist bei Reisen in Belize unerläßlich, es gibt praktisch keine Hotels mit internationalem Standard. Bester Stützpunkt für den Start einer Belize-Tour: Belize-City. Nicht gleich von den oft langen Grenzformalitäten zermürben lassen.

Für Dschungel- und Landschaftsfreunde schließlich, die auf Komfort verzichten können, bietet die Region südlich der 'Mountain Pine Ridge' (Infos vgl. dort) um Millinario großartige Flora und Fauna, eines der schönsten Regenwaldgebiete Zentralamerikas!

Belize praktisch

Einreise: Paß und Visum. Belize wird im Ausland von Großbritannien vertreten, Visa in Deutschland bei den britischen Konsulaten, oder in Merida ebendort (aber teurer), vgl. dort.

Belize hat seit 1. Nov. 1986 eine Vertretung in Mexiko-City, die soweit wir wissen die billigsten Visa (10 US $) ausstellt: Galileo Nr. 320, Tel. 5451006. Bearbeitungsdauer: 1 Tag.

Einreisevisum nach Belize bekommt man manchmal gegen Tip auch noch an der Grenze, oft ist aber renitentes Verhandeln notwendig. Zur Rückreise nach Mexiko braucht man eine neue Touristenkarte: Bei der mexikanischen Botschaft in Belize-City, 20 North Park Street (9-12 Uhr). Das ganze gilt auch für Österreich/Schweiz.

Einreise mit dem Mietwagen von Mexiko: **Hertz** in Merida stellt für seine Autos auf Anfrage einen Brief aus, daß der Fahrer ..., Paß Nr. ... berechtigt ist, das Auto, Kennzeichen Nr ..., Motor Nr. ..., durch Belize und zurück zu fahren (in Spanisch). An der Grenze wird dafür eine begrenzte Einfuhrgenehmigung ausgestellt, und für Belize muß eine Versicherung abgeschlossen werden (ca. 3 Bel. $/Tag).

Preise/Geld: Belize Dollar 2:1, fest an den US-$ gekoppelt. US $ werden oft und gerne akzeptiert.

Das Preisniveau in Belize liegt fast durchweg höher alsin Mexiko/Guatemala. Lebensmittel auf den Inseln sind noch teuer. Touristische Preise orientieren sich an der Zahlungsfähigkeit von US-Amerikanern

Banken in Belize-City: Mo - Fr. 8 - 13 Uhr, eine Bank hat Mo, Di, Do, Fr nachmittag nochmal auf. Je nach politischer und wirtschaftlicher Situation grauer Markt 2,5 : 1 in Belize-City an der Brücke, Vorsicht!

Sprache: Englisch, viele sprechen auch spanisch.
Geschwindigkeit und Entfernungen in Meilen.
Benzin in Gallonen. Benzin billig.

Verkehr: Es gibt nur ca. 600 km befestigte Straßen (Durchgangsstraße Chetumal - Belize City - Cayo - Grenze Guatemala durchgehend befestigt), Busse fahren täglich zu den acht Städten des Landes, relativ preiswert.

Inlandflüge durch 'Maya Airways', 6 Forth St., Belize-City, alle acht Städte werden angeflogen, Belize - Corozal 90 B$, Belize - Punta Gorda 110 B$ (86).

Der internationale Flugplatz liegt 15 km außerhalb Belize-City, Taxi zur Stadt ca. 30 B$, Bus (aus Corozal)

1,5 B$.

Taxis fahren ohne Taxameter, innerhalb Belize-City jede Fahrt ca. 6 B$, über Land je km 2 B$. Sammeltaxis ('collectivos') sind preiswert und effektiv. Sie fahren zu allen größeren Orten, man teilt sich den Fahrtpreis. Abfahrt Belize-City Marktplatz. Mietwagen in Belize sind sehr teuer.

Belize-City

Info: Belize Government Tourist Board, 12 Regent St., P.O. Box 324. Versendet auch auf Anfrage Hotellisten, Buspläne etc. Geduld erforderlich!

50 000 E., am Meer. Fast ein Drittel der Gesamtbevölkerung wohnt in Belize-City, der ehemaligen Hauptstadt. Neue Hauptstadt ist Belmopan (5000 E.) im Landesinneren, ein neues Verwaltungszentrum. Nach wie vor ist aber Belize-City das wirtschaftliche, kulturelle und - neben den Cays - auch das touristische Zentrum. Die Stadt ist nicht ganz ungefährlich. Nie allein, nie nachts unterwegs sein. Kein Dope kaufen!

Unterkunft

Die Hotelsituation ist nicht gut, die vermeintlichen Luxushotels 'Fort George', 'Bellevue' und 'Bliss' sind sehr teuer (ab 200 B$) und bieten relativ wenig.

Am besten man informiert sich im lokalen Treffpunkt der Travellerszene, in 'Mom's Restaurat', gleich hinter der Schwingbrücke, die Orientierungspunkt der Stadt ist. In Mom's Restaurant findet man immer jemand, der die neuesten Infos hat. Großer Stadtplan an der Wand, scharfe Typen an den Tischen, schwüle Luft im Saal...

Klassische Tips bislang: Hotel Belize**, Orangestreet. Han's Guest House*, 53 Queensstreet. Primitivst, nur als Info-Börse.

Sehenswert

Die Cays

Wen es nicht mehr in der Stadt hält, der muß auf die Cays, die Attraktion vor der Küste. Hunderte kleiner Inseln und Atolle, die meisten unbewohnt, wenige haben sich auf Tourismus eingestellt. So z.B. Ambergris, der Treff für reiche Amerikaner, Yachthafen, schon einige touristische Einrichtungen.

Bei Rucksacktravellern ist **Cay Caulker** am beliebtesten. Die kleine Insel (3 km lang, 300 m breit) ist ein wenig abgeschiedener Karibik-Traum, ein wenig Touristen-Treff. Keine Straßen, keine Autos, in letzter Zeit aber immer mehr einfache Hotels und Bungalows, die Einheimischen vermieten Zimmer, während der Saison von Februar bis September sind mehr Fremde als Einwohner auf der Insel. Die Einwohner leben vom Hummerfang und Tourismus. Die Atmo ist informell, locker, nach ein paar Stunden kennt man sich.

Unterkunft: Unter vielen: Tropical Paradies Hotel** (vermietet auch Dreierhütten mit Dusche) oder Tom's Hotel*, am Landesteg, Gemeinschaftsdusche, Essen z.B. bei Evelyn oder Rodriguez, Restaurants sind relativ teuer und amerikanisiert.

Anfahrt: die Speedboote mit ihren bulligen Außenbordern nehmen bis zu 10 Leute mit, Abfahrt bei der Schwingbrücke. Fahrzeit nach Cay Caulker 90 Min., Preis zwischen ab 25 BD/Person. Die Fahrt ist ein Traum:

Wer ein Boot gefunden hat, läuft hinaus in das smaragdgrüne Wasser, überall kleine Inseln, winzige Eilande, mit Mangrovenwald bewachsen, die blendendweißen Sandstrände mit Palmen. Natürlich nur ein Paradies aus der Ferne, wer an Land geht, muß Moskitoschwärme vertreiben, und wer genau hinsieht, bemerkt die Schmutzgürtel, die je nach Strömung um die Inseln herum entstehen.

Zum Baden sind die Inseln - wegen der zunehmenden Verschmutzung der Strände - weniger geeignet. Aber: Traumhafte Tauchmöglichkeiten, man muß sich per Boot zu den vorgelagerten Riffs bringen lassen (ca. 5 B$/Person).

Tauchclub am Sportplatz, Verleih von Tauchgerät, zwei Tauchgänge und Bootsfahrt ca. 90 B$.

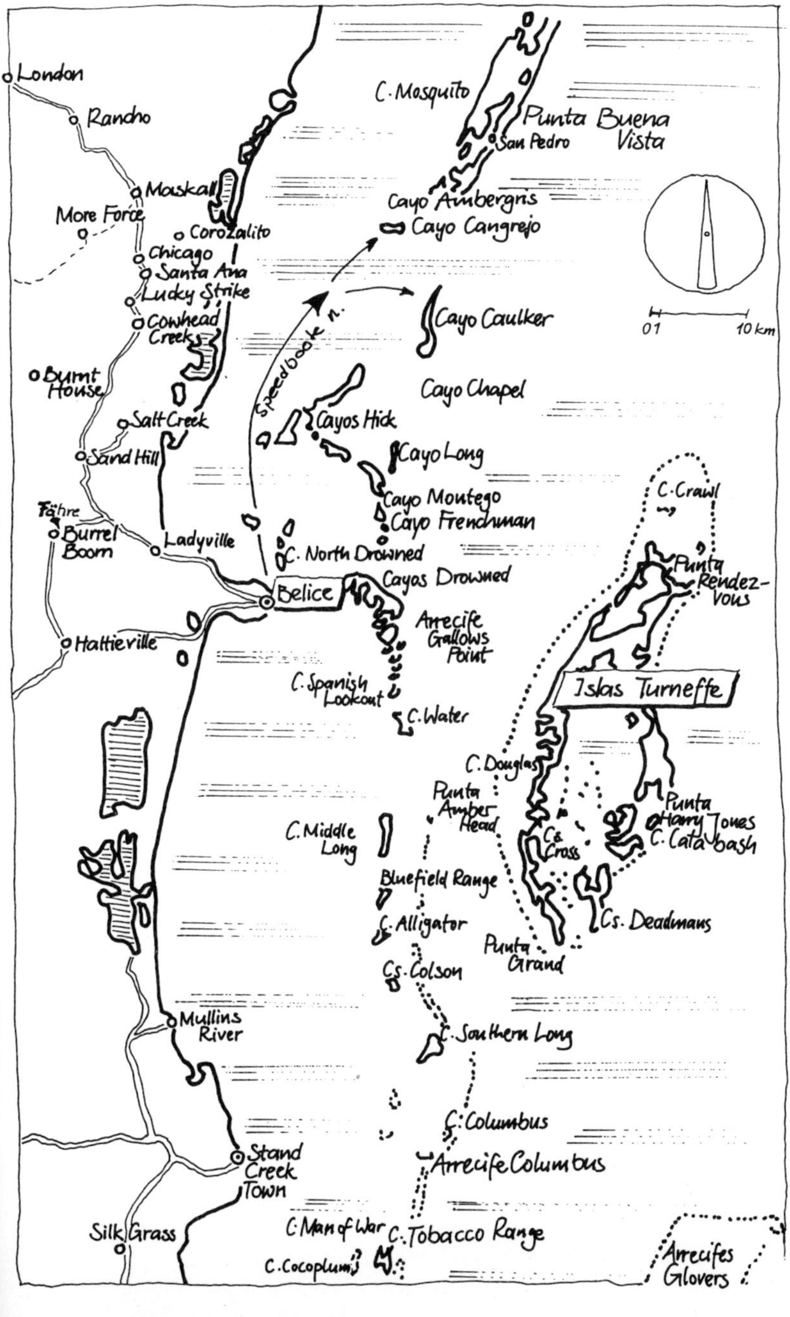
London
Rancho
Maskall
More Force
Corozalito
Chicago
Santa Ana
Lucky Strike
Cowhead Creek
Burnt House
Salt Creek
Sand Hill
Fähre
Burrel Boom
Ladyville
Belice
Hattieville
Mullins River
Stand Creek Town
Silk Grass
C. Mosquito
Punta Buena Vista
San Pedro
Cayo Ambergris
Cayo Cangrejo
Speedboot n.
Cayo Caulker
Cayo Chapel
Cayos Hick
Cayo Long
Cayo Montego
Cayo Frenchman
C. North Drowned
Cayos Drowned
Arrecife Gallows Point
C. Spanish Lookout
C. Water
C. Middle Long
Punta Amber Head
Bluefield Range
C. Alligator
Cs. Colson
C. Southern Long
C. Columbus
Arrecife Columbus
C. Man of War
C. Tobacco Range
C. Cocoplum
0 1
10 km
C. Crawl
Punta Rendez-vous
Islas Turneffe
C. Douglas
Cs. Cross
Punta Harry Jones
C. Catabash
Cs. Deadmans
Punta Grand
Arrecifes Glovers

Mehr Komfort, mehr Amerikaner und viel höhere Preise auf **Ambergris** Cay, dort viele Hotels mit hohem Standard zu Spitzenpreisen, volle touristische Infrastruktur.

Verbindungen

Belize-City: Internationaler Flugplatz (sehr einfach) ca. 15 km außerhalb. Verbindung mit Sammeltaxis. Flüge, meist täglich, mit drei kleinen Gesellschaften: Jet-Taca, tägl. New Orleans - Mexiko-City - Belize-City - Guatemala-City - S.Salvador, und zurück.

Büros in Belize: 41, Albert Street, Tel. 2185. In Mexiko-City: Morelos 108, Tel. 5468807. Und: TAN Büro in Mexiko City: Reforma 87.

In Merida: Calle 58, Nr. 500, Belice-City, 7 Albert Street, Tel. 2364. Anschluß nach Guatemala-City nicht sicher!!! Maya Air nach Merida, TAN nach Miami und Tegucigalpa.

Bus: Nach Mexiko: 'Venus'-Bustransport und Batty's-Busses (beide Gesellschaften mit eigenem Bahnhof), beide mehrm. täglich, meist vormittags (außer Sa.: 13 Uhr) zur mexikanischen Grenze (ca. 3 1/2 h) und weiter bis Chetumal, 2.Kl., sonntags kein Bus.

Nach **San Ignacio**/Cayo 15 km vor der guatemaltekischen Grenze, Bus mehrm. tägl., meist morgens oder vormittags teilweise auch nachmittags. Zeiten checken, können sich ändern. Fahrzeit bis zur Grenze ca. 3 1/2 h, über die Grenze nach Melchor de Mencos mit dem Taxi, von dort Anschluß mit dem Bus nach Flores. Geldwechsler an der Grenze (mäßiger Kurs).

Exkursionen zu den Mayastätten und Montain Pine Ridge über Reisebüro Smith & Sons, 125 Cementery Rd. Tel. (02) 3779. Preise je nach Teilnehmerzahl, Büro vermietet auch Landrover.

Touristenkarte zur Ausreise nach Mexiko beim mexikanischen Konsulat: 20 Park Street, Tel. (02) 44301/45367 (Mo.-Fr. 8-12), Nähe Mom's Restaurant.

Weitere Übernachtungsmöglichkeiten im Land:

In Cayo/San Ignazio: Hotel Hyatt*, gut; dort zwei weitere, sehr einfache Hotels und die guten Privatzimmer von

'Elvira' (Gemeinschaftsdusche), auch Nicht-Residenten können nach Voranmeldung dort essen.

Unterkunft auch in Stan Creek und in Punta Gorda. Außerdem nahe der guatemaltekischen Grenze: Cha Creek Cottages***, bei einer Farm in tropischer Umgebung, Flußlauf, Boot, tolle Flora und Fauna, allerdings völlig einsam. Recht komfortable Hütten.

Reservierung: In Belize-City über Posada Tropicana, 55 Ev. Street. Oder in San Ignacio/Cayo: oder schreiben an: Box 53, Cayo, Belize. Ebendort: 'Jalam Cottages', gemanagt von einer etwas hippen Amerikanerin. Guter Standard, teuer.

Tropische Exkursionen in Belize

Cayo ist der übliche Name für San Ignacio. Ca. 5000 E., ein guter Ausgangspunkt für Exkursionen in das Gebiet der **Mountain Pine Ridge** (span. 'Serrania Mountain Pine'). Eine wunderschöne Hochebene, tropische Urlandschaft weiter südlich um Millionario, riesige Wasserfälle, bis zu 300 m; faszinierende Vegetation.

Die Besitzer der Chaa Creek Cottages und der Jalam Cottages (vgl. oben) arrangieren (nicht billige) Eintagesausflüge, aber wenn man schon mal da ist wirklich sehr sehenswert.

Alternative: Taxi teilen, oder mit dem LKW nach Augustine und dort einfach übernachten. Ebenfalls sehr, sehr lohnend: Bootsausflug auf den **Rio Macal**, Dschungelfluß mit reicher Tierwelt; arrangieren in San Ignacio/Cayo, oder über die oben beschriebenen Cottages. Tagestour mindestens 200 B$.

Das oben beschriebene Gebiet, das zu den schönsten tropischen Landschaften in Zentralamerika zählt, liegt ca. 40 km (Luftlinie) südlich San Ignacio (Cayo). Anfahrt auf schlechter Straße in Richtung Augustine/Millionario. Kaum Wegweiser, einheimische Führung sehr hilfreich. In Augustine, am Rio Frio große Höhlen, sehr sehenswert. Für Freunde tropischer Vegetation und Stimmung zählen die oben erwähnten Ausflüge sicher zu den lohnendsten, man muß aber auf jeden Komfort verzichten können!

Guatemala

Zu Beginn der 80er Jahre befand sich Guatemala mehrere Jahre lang am Rande des Bürgerkrieges. Eine rechte, von den USA und anderen westlichen Demokratien unterstützte Machtclique unterdrückte die Mehrheit der Bevölkerung. Auch 1987 ist Guatemala noch weit von stabilen demokratischen Verhältnissen entfernt. Zwar sind die Schlagzeilen von den Greueltaten des Militär aus der Zeit des Ausnahmezustandes 83/84 hierzulande schon wieder vergessen, aber nach wie vor müssen breite Schichten unter einer Regierung leben, die sich als Vertreter einer schmalen Oberschicht und als Sachverwalter US-amerikanischer Positionen in Mittelamerika versteht.

> Eine Woche nach meinem Besuch bei den Indios von Puerto Rico bin ich wieder in Guatemala City. Präsident Rios Montt hält eine Ansprache vor dem versammelten diplomatischen Corps. Andächtig lauschen die Botschafter, angeführt vom päpstlichen Nuntius, den Worten des Präsidenten: „Guatemala und die Guatemalteken wollen ein Bollwerk des Friedens, der Freiheit und der Brüderlichkeit sein. Das erreichen wir auch, weil unsere Regierung ihr Handeln auf fundamentale Prinzipien gründet. Ich fürchte Gott! Er hat mich hier eingesetzt. Sein Wort war, ist und wird immer mächtig und gewaltig sein, um Gerechtigkeit walten zu lassen und das Volk zu leiten. Er ist der König aller Könige und der Herr aller Herren. Nicht wir haben alles gemacht, sondern er macht alles."
>
> Mir wird übel beim Anblick der applaudierenden Botschafter. Nicht einer ist aufgestanden und hat den Saal verlassen.

Helmut Frenz, Amnestie International, im 'stern'.

Unübersehbar und durch viele Augenzeugen- und Erlebnisberichte gestützt, ist freilich auch eine zunehmende Normalisierung des öffentlichen Lebens. Der Terror zählt - wie in vielen mittelamerikanischen Ländern - zwar längst zum Alltag, aber man arrangiert sich.

Auch der Tourismus erholt sich - nach den Jahren des nahezu völligen Niedergangs zwischen 1982 und 1985 - zunehmend. Mehr und mehr Einzelreisende kommen ins Land und finden, solange sie sich an die üblichen Reiserouten halten, praktisch normale Reisebedingungen vor. Alle Einschränkungen wie z.B. geschlossene Grenzen und eingestellte Buslinien sind überholt, die Hotels in den lange Zeit kaum mehr besuchten Touristenorten am Atitlan-See, in Antigua, Chichicastenango, Tikal und Flores bieten wieder Unterkunft. Natürlich ist die touristische Situation von der weiteren politischen Entwicklung abhängig, bei Redaktionsschluß Mitte 1987 war jedenfalls eine weitere Normalisierung absehbar.

Für viele Mittelamerikareisende ist Guatemala das schönste Land auf ihrer Tour. Es bleibt die Hoffnung, daß es auch wieder zu einem demokratischen und friedlichen Land wird.

Einreise:

Reisepaß. Kein Visum erforderlich. Man erhält an der Grenze eine Aufenthaltsgenehmigung für 30 Tage (gegen geringe Einreisegebühr). Bei Einreise mit dem Flugzeug entfällt meist der Nachweis ausreichender Geldvorräte.

Aus Mexiko: Grenze bei La Mesilla - Ciudad Cuauhtemoc (keine Stadt) problemlos. Einreise Tapachula Grenze Talisman - El Carmen meist etwas langwieriger, aber trotzdem recht zügig.

Aus Belize (bzw. Chetumal-Mexiko): Die Grenzen sind seit Juli 1984 wieder geöffnet, auf dem 'gringo trail' darf getrampelt werden. Mehrmals tägl. Bus von Flores über Belize City nach Chetumal.

Währung: Quetzal. Kurs derzeit (Mitte 87) 1 US $ = 3 Q (in Gua.-City und größeren Städten, auf dem Land ca. 2,75 Q. Dollar werden fast überall im Land angenommen, am besten kleine Noten. Bester Kurs (sofern kein Schwarzmarkt existiert) aber nur bei großen Banken in den Städten. Es ist fast unmöglich, Quetzales zurückzutauschen. Nur bei der Landesbank in Guatemala-City mit großem Kursverlust oder an der Grenze. Ebenso schwer erhält man für mexikanische Pesos Quetzales. Am besten mit genügend Dollar einreisen. In instabilen Zeiten entsteht ein grauer Markt, z.B. in Guatemala-City an der Hauptpost, auch in diversen Hotels, wo viele Traveller absteigen.

Derzeit (Mitte 87) tauschen Banken aber so gut wie fliegende Händler.

Feiertage: 1.1., Osterwoche (beliebte Ausflugszeit), 1.5., 30.6., 1.7., 15.8., 15.9./16.9., 12.10., 20.10., Nov. - Dez. wie Mexiko.

Information: Centro Guatemalteco de Turismo, 7a Avenida, 1 - 17, Zona 4, Centro Civico, Guatemala-City, C.A. Hinschreiben, Auskunft unterschiedlich.

Die Informationslisten (Autovermieter, Busunternehmen etc.) der Tourismusbehörde INGUAT sind nur mäßig aktuell. Besser zur aktuellen Information ist das Telephonbuch, das übersichtlich nach Branchen geordnet ist, man erhält auch von Busunternehmen telephonisch genaue Auskunft über Abfahrtszeit und Abfahrtsort.

Adressen werden praktisch nur in Kurzform angegeben: 11. Calle 6-55, Zona 1 bedeutet: An der 11. Calle, nahe zur 6. Avenida; Nr. 55, in der Zona 1.

Guatemala-City ist in Zones aufgeteilt, es kann die gleiche Adresse in mehreren Zonas geben.Das Alte Zentrum ist die Zona 1 (downtown), hier liegen die meisten für Touristen wichtigen Adressen.

Reiseverhältnisse: Vor der Einreise über die aktuellen Verhältnisse informieren. Aktuelle und wichtige Entwicklungen bitte dem Verlag mitteilen, wir geben die Informationen dann auch am Telephon weiter.

Für Reisende in Guatemala gelten mittlerweile wieder die gleichen Maßstäbe wie in anderen mittel- und südamerikanischen Ländern auch.

Auffallend bleibt natürlich die hohe Militärpräsenz (häufig Buskontrollen) an strategisch wichtigen Orten und in der Peten-Region.

Tourismus: Noch beschränkt sich der wiederauflebende Tourismus überwiegend auf Einzelreisende und die Zahlen der Boomjahre 1978-1982 - in denen Guatemala auch von großen Reiseveranstaltern angeboten wurde - sind noch nicht erreicht. Aber nach dem Rückgang von 1982 - 1985, wo nur noch 20 % des Besuchsaufkommens der Vorjahre erreicht wurde, gibt es seit drei Jahren wieder eine stetige Zunahme der Einreisezahlen.

Auch der Preisverfall der touristischen Leistungen ist nicht mehr so krass wie noch vor Jahren. Familienbetriebe und Kleinvermieter, die dringend auf die Einnahmen von den Fremden angewiesen waren, sind nun wohl über die ärgsten Zeiten weg. Man sollte allerdings auch heute nicht, wenn einem schon preiswerte Zimmer für ein paar Quetzal angeboten werden, gleich mit der Handelei anfangen. Es ist mehr als borniert, mit der Kamera um den Hals, oder mit Grass in der Tasche, um ein Paar Groschen zu feilschen...

Umwelt: Wie in vielen lateinamerikanischen Ländern wird auch in Guatemala der Ausverkauf der Umwelt auf eine erschreckend hemmungslose Weise betrieben: Riesige Waldflächen wurden und werden gerodet - zu sehen auf dem Weg nach Coban. Das Töpferdorf Chinautla, wenige km von Gua-City wird von den Abwässern der Stadt fast überflutet. Die USA verhandeln über eine Giftmülldeponie...

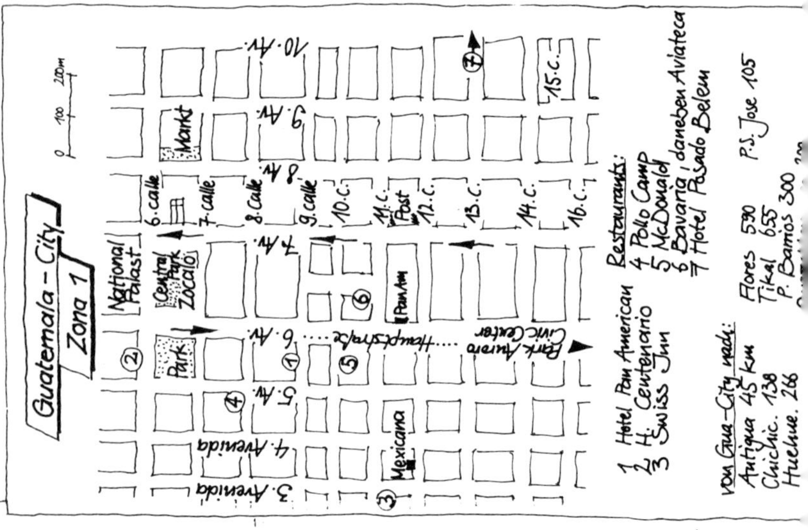

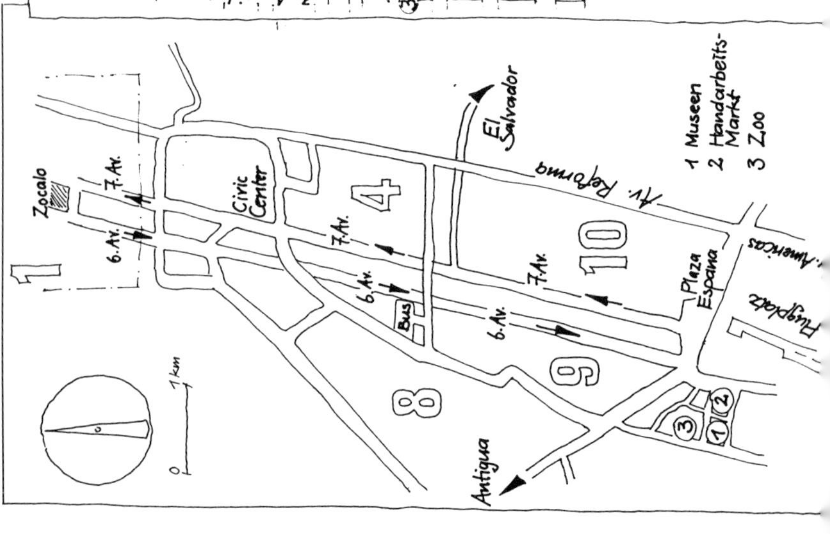

Guatemala-Stadt

1 400 000 E., 1540 m. Für die meisten Reisenden ist Guatemala-Stadt nur eine notwendige Zwischenstation auf der Reise ins Hochland oder auf der Tour in den Peten-Dschungel nach Flores und Tikal. Sicher, allzuviel hat die Stadt nicht zu bieten. Verglichen mit Mexiko-City ist Guatemala-City natürlich ausgesprochen provinziell, aber dafür 'more handy' - überschaubarer. Die Stadt bietet aber auch für einen mehrtägigen Aufenthalt einiges. Außerdem ist Guatemala-City der einzige Ort, von dem aus Tikal/Flores auf bequeme Art mit dem Flugzeug erreicht werden kann.

Wer die Schönheit des Hochlandes im Sinn hat, sollte bald raus, die entwurzelte (Erdbeben 1976) und 'american styled' City wird Freunden schöner Landschaft nichts geben.

Erste Orientierung

Die Stadt ist in Zonas unterteilt (siehe Plan). Die Straßen sind systematisch numeriert. Adressenfinden ist einfach: Avenidas verlaufen von N - S. Calles von W - O. Zona 1 ist das alte Zentrum mit vielen wichtigen Hotels, Büros etc. Eigentliche Hauptstraße ist die 6. Avenida. Die neuen Luxushotels der amerikanischen Ketten liegen in der Zona 10, die nach dem Erdbeben als neues Zentrum erbaut wurde, aber recht steril und betoniert wirkt.

Wer am **Flugplatz** ankommt: Der internationale Flugplatz 'La Aurora' liegt ca. 6 km vom Zentrum entfernt. Es gibt dort eine freundliche Touristenauskunft, die Hotels reserviert und über Taxipreise etc. informiert. Im Flugplatz auch eine Bank und eine Menge 'Sicherheitskräfte'. Bus Nr. 6 fährt ins Zentrum. Reichlich Taxis, Mietwagenbüros.

Mietwagen in Gua.-City sind derzeit sehr günstig: ab ca. 70 Q, kleine Personenwagen, ab 120 Q. Allrad, Versicherungsschutz mäßig, hohe Selbstbeteiligung bei Unfall.

Unterkunft

Kaum Probleme bei der Hotelsuche. Am praktischsten sind die Hotels in Zona 1, weil von dort vieles zu Fuß zu erledigen ist.

Hotel Panamerican***, 6. Av., 9. Calle. Tel. 26 807. Alter Bau, innen sehr gepflegt mit schönem Patio, Läden, Reisebüro etc. Sehr gutes Restaurant.

Hogar del Turista**, 11 Calle, 10-43. Zona 1. Gepflegtes Gästehaus, von einer ehemaligen Deutschen geführt, auch Informationen über das Land und Reiseziele.

Posada Belen**, 13. Calle A/10 Av. Nr. 30, Zona 1, Tel. 29 226. Altes Kolonialgebäude, schöne Zimmer mit Dusche, familiär geführt, gutes Essen. Besitzer geben gute Reiseberatung in engl.

Swiss Inn**, 11. Calle /3. Av., Zona 1,Tel. 26 326.

Trottertreff, preiswert: Chalet Suizo*, 14. Calle 6-28, Zona 1. Einfachst bis verlottert, billig. Ebenfalls guter Treff: Pension Mesa*, 10. Calle/11. Av. Zona 1.

Hotel La Torre*** (Sheraton), ansonsten möchte man Hotels dieser Kette nicht empfehlen, dies ist aber ganz gut: 10 Fußminuten zur Zona 1. (Preise mögl. aushandeln). Adresse: Via 5, 4 - 68. Zona 4.

Essen: Zahlreiche, auch preiswerte Restaurants in Zona 1, von Mac Donalds (10.Calle/5.Av.) bis zum guatemaltekischen Spezialitätenrestaurant, wie 'Delicias Tipicas' 2. Av., 14. Calle 6. Dort ausgezeichnete bis sehr gute Küche, für die Leistung preiswert (nur 12-19 Uhr). Viele Cafes an der Hauptstr. 6. Avenida.

Sehenswert

Stadtmittelpunkt und Treff (Taxis) ist der Parque Central am nördlichen Ende der 6.Av., Zona 1. Dort auch der Regierungssitz.

Der Bus 'Ruta Nr.6' eignet sich gut zur Anfahrt zu den weiter außerhalb gelegenen Stellen: Busbahnhof, Parque Aurora, Museen.

Civic-Center, das neugebaute Verwaltungszentrum. Interessant nur wegen seiner futuristisch-funktionalen Architektur. Zona 4, 14 Min. zu Fuß von Zona 1.

Parque Aurora, Zona 13, eignet sich zu einem Tagesausflug. Im Park: Archäologisches Museum, mit sehr schönen Stücken aus Tikal. Direkt gegenüber das Museum 'Historia y Bellas Artes', mit Malerei bis zur Gegenwart.

Im Park außerdem ein etwas verwahrloster Zoo. Anfahrt mit Bus 'Ruta Nr.6', der hält vor dem Zoo und Parque Central.

Zwei interessante **Museen**: Museum Popol-Vuh, 16. Calle/Av. Reforma, Zona 10. Eine der größten Privatsammlungen präkolumbianischer Kunst. 9-12/14-17.30. So geschl.

Textilmuseum 'Museo Ixchel', 4.Av., 16-10, Zona 10.

Verbindungen

Bus: Die Busgesellschaften sind privat, oft operieren mehrere Gesellschaften auf einer Route, oft unterschiedlicher Service. Feste Fahrpläne, die eingehalten werden, sind selten. Aktuelle und zuverlässige Auskunft über Abfahrtszeiten und Orte erhält man auch telephonisch von den Busgesellschaften. Das Telephonbuch ist übersichtlich gegliedert, so daß alle Gesellschaften leicht zu finden sind. Auf den Hauptverkehrsstraßen häufig Verbindungen, außer nachts. Immer noch üblich: Straßensperren und Kontrollen. 1.Kl. Busse fahren zügig, 2.Kl. Busse halten oft an jeder Ecke.

Die drei klassischen Reiseziele im Hochland: **Atitlan-See**, **Antigua**, **Chichicastenango** erreicht man mehrmals tägl. mit 1.Kl. Gesellschaften.

Antigua, zahlreiche Busse diverser Gesellschaften, Abfahrt alle Stunde z.B. 18. Calle/4. Av.

Atitlan See (Panajachel), 148 km über die Panamericana. Z.B. 'Transportes Rebuli', 20. Calle/3. Av. Oder 'Rutas Lima', 8. Calle/3. Av., Zona 1. Direkt nur mit 2.Kl., 1.Kl. fährt nur bis Los Encuentros, dort muß man auf den 2.Kl. Bus warten.

Chichicastenango, 145 km, 2x tägl. Diese drei Orte lassen sich leicht zu einer Rundreise kombinieren. Reichlich Zeit nehmen!

Zur **mexikanischen Grenze** mit diversen Gesellschaften, z.B. Greyhound (vgl. unten), Galegos, 7 Av./18 Calle, Rutas Lima, 8. Calle, 3-63, Zona 1.

Ab Grenze/Tapachula Fluganschluß zu wichtigen mexikanischen Städten (vgl. auch Einreise Guatemala und Verbindungen Gua.-City/Flugzeug).

Zur Grenze bei 'La Mesilla' (beliebester Übergang), z.B. mit 'El Condor, 19. Calle 2-1, Zona 1, und 'Rutas Lima'.

Die guatemaltekischen Busse fahren nur bis zur Grenze. Von dort aber Anschluß nach Comitan - San Cristobal. Abfahrt der Busse meist morgens.

Puerto Barrios/Lago Izabal: 2 x tägl., ca. 5 h, mit der Gesellschaft 'Litegua', 8.Av., 10-42, Zona 1. Tel. 25 758.

Wer nur zum Lago Izabal möchte, fährt mit dem Bus nach Barrios besser als mit dem Flores/Tikal-Bus. Erst in Morales in den Flores-Tikal Bus einsteigen. Nach Barrios auch Zug (s.w.u.). Um die Fähre Barrios - **Livingston** zu erreichen, mit Frühbus fahren!

Quezaltenango (Volksmund 'Xela'), Transportes 'Galegos', 7. Av., 19-44, Zona 1. Mehrmals täglich. Busse haben die gebräuchliche Bezeichnung 'Xela' im Fenster. Weitere Gesellschaft: Los Halcones.

Huehuetenango und zur mex. Grenze (vgl. oben): 'Rapidos Zaculeo, 9. Calle, 11-42, Zona 1. 2 x tägl. Oder mit 'El Condor'.

Ruinen v. **Copan**/Honduras: Wegen oft nervender Grenzformalitäten und - im letzten Teil - schlechter Straße sehr anstrengend. Bus ab Gua.-City: 'Rutas Orientales', 19. Calle, Zona 1, frühmorgens (6.30). Der Bus fährt bis Chiquimula. Ab Chiq.: 'Compania Valesques', Bus fährt zur Grenze Honduras. Dann 2x Handgeld: Auf der Seite Guatemala ca. 6 Q., Seite Honduras 8 Q., weiter mit Minibus auf schwierigster Strecke, nicht mit Leihwagen zu schaffen.

Bequemer: Anreise mit organisierter Tour (Fahrer und Allradwagen), organisiert jedes Reisebüro in Gua.-City.

1 km von den Ruinen entfernt der Ort. Unterkunft: 'Marina', und 'Hotelito', ein Block vom Zocalo entfernt, billig. In der gleichen Straße wie 'Marina', 20 m aufwärts, rechts: 'Anexo Marina', billig.

Übernachtungsmöglichkeit auch 24 km vor der Grenze: In Jocotan: Pension Ramirez*, schöner Patio mit Hängematten.

Nach Copan fliegen auch Chartermaschinen der Aviateca. Rückflug am selben Tag.

Nach Tikal über Lago Izabal

Früher ein beliebtes Trotterabenteuer. Mittlerweile ist die klotzige Brücke über den Lago Izabal fertig und die Straße Lago Izabal - Flores ist bis auf kurze Abschnitte befestigt, kann jedoch durch Überschwemmungen während der Regenzeit immer wieder unterspült werden, so daß sich die Fahrtdauer erheblich verlängern kann!

Bus ab Guatemala-City: 'Fuente del Norte' 17. Calle 9 - 8. Tel 86 094. 3 x frühmorgens. Evtl. auch andere Gesellschaften, im Turismo nachfragen!

Übernachtungsmöglichkeiten: Auf dem Weg nach Flores bzw. nach Puerto Barrios Livingston lohnt sich durchaus ein Aufenthalt am Lago Izabal: reiche tropische Vegetation, viele Tiere, schöne Urwaldstimmung und Geräusche.

Unterkunft* in Bungalows und einem Hotel, jeweils südl. und nördl. der Brücke über den Lago Izabal.

Sehr schönes Hotel am **Rio Dulce**: Catamaran Island Hotel**, ca. 1 km flußabwäts von der neuen Brücke über den Rio Dulce. Schöne Zimmer Hütten. Restaurant. Baden im Rio Dulce. Die Anlage (Foto) ist nicht mit dem Auto zu erreichen. Genau südlich an der neuen Brücke über den Rio Dulce liegt die Pension Rio Dulce*, dort Wagen abstellen, ca. 3 Q./Tag. Dann mit Kleinboot zum Hotel, beim Hotel Boot für weitere Touren. Graspiste für Flugzeuge. (2 400; Hotel: Unicom 122.8), 2,5 km flußabwärts. Tel. 324 829. Postadresse: A. P. 80 "A", Guatemala-City. Büro in Guatemala: 7a. Calle 2-39, Zona 10, in Gua.-City.

Weitere Übernachtungsmöglichkeit auf der Fahrt nach **Flores**: Ausgezeichnete, aber einsame Möglichkeit zum Stop: Kurz vor **Poptun**, km 101 auf der Straße nach Flores Hotel Finca Ixobel*, Campingplatz und Betten, sehr schöne, sinnliche Umgebung, gutes Essen.

Zu den Busbahnhöfen: Der große Busbahnhof in Zona 4 (siehe Plan) zwischen Av.1 und 4, und Calle 7 und 9 ist

Catamaran Island Hotel am Rio Dulce

für die westlichen Landesteile und die Pazifikküste zuständig. Die Büros zahlreicher Busgesellschaften und deren Abfahrtspunkte (in den Landesosten) liegen in der Gegend der 19. Calle, zwischen 8. und 9. Av. in Zona 1, nahe der Plaza Barrios.

Zugbahnhof: 18. Calle, zwischen 9. und 10. Av. Zugverbindungen nach Tecun Uman (Grenze Mexiko), über Zacapa nach S. Salvador, und an die Karibikküste nach **Puerto Barrios**, die Verbindungen sind jedoch langsam, kein Komfort, nur für Abenteurer. Nach Barrios 12 Stunden. Schneller der Bus (s.o.).

Nach Barrios derzeit keine Flugverbindung mehr!

Flugzeug

Nach **Flores/Tikal** mit Aviateca und Aerovias.

Aerovias (Ca. 90 US$/Anf. '87), 6 x wöchentl., Aviateca (Ca. 60 $) 3 x wöchentl., (Di, Fr, So). Reservierung möglich.

Vor Jahren (1979) noch abenteuerliche Flüge mit einer alten DC-3. Jetzt wird mit neuerem Gerät (727) geflogen. Da die Straße Flores-Tikal mittlerweile gut ausgebaut ist, lohnt also der Stop in Flores durchaus.

Abflug ab nationalem Airport, der liegt auf der Rückseite des internationalen Airport: Av. Hincapie. Erreichbar mit **Bus** 'Ruta 20', aussteigen, wo die Militärmaschinen stehen.

Tikal-Airport Anf. 87 für Linienflüge immer noch geschlossen.

Internationale Flüge: Ab ' La Aurora' Airport, Anfahrt mit Bus Nr. 6 ab 8. Av., oder Taxi. Verbindungen mit diversen mittelamerikanischen Städten. Ein dichtes Netz hat besonders 'PanAm'.

Aviateca fliegt nicht mehr nach Merida. Nach **Mexiko-City** mit Mexicana (vgl. auch Mexiko-City Verbindungen).

Alternative: Mit Greyhound Bus (ab: 7. Av, 9-40 in 5 h zum Grenzübergang El Carmen, ab Grenze mit Sammeltaxi oder Taxi nach Tapachula (vgl. dort). Übernachten und mit Aeromex. nach Mexiko City.

Adressen

Durch das Erdbeben 1976 wurden zahlreiche Gebäude zerstört, viele schwer beschädigt. Seither haben viele Büros etc. ihre Adressen geändert. Oft erhält man noch immer widersprüchliche Adressenangaben. Deshalb lieber öfter fragen!

Bus Nr. 5 und 6 verkehren entlang der 8. Av., Bus Nr. 2 entlang der 7. Av und der Reforma.

Schilder an den wichtigen Kreuzungen zeigen Straßen und Nummer der Zona an.

Aviateca, 10. Calle, 8 A., 3 Stock, Zona 1. Tel. 813 72.

Mexicana, Edificio Herrera, 12. Calle, 4-55. Tel. 86571.

Pan Am, 6. Av., 11-51. Zona 1. Tel. 821 81.

Jet Taca, 10. Calle, 5. Av., Zona 1. Tel. 800 61.

Lufthansa, 3. Av., 6-13, Zona 9. Tel. 310 112.

Deutsche Botschaft, 20 Calle 6-20, Zona 10; Postadresse A.P. 87 A, Guatemala, C.A., Tel. 370028/29.

Mexikanisches Konsulat, 13. Calle, 7-30. Zona 9. Mo.-Fr. 9-15 Uhr, Sa 9-12 Uhr (Bus Nr. 5). Touristenkarte für Mexiko schon frühmorgens beantragen - oder einfacher in Huehuetenango oder direkt an der Grenze.

American Express, vertreten durch 'Clark Tours'. Büro im Hotel Panamerican (s.d.) und anderen großen Hotels.

Turismo: Hauptquartier im 'Civic-Center', Zona 4, 7. Av.,1.-17. 15 Fußminuten vom Zentrum. Info-Stelle in Zona 1: 7. Av./23.Calle.

Post, 12. Calle/7. Av., Zona 1.

Britisches Konsulat, wegen Feindseligkeiten zu Belize und der Schutzmacht Großbritannien derzeit geschlossen.

Alter Markt, 11.Av. /5.Calle, Zona 1, tägl.

Wäscherei, 11. Av., 16-35, Zona 1.

Telegramme, 24 Stunden offen, nur international (national bei der Post). 12 Av., Nr. 36, 'GUATEL'.

Taxis: Am Parque Central (Zocalo). Keine Taxameter, Preis vorher aushandeln! Kurze Fahrt ca. 15 Q.

Antigua

25 000 E., 1 520 m. Antigua war bis 1773 Hauptstadt Guatemalas. Die Stadt wurde mehrmals, zuletzt 1976 durch schwere Erdbeben zerstört, trotzdem sind noch viele Kolonialbauten mit schöner Architektur erhalten. Die Stadt steht heute unter Denkmalschutz. Eine angenehmer Platz in sehr schöner, gebirgiger Umgebung (Vulkane), übersichtliches Zentrum, sehr angenehmes Klima.

Die Stadt verfügt über ausreichend viele gute Hotels. Feierlichkeiten in der Osterwoche, dann sehr viele Leute. Große Feier, auch am Nationalfeiertag 15./16. Sept. Am Ort waren früher zahlreiche Sprachschulen, die jetzt weniger besucht werden.

Unterkunft

Es gibt diverse Luxushotels, z.B. Hotel Antigua***, sehr gut. Hotel Posada de Don Rodrigo**, in einem schönen Kolonialgebäude.

Hotel Aurora**, Klassiker, ebenfalls in einem schönem Gebäude, 4. Calle Oriente, Nr. 16, Tel. (032) 217.

Hotel El Rosario Lodge**, 5. A.Sur, Nr. 36. Tel. 336. Cottages in einer Kaffeeplantage.

Gut und preiswert: Casa de Santa Lucia*, Alameda de Santa Lucia, Zwischen 5. u. 6. Calle, schräg gegenüber der Bushaltestelle. Herrliche Zimmer, schöner Patio.

Auch gut: Pension* el Arco Nr.1 und 2. Trottertreff. Arco Nr. 1: 4. Calle Oriente/1. Av. Arco Nr.2: 6. Calle/ Ecke 5.Av. Norte. Beide einfach aber o.k.

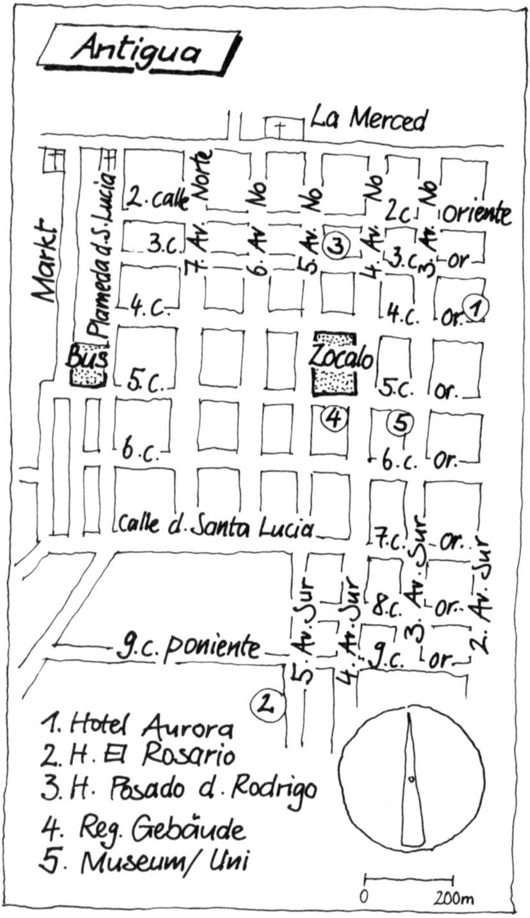
Antigua
La Merced
Markt
Plameda d. S. Lucia
Bus
2. calle
Norte
No
2 c. oriente
3. c.
7. Av.
6. Av.
5. Av.
4. Av.
3. Av.
or
4. c.
Zocalo
5. c.
6. c.
Calle d. Santa Lucia
7. c.
8. c.
9. c. poniente
5. Av. Sur
4. Av. Sur
3. Av. Sur
2. Av. Sur
9. c.
1. Hotel Aurora
2. H. El Rosario
3. H. Posado d. Rodrigo
4. Reg. Gebäude
5. Museum/ Uni
0
200m

Essen: Gute Restaurants in den großen Hotels, zahlreiche Möglichkeiten um den Hauptplatz.

Sehenswert

Ruhe, reine Luft und klares, helles Licht machen Rundgänge und Bergwanderungen zu einzigartigen Erlebnissen. Die Stadt bietet viel sehenswerte Architektur. Die Umgebung bietet zahlreiche Naturattraktionen, allen voran die Vulkane.

Literatur/Karten: Wer länger in der Gegend um Antigua bleiben möchte, sollte sich den (englischsprachigen) Antiguaführer von Mike Shawcross besorgen: Erhältlich beim Autor, der in Antigua einen Laden betreibt 'Casa Andinista', 4a Calle Oriente, Nr. 5 (schräg gegenüber von Dona Luisas Konditorei. Kann auch per Post bestellt werden, ca. 6 US$ beilegen: M. Shawcoss, A.P. 223, Antigua. Guatemala. In dem Führer sind zahlreiche Ausflugstips, Einkaufsmöglichkeiten etc.

Bei Shawcross bekommt man auch Kopien topographischer Karten im Maßstab 1:50 000, die sonst nur sehr schwierig zu erhalten sind. Frei verkäuflich sind ansonsten nur Karten von Gebieten, die seit Jahren ohne Guerillatätigkeit sind.

Vulkane

Ausflüge zu den Vulkanen organisieren verschiedene Pensionsbesitzer, z.B. die der Pension 'Posada David', 4, Calle Poniente, 3 Minuten vom Busterminal.

Zum Vulkan Pacaya, Preis je nach Teilnehmerzahl um 15 Q. Start frühmorgens. Anfahrt mit Minibus, dann erlebnisreicher Aufstieg durch den dichten Wald. Sehr lohnend, aber Vorsicht, der Vulkan ist tätig, er ist in den letzten Jahren 2 x ausgebrochen und eine Dorf am Bergrand mußte evakuiert werden, aktuellen Stand erfragen.

Auch die Besteigung des Acatenango ist sehr lohnend, Auskunft über: Club de Andinismo, 'CHIGAG', 6. Av. Norte, 34, dort auch Führervermittlung.

Gute 'Backpacking'-Tips auch im engl. Buch von Hilary & George Bradt: Backpacking in Mexico and Centralamerica. In Globetrotter-Läden, aktuelle Tips im Buch aber veraltet.

Der **Markt** liegt beim Busbahnhof. Mo, Do, Sa.

Busse in die schönen Gemeinden der Umgebung fahren meist ab Markt: Z.B. nach San Antonio Augas Calientes, 8 km südlich der Stadt, ein Zentrum der Herstellung traditioneller Webarbeiten. Auf dem Weg nach S.Antonio die frühere (bis 1541) Hauptstadt des Landes, Ciudad Vieja, nach sintflutartigen Regengüssen wurde die Stadt damals vom Schlamm begraben, das nahe Antigua wurde Hauptstadt.

Noch etwas: Es hat sich zwar schon bis in die verschlafensten alternativen Kammern herumgesprochen, daß der Kauf von einheimischen Trachten nicht das geeignete Mittel für Solidaritätsbekundungen ist, ich schreib's trotzdem nochmal: die massenhafte Nachfrage nach Webereien (so geschehen in Guatemala zu Zeiten der Freakinvasion 1979/80) führt zu Preisanstieg und Qualitätsverfall. Einheimische können sich dann ihre eigenen, überlieferten Trachten nicht mehr leisten (natürlich nicht nur aus diesem Grund) und laufen dann in billigen Nylons umher, während die Internationale der Weltenfahrer auf unseren Straßen ihre textile Reisebeute ausführt.

Verbindungen

Jede halbe Stunde nach Guatemala-City. Stündlich nach Chimaltenango. Von dort Anschluß nach Solola und Atitlan See und nach Chichicastenango. Chimaltenango, durch das Erdbeben von 1976 immer gezeichnet, ist ein wichtiger Verkehrsknoten und Marktort.

Busfahrten und Anschlüsse sind nicht immer reibungslos. Mit Wartezeiten muß gerechnet werden, ebenso Polizeikontrollen, letztere sind aber zurückgegangen. Fälle, wo die Guerilla, oder solche, die sich dafür ausgaben, Busse plünderten, werden kaum mehr berichtet

In Chimaltenango stand ich einmal 8 Stunden unten an der Panamericana, die ja in diesem Abschnitt eher an eine staubige Landstraße erinnert. Die Einheimischen sagten in stoischer Ruhe und Gelassenheit, der nächste Bus käme in 5 Minuten (eine Höflichkeitsfloskel, die man oft hört). Der Sturm fegt einem den Staub unter das Hemd, aus der Kneipe torkelten regelmäßig Betrunkene, ein skelettdürrer Hund war mein treuer Begleiter, bis endlich ein völlig überfüllter 2.Kl. Bus hielt und die 90 km bis Panajachel in 2 Stunden fuhr.

Normalerweise starten die Busse Chimaltenango - Solola/Panajachel am Marktplatz, aber man kann auch zur Panamericana zurücklaufen und sein Glück beim Trampen versuchen.

In **Antigua** praktisch alle Busse ab Markt/Busbahnhof. Ab Chimaltenango auch Anschluß nach Huehuetenango und Quezatenango ("Xela").

Adressen

Turismo, an der Plaza im Regierungsgebäude.

Post, Alameda Santa Lucia, beim Markt, neu.

Wäscherei, 5. Calle Poniente, 1/2 Block vom Zocalo

Leihwagen, Niederlassung von Hertz (gute Firma, nicht billig, aber zügiger Service) im Hotel 'Antigua'. Weitere Firmen im Ort.

Abends, beliebte Treffs an der Plaza oder in der Nähe: 'Dona Luisa' (Cafe und Bar, engl. Zeitungen) dahinter: Bar 'El Tarro'; Scenetreff. 'La Chesta', Av. Norte/Ecke 5. Calle.

Ruinen von Iximche

Schöne, weniger besuchte archäologische Zone im Hochland nahe der Panamericana und dem Ort Tecpan.
Übernachtungsmöglichkeit im Ort in der Pension 'El Sourco*'.

Atitlan See / Panajachel

1 500 m, 139 qkm. Der Atitlan See, der Hauptort Panajachel und die um den See liegenden Indiodörfer sind eines der Haupttouristengebiete im Land. Wegen der traumhaften Landschaft und dem stets guten Klima insbesondere beliebt bei Aussteigern aus aller Welt und bei Rucksacktouristen, in den wenigen Luxushotels am See hielten sich früher Gruppenreisende, heute eher die Oberschicht des Landes auf. Nicht umsonst bekam Panajachel im Lauf der Jahre bei Guatemalteken den Übernamen 'Gringotenango'. Zu Zeiten des Touristenbooms sah man in der Tat häufig mehr Rucksäcke als Einheimische.

In den Jahren der Unruhen hatte sich dann alles geändert, 84/85 wirkte Panajachel wie ausgestorben, auf das Luxushotel 'Del Lago' wurde ein Bombenanschlag verübt, danach blieben die Reisegruppen fern. Wer heute - wo der Tourismus wieder angelaufen ist - an den Atitlan See reist, findet noch immer freie Quartiere zuhauf, aber bald wird Panajachel wieder 'Gringotenango' sein

Die geografische Szenerie ist großartig, für Viele 'der schönste Bergsee der Welt', sicher eine der beeindruckendsten Landschaften in Lateinamerika. Drei Vulkane, bis zu 3 500 m hoch, rahmen den verschiedenfarbig schillernden See ein, an den Berghängen Kaffeeplantagen und in der Umgegend reiche Vegetation, 'ewiger Frühling', so steht es in den Werbeschriften und es ist nicht gelogen.

Panajachel ist der einzige Ort am See, der touristisch voll erschlossen ist, hier treffen sich alle Touristen, die Aussteiger ziehen weiter in die einsameren Dörfer um den See. Der Tagesausflug dorthin gehört zum Standardprogramm einer Rundreise durch Guatemala.

Das Ortszentrum Panajachels liegt ca. 1 km vom See entfernt, direkt am See liegen die Luxushotels.

Unterkunft

Wie erwähnt, findet man derzeit noch überall leicht Unterkunft. Hotel Del Lago*** wurde bereits 1981 durch einen Bombenanschlag unbewohnbar, es ist jetzt wieder geöffnet, beste Lage am See, herrlicher Pool.

Rancho Grande Inn**, kleine Häuschen in einem sehr schönen Park. Vielleicht die beste Unterkunft im Ort.

'Das' Trotterhotel war einmal das Hotel Panajachel im Zentrum.

Viele Einheimische leben jetzt wieder mehr und mehr von der Vermietung einfacher Zimmer. Die meisten dieser schlichten, familiären 'Pensionen' liegen in der langen Straße vom Ort zum See, so auch: Marios Rooms*, Mario Antonio Rodes vermietet Zimmer, kümmert sich um Gäste und kocht.

Schön liegen die Bungalows Rosario*, 200 m links vom Hotel del Lago, direkt am See, einfach.

In Panajachel

Verpflegung: Viele Restaurants, die jetzt auch wieder größtenteils alle geöffnet sind. 'Last Resort' nähe 'Guatel' ist Info-Börse. Ebenso der beliebte Treff 'Posada de Pinto', wird von einem deutschen Musiker betrieben, Abends auch Darbietungen.

Restaurant und Hotel 'Fonda del Sol' sehr gut!! Auch die Zimmer, in der Hauptstraße. Gut das Restaurant vom Hotel Galindo, an der Hauptstraße.

Baden im See, ganzjährig ca. 22 Grad, nachmittags oft Wind und gefährliche Strömungen, der Strand von Panajachel ist aber nicht berühmt. Bootsverleih.

Zu Fuß: Wanderungen durch die Gassen und die Umgebung sind ungeheuer eindrucksvoll, Markt Sonntags.

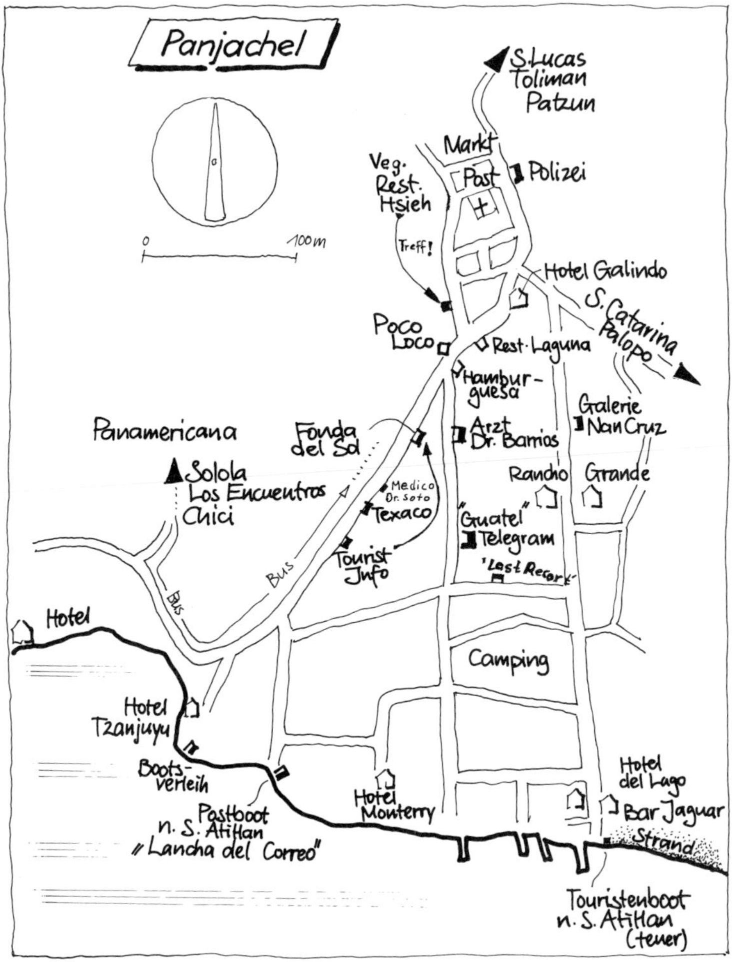
Panjachel
0
100m
S. Lucas
Toliman
Patzun
Markt
Post
Polizei
Veg.
Rest.
Hsieh
Treff!
Hotel Galindo
S. Catarina
Palopo
Poco
Loco
Rest. Laguna
Hambur-
guesa
Galerie
Nan Cruz
Panamericana
Fonda
del Sol
Arzt
Dr. Barrios
Solola
Los Encuentros
Chici
Medico
Dr. Soto
Texaco
Rancho
Grande
"Guatel"
Telegram
Tourist
Jnfo
"Lost Record"
Bus
Bus
Hotel
Camping
Hotel
Tzanjuyu
Boots-
verleih
Hotel
Monterry
Postboot
n. S. Atitlan
"Lancha del Correo"
Hotel
del Lago
Bar Jaguar
Strand
Touristenboot
n. S. Atitlan
(teuer)

Ausflüge

Die zwölf Dörfer, die um den See liegen, sind teilweise nur schwer erreichbar. Am einfachsten erreicht man das häufig besuchte Dorf Santiago Atitlan per Boot. Die verwegene Straße, die teilweise um den See führt, wird immer mehr ausgebaut, die Verkehrsverhältnisse werden also besser, die Straße ist aber Anf. 87 mit einem normalen PKW noch nicht durchgehend befahrbar.

Boote: Je nach Bedarf. Man kann mit dem täglichen Postboot fahren zu den Dörfern fahren, oder sich ein ganzes Boot (bis zu 15 Personen) mieten.

Das Postboot fährt täglich morgens gegen 9 Uhr nach Santiago Atitlan (später teureres Touristenboot), zurück fährt das Boot schon am frühen Mittag, entweder man fährt mit dem Touristenboot oder zurück mit dem Bus über San Lucas Toliman.

In **Santiago Atitlan** eine kleine Pension nahe der Bootsanlegestelle: Hi-Nim-Ya. Der Bus der Gesellschaft 'Transportes Rebuli' fährt täglich nach S. Lucas Toliman. Bootsverkehr zu praktisch allen kleineren Orten am See.

San Pedro, Di, Fr und Sonntags (checken) um 6 Uhr früh Postboot, um 15 Uhr Touristenboot zum doppelten Preis, beide ab Panajachel. Anfahrt auch über Santiago Atitlan möglich. San Pedro liegt am Fuß von Berghängen, mitten in Cafeplantagen. Der Ort ist kleiner und intimer als Santiago Atitlan. Beliebt als Aussteigerstützpunkt. Einfache Pensionen im Ort. Essen im 'Comedor Lucky', oder, vom Hauptplatz in Richt. San Juan gehen (liegt 2 km westlich), dort: 'Comida corriente'.

Am Strand von San Pedro mehrere kleine Teppich- und Deckenmachereien und eine kleine Bootswerft.

Aus einer Zuschrift: 'Manchen Freaks kann's wohl nicht dreckig genug sein. Ich habe fast nur Hepatitiskranke gesehen. Außerdem liebe europäische Aussteiger, die das Pfund Obst von 0,20 auf 0,10 Pfennig herunterhandeln wollten. - Ich zahle auch keine Gringopreise, aber das geht mir zu weit."

Eine schöne Wanderung führt von San Pedro am See entlang nach San Pablo, man geht ca. 1 1/2 Stunden. Oder mit dem Boot, zu mieten in San Pedro. Der Bus nach Santiago Atitlan geht täglich um 3 Uhr früh (checken).

San Lucas Toliman. Bus ab Panajachel jeden Morgen, mehrmals. Allgemeiner Treff an der Bootsanlegestelle. Von San Lucas aus kann man die Vulkane Atitlan und Toliman (3 503 und 3 276 m) besteigen. Für die größtenteils weglose Bergtour ist ein einheimischer Führer zwar nicht unerläßlich, aber auch für erfahrene Berggeher sehr nützlich. Die Orientierung in den ausgedehnten Kaffeeplantagen am Fuß der Vulkane, durch die sich ein Labyrinth von Wegen und Pfaden schlängelt, ist ansonsten schwer (unerläßlich: warme Kleidung, gute Kondition. Auskunft im Ort bei der einfachen Pension 'Santa Ana').

Straße nach Santiago Atitlan nur mit geländegängigem Auto zu befahren.

San Antonio Palopo: Ein ruhiges Dorf an einem Berghang, wenig Touristen, deshalb auch kaum Einrichtungen. Der Pole Feliks Stopowski baut nun schon seit Jahren - und heute vielleicht immer noch - an seinem Traum: An der schönsten Stelle des Ortes ein Hotel zu haben, übernachten kann man schon dort, auch gut (!) essen und angenehm baden. Sehr empfehlenswert.

Wenn man an der Kirche steht, die schon allein einen Besuch wert wäre, und auf den See sieht, liegt die 'Construccion de Hotel San Antonio Paolo' zur linken Hand.

Verbindung: Mit Postboot ab Panajachel, zu Fuß über Santa Catarina, dort schöne Kirche, sowie das Luxushotel 'Camino Real' (fraglich ob geöffnet - bitte schreiben). Bei zügigem Marschtempo, braucht man 2 1/2 Stunden bis San Antonio, Verpflegung mitnehmen.

Nach Solola

Die Provinzhauptstadt liegt 2 135 m hoch, in herrlicher Position, 600 m hoch über dem Atitlan-See. Die Straße hinunter nach Panajachel windet sich in zahllosen Serpentinen, wohl eine der großartigsten Strecken, die überhaupt zu fahren ist. Herrliche Aussichten.

In Solola ist jeden Freitag einer der interessantesten Landmärkte der Region. Am 15.8. großes Fest. Mehrmals täglich Busse ab Panajachel.

Markttage

Sonntag: Chichicastenango, Momostenango, Nebaj, Nahuala, Patzun, Panajacehel, Santiago Atitlan.

Montag: Antigua, Chimaltenango, Zunil

Dienstag: Solola, San Lucas Toliman, Santa Clara la Laguna.

Mittwoch: Momostenango, Patzicia, Palin, Sacapulas.

Donnerstag: Chichicastenango (der bekannteste Markt, mittlerweile wieder recht touristisch), Antigua, Patzun, Santa Cruz del Quiche. Totonicapan, Nebaj.

Freitag: Solola (sehr groß und lohnend), San Lucas Toliman. Santiago Atitlan. San Francisco El Alto, Palin.

Samstag: Chichicastenango, Momostenango, Nebaj, Nahuala. Patzun, Panajachel, Santiago Atitlan.

Verbindungen

Nach **Guatemala-City**: Mehrmals tägl. mit den Gesellschaften 'Rutas Lima', 'Rebuli' (am häufigsten - auch 1. Kl.) und 'Higueros'.

Nach **Quezaltenango** (bzw. Grenze Mexiko): Ca. 5 x tägl. alle morgens. Der früheste Bus hat Anschluß zur mex. Grenze bei La Mesilla.

Nach **Chichicastenango**: Mit den Gesellschaften 'Nashena' und 'Quiroa', ca. 6 x tägl., oder mit jedem Bus, der über Solola nach Los Encuentros (an der Panamericana) fährt, dort umsteigen. Nach Solola, jeder nordwestlich fahrende Bus.

Nach **Antigua**, jeder Bus nach Guatemala-City, umsteigen in Chimaltenango oder San Lucas Sacatepequez.

Huehuetenango

18 000 E., 1 905 m. Die Provinzhauptstadt liegt 4 km nordöstlich der Panamericana, ca. 70 km von der mexikanischen Grenze bei 'La Mesilla' entfernt. Für Reisende auf dem Landweg oft die erste/letzte Station in Guatemala.

Die Anfahrt führt durch fruchtbares, immergrünes Hochland. Die Stadt hat ein angenehmes, ruhiges Stadtbild. Wer nach Mexiko ausreist, erhält hier die notwendige Touristenkarte für Mexiko: 'Farmacia del Cid', 5.Av./4. Calle, mex. Honorarkonsulat, am Zocalo. 9 - 12 und 15-17 Uhr.

Unterkunft: Hotel Zaculeu**, 5.Av.-1, Nr. 14. Gutes Haus mit herrlichem Innenhof, Restaurant; Info-Börse weil viel von Ein-/Ausreisenden besucht.

Gegenüber: Hotel Central*, leider baufällig, sonst gut. Restaurant. Preiswert: Hotel Maya*, 3. Av./3.Calle.

Nueva Posada Familiar*, 4. Calle/6.Av. Schöne kleine Pension, sauber, warme Duschen, kleines Restaurant, preiswert.

In der Stadt: Der **Markt** ist nicht so schön wie in vielen Büchern beschrieben: 2.Av./3.Calle, täglich besonders Sonntags, Donnerstag.

Ruinen von Zaculeu: Mit Kleinbus, oder eindrucksvoller: Zu Fuß, ca. 50 Min. sehr schöne Wegstrecke durch das Hochland. Die Ruinen wurden 1940 von der berühmt-berüchtigten 'United Fruit Company', die noch heute weite Teile des Landes beherrscht (Volkskürzel: 'Der Polyp'), restauriert. Viele Bauwerke wurden zusätzlich vervollständigt, so daß eher ein Wiederaufbau entstand. Verglichen mit anderen Zonen wirkt Zaculeu aber nicht sonderlich reizvoll.

Verbindungen: 1. Kl. Busse Gua.-City - Grenze Mexiko halten fast immer in Hue.

Verbindungen mit Collectivos und Kleinbussen nach Quezaltenango (Xela). Ebenso in die Umgebung, ab Marktplatz.

Verbindung ab Gua.-City direkt: Mit 'El Condor', 19. Calle/2.Av., Nr. 66.

Grenzübertritt bei La Mesilla (bis auf einige kurze Kontrollen) problemlos, oft werden ein paar Quetzal Ausreisegebühr verlangt.

Zur ersten Kontrollstation in Mexiko (die die Pässe stempelt) verkehrt ein Sammeltaxi. Bei der Kontrollstation ist auch die Bushaltestelle von 'Cristobal Colon'.

Quezaltenango 'Xela'

220 000 E., 2 335 m. Im Volksmund **'Xela'**, die neue, von der Regierung eingesetzte Bezeichnung konnte sich nicht durchsetzen. Xela ist neben Gua.-City die zweitwichtigste und zweitgrößte Stadt im Land, das Stadtbild ist angenehm und überschaubar, teilweise schöne Architektur. Im Zentrum ein Park und der Hauptplatz, um den sich alle wichtigen Gebäude gruppieren. Natürlich viel indianisches Leben.

Quezaltenango war ein beliebtes Wanderungsziel deutscher Kaffeefarmer, noch heute wohnen viele deutschstämmige Aussiedler in der Stadt, auch an der Architektur einzelner Häuser zu sehen. Die eigentliche Zeit der deutschen Fincas lag aber vor dem 2. Weltkrieg.

Unterkunft

Hotel Bonifaz**, seit Jahren der Klassiker am Zocalo, empfehlenswertes, komfortables Haus. Das mexikanische Konsulat im Haus stellt auch Touristenkarten aus (für Einreise Mexiko). Ausgezeichnetes Restaurant.

Hotel Kiktum*, 13. Av., 7-18, zentrale Lage ein Block vom Park, saubere Zimmer mit Bad, teilweise mit offenem Kamin. Preiswert und gut: Casa Suiza*, Pension Andina*. Die oft empfohlene Casa Kaehler der deutschstämmigen Frau Kaehler in der 13. Av., 3. Calle, Nr. 33 erinnert an Kolonialzeiten: Alles sauber und ordentlich, nette Betreuung. Derweil wohnen die Angestellten in Kammern, schade auch, daß zur Saison wildfremde Gäste mitunter auch schon mal in kleine Zimmer zusammengelegt werden, Seife kostet dann extra. Bleibt zu hoffen, daß das nur Ausnahmen waren....

Daneben das sehr einfache Hotel Radar*. Hotel Modelo*, 14. Av. 'A', zw. 14. u. 15. Calle, Nr. 31. Gut.

Essen: Viel Restaurants am Zocalo, Restaurant vom Hotel Bonifaz. Restaurant 'Pizza Ricca', nicht billig, aber gut.

Sehenswert

In der Stadt

Museum an der Südseite des 'Parque Centro America', viele Stücke, die bei der Landarbeit auf den umliegenden Fincas gefunden wurden, Mo geschl. Gute Einkaufsmöglichkeiten beim Markt/Markthalle.

Turismo: 12.Av./6. Calle, Nr. 60, an der Westseite vom Park. Sehr hilfsbereit. Informiert über Ausflugsmöglichkeiten, Markttage etc.

Verbindungen: Zahlreiche Buslinien zu den nahen Städten der Umgebung. Tägl. zur mexikanischen Grenze über Huehuetenango (vgl. dort).

Nach Guatemala-City, z.B. mit 'Transportes Higueros', 2 x tägl., über Panajachel (Atitlan See), Abfahrt beim Museum am Zentralpark.

Busse haben die für Quezaltenango übliche Bezeichnung 'Xela' im Fenster.

Unbedingt lohnend sind Ausflüge in die landschaftlich sehr schöne Umgebung: So z.B. der Ausflug zum ruhigen, schier entrückt gelegenen Dorf 'San Francisco El Alto', 20 km nordöstlich, täglich mehrmals Busse. Berühmter Freitagsmarkt. Vom Marktplatz aus wunderbare Sicht auf das Land.

Zu den warmen Quellen

Nach **Zunil**, ca. 10 km südöstl., geht auch als Wanderung, eine schöne Tour durch immergrüne reiche Landschaft. Auf dem Weg mehrere Thermalquellen, sehr schöne, bei etwas Schatten auch nicht allzu anstrengende Wanderung:

Quezaltenango auf der Straße 9S verlassen in Richtung **Almolonga**, Markt Mi, Sa, schöne Kirche. 1 km nach Almolonga die warmen Bäder von 'Cirilo Flores' und 'El Recrero'. Die schönsten Bäder liegen aber nahe Zunil (kein Bus, - Leihwagen, oder lohnende Wanderung): **Fuentes 'Georginas'**- Quellen mit Riesenfarnen, Umkleidekabinen, Kantine.

Unterkunft* in Stein-Bungalows für je zwei Personen mit eigenem Thermalwasserbecken und Kamin. Einfache Verpflegung. Kann an Wochenenden sehr stark von Einheimischen besucht sein.

Schöner Ausflug auch nach **Sal Caja**, 5 km auf der Straße Nr.1, in Richtung San Francisco el Alto. Schöner Marktplatz und Kirche.

Biotopo bei Purulha Coban

Das Wappentier des Landes, der freiheitsliebende Quetzal, hat sich - wie die Freiheit im Lande - weit zurückgezogen; es soll noch einzelne Exemplare im Bundesstaat Alto Verapaz geben, besonders in der Nähe von Coban.

Man erreicht Coban auf der Straße Gua.-City - Barrios, 14 km nach El Progresso abbiegen (nach Westen). Ca. 45 km **vor** Coban der Nationalpark 'Biotopo', direkt an der Straße bei Purulha. Der Park wird um 6 Uhr geöffnet, frühe Exkusionen lohnen sich, es gibt angelegte Wege für 1 und 3 stündige Rundgänge.

Busverbindung mit Gua-City: 'Monja Blanca', 1. und 2. Kl.

Unterkunft: 4 km vor dem Park eine Pension, am Parkeingang Zeltmöglichkeit. In Coban einfache Hospedajes und Hotels. Sauber, preiswert z.B.: Maya*, Nähe Hauptplatz.

Puerto Barrios

Puerto Barrios ist Guatemalas Karibikhafen, freilich keine Stadt mit der gewohnten Hafenatmosphäre und Betriebsamkeit. Es legen kaum mehr Schiffe im alten Hafen an, der neue Containerhafen liegt abseits. So ist Barrios heute einer jener schwülen, verschlammten und verschlafenen Tropenorte, die auch als Kulisse für einen Abenteuerfilm geeignet wären. Lässig, depressive Stimmung, nur für Leute, die das Übliche nicht mehr anturnt. Reizvoll, aber recht halbseiden z.B. das Viertel um die 9. Calle mit seinen Bars und Etablissements (Schilder 'hygienische Betten' - '24 Stunden Service'), mit dem Obstmarkt und daneben dem Busbahnhof. Barbiere und Händler verlegen ihre Geschäfte auf die Straße, Caribbean-Musik, schwankende Seeleute ...

Unterkunft

Hotel Europa**, 8.Av., zw. 8. und 9. Calle, Nr. 84. Tel. 480 127. Sauber, kleine Zimmer, hervorragendes Essen. Parkmöglichkeit im Hof.

PKW-Reisende können hier ihr Auto sicher unterstellen, für 1 Q/Tag, nach Verhandlung mit dem Besitzer. Praktisch für Leute, die nach Livingston wollen. Das Hotel liegt direkt an der geteerten Hauptstraße rechts, gelb gestrichen.

Diverse weitere Hotels im Ort - aber oft sehr fragwürdiger Zustand.

Verbindungen

Ein Trotterabenteuer ist die anstrengende 2. Kl. Bahnfahrt nach Barrios. Vgl. dazu Gua.-City, Verbindungen, Bus ebendort.

Fähre nach **Livingston**: Abfahrt Ende der 9. Calle, üblicherweise mehrmals täglich morgens und nachmittags, außer So, 1 1/2 Stunden, billig. Sonntags nur 1x Fähre. Man kann auch Kleinboote chartern.

Livingston

Livingston liegt an der nördlichen Seite der Rio Dulce Mündung, die kleine Siedlung war auch zu Zeiten des Tourismusbooms nicht überlaufen. Nur ein paar Kenner, die auf den üblichen Rummel gern verzichtet haben, fanden - und finden neuerdings wieder mehr - den Weg zu dem verschwiegenen Karibikort.

Es gibt hier einsame Bademöglichkeiten, in der Nähe Traumstrände, endlose, verschwenderisch reiche tropische Natur. Aber alles ohne die übliche Infrastruktur größerer Ferienorte. Eher also für Reiseerfahrene, die auch mit ein paar Tagen Ruhe etwas anfangen können.

Abends Strand-Disco mit Reggae und einfache Restaurants (z.B. Malecon) mit gutem Fischessen..., allerdings ist Livingston kein Sanatorium, der Strand direkt am Ort ist nicht immer sauber, die einheimische Bevölkerung nicht immer nüchtern, also etwas zurückhaltend auftreten.

Unterkunft

Es gibt verschiedene, meist gutgeführte Privatpensionen am Ort. Am schönsten ist wohl das Hotel Parador Flamingo*-** an der Playa Paris, es gehört Jose Carballo Hernandez und seiner deutschen Frau Paula. Das gepflegte Anwesen liegt direkt am Meer, zum Hotel gehört nun auch ein Restaurant, eine große Liegewiese und ein üppig bepflanzter Garten. Wohnen können Sie in sauberen Holzbungalows, alles extrem ordentlich (wie zuhause). Auf Wunsch gibt es Halb- oder Vollpension; bei längerem Aufenthalt evtl. Nachlaß.

Wirklich die Gelegenheit, um ein paar Tage unter Palmen zu relaxen. Die hilfsbereiten Besitzer informieren auch über die sehr reizvollen Ausflugsmöglichkeiten und sie verleihen

Ausflugsboote für Exkursionen, siehe dazu weiter unten. Man kann die Unterkunft schon von hier aus buchen. Hotel Flamingo, J. C. Hernandez, Playa Paris, Livingston, Izabal, Guatemala.

Eine weitere Privatpension ist die 'Casa Rosada' von Mrs. Swanson, etwas teurer als oben, gepflegt.

Ausflüge: Von Livingston aus z.B. über den Rio Dulce zum Rio Blanco. Der Rio Blanco ist ein Dschungelfluß (die ersten 'Tarzan'-Streifen sollen hier gedreht worden sein) mit orchideenbewachsenen Bäumen, exotischen Schmetterlingen, Papageien. Vor der Flußmündung, auf der Sandbank kann man baden. Am Rio Dulce grandiose Vogelwelt, heiße Quellen.

Am besten läßt man sich von seinem Pensionswirt über die Ausflugsmöglichkeiten informieren. Der Wirt vom Hotel Flamingo (s.o.) kennt natürlich die schönsten Plätze ,z.B. Wanderung am Strand entlang zu den Wasserfällen 'Siete Altares', zur Trockenzeit aber recht spärlich, und es gibt genug herrlicher Plätze, dazu er:

"Wir haben ein großes Boot für 8 - 9 Personen mit 25 PS Motor. Das können die Gäste mit Fahrer mieten für größere Entdeckungsreisen. Zum Beispiel zum Lago Izabal, Manavike mit seinem schönen, weißen Sandstrand, zum Rio Blanco und anderen wunderschönen Palmenstränden, die man halt nur per Boot erreicht. Aber gerade das macht sie so reizvoll. Wir besitzen 45 Minuten mit dem Motorboot in Richtung Belize 24 ha Land am Meer mit 500 m weißem Palmensandstrand, wo die Leute ein paar Tage einen Robinsonurlaub verbringen können. Fische gibt es da genug und Holz zum Feuermachen auch. Da ist auch noch ein Fluß mit sauberem Wasser zum Kochen und Waschen..."

Auf dem oben beschriebenen Areal bauen die Besitzer derzeit ein neues Tourismusprojekt mit Unterkünften.

Mehrm. tägl. Postboot ab Barrios, 1,5 h (vgl. dort), zweimal wöchentl. (Di., Fr., nachchecken) Postboot ab Rio Dulce Brücke (Fronteras). Dort auch Mietboote - sehr schöne Fahrt auf dem Rio Dulche (Mietboot teuer).

Ab Livingston gibt es auch Boote nach Punta Gorda in Belize, 2 x wöchentl. (Di., Fr.): Abfahrt gegen 9 Uhr morgens, zurück 17 Uhr.

Sowie mit dem Postschiff den Rio Dulce flußaufwärts bis San Felipe (2 x wöchentl., Di./Fr.), Anschluß nach Gua.-City / Flores-Tikal.

Panuco, Copala, Concordia, Villa Union

Flores Tikal

Die Bustour nach Flores-Tikal war bislang recht beschwerlich, lange Anfahrt in überfüllten 2.Kl. Bussen auf sehr schlechter Strecke. Die Tour war trotzdem eine beliebte Trotterroute, 1. weil billiger als Flugzeuganreise nach Tikal/Flores und 2. reisten die meisten Taveller dann nach Belice weiter, oder kamen von dort.

Nun ist die Fahrt einfacher: Die Brücke über dem Rio Dulce bzw. Lago Izabal ist fertig und die zuvor berüchtigte Schlammstrecke durch den Petendschugel nach Flores ist jetzt leidlich befestigt, kann aber in der Regenzeit immer wieder schwierig passierbar sein.

Diverse, teilweise sehr gute Übernachtungsmöglichkeiten auf der Anfahrt siehe unter Gua.-City, Verbindungen, Rio Dulce.

Flores

Flores ist die Distrikthauptstadt der Dschungelprovinz Peten. 8000 E, sehr schön gelegen, direkt am großen Peten-Itza See. Leider ist der See in den letzten Jahren extrem stark angestiegen (zyklische Veränderungen des Wasserstandes sind üblich, aber nicht im jetzt beobachteten Umfang, seit 1986 wieder leicht sinkender Wasserstand); einige Gebäude am See standen in den vergangenen Jahren bereits halb im Wasser, andere Hotels mußten 1985 wegen Überflutung ganz aufgegeben werden.

Für die meisten Reisenden ist Flores lediglich Raststation (aus einem Brief: "Bier- und Bananenpause") für den Tikalbesuch, eigentlich schade, denn die Provinzstadt lohnt zumindest einen kurzen Aufenthalt, auch wenn die morbide Atmosphäre gewöhnungsbedürftig ist.

Unterkunft

Die Hotelsituation ist mäßig gut, das frühere Luxushotel 'Maya Internacional', das durch Hochwasser arg ramponiert wurde, ist am Zerfall; überschwemmt war auch das Hotel 'Santana', derzeit wieder trocken, gutes Restaurant.

Wohnen - ohne im Wasser zu stehen - kann man derzeit im Hotel Patio**, Komfortklasse. Hotel Peten**, am See, gut (aber Vorsicht: tauscht Geld oft nur zu schlechtem Kurs).

In der Nähe vom Hotel Santana: Hotel Yum Kax* (oder so ähnlich), ebenfalls direkt am See, oder Pensao Universal* (1985 abgesoffen, vgl.auch Santa Elena, weiter unten).

Die schöne 'Casa Blanca' war Anf. 1987 leider immer noch unter Wasser.

Verbindungen: Die Straße von Flores nach Tikal ist jetzt durchgehend befestigt. Nach Tikal 2 x tägl. Bus (ca. 2 h), oder mit dem Taxi in einer Stunde (Vermittlung z.B. im Hotel San Juan).

Busgesellschaft: 'Fuente del Norte' (Adresse: Gua.-City, 17. Calle, 9.- 8, oder in Flores).

Verbindung nach Belize/Mexiko: Mindest. 4 x tägl. (alle früh/vorm.) über Melchor de Mencos (Grenze) - San Ignaco (Cayo) - Belize City - Chetumal. Wer in Tikal übernachtet und weiter nach Belize möchte, kann mit dem frühesten Bus (meist 5.30 Uhr) zur entsprechenden Kreuzung des Busses Flores - Belize und dort zusteigen.

Flores - Poptun: 4 x tägl. (6,9,11,16 Uhr).

Flores - Tenosique (Mexiko): Über den Rio San Pedro nach Mexiko kommen. Die Region galt und gilt als Guerilla-Rückzugsgebiet und illegale Ausreisezone - beliebtes Trotterabenteuer, 1987 aber ohne größere Probleme möglich. Alle Angaben aber vor Ort nachchecken: Bus ab Santa Elena Marktplatz (mittags), Fahrt über schlechte Piste nach 'El Naranjo' am Rio San Pedro. Der Ort liegt ca. 20 km östlich der Grenze. Der Bus hält am Rio San Pedro. Von hier Bootscharter nach La Palma (Mexiko). Mit Schwierigkeiten an den Grenzposten muß auch in friedlichen Zeiten gerechnet werden. Ab La Palma Busanschluß nach Tenosique, dort Bahn- und Busanschluß nach Palenque.

Bus nach Gua.-City: 3 x tägl., wer nach Puerto Barrios/ Livingston möchte, steigt in Ruidosa aus, von dort Anschluß nach Barrios. Fahrt nach Gua.-City immer noch recht anstrengend, je nach Wetter und Straßenzustand evtl. bis zu 15 h !

Fernbushaltestelle **Santa Elena,** von dort sind es ca. 500 m auf einem Damm nach Flores, das auf einer Insel im See liegt.

Unterkunft in Santa Elena: Hotel Patio**, solide und für das Gebotene preiswert. San Juan*, einfachst, direkt neben dem Busbahnhof.

Tikal

Tikal ist die bekannteste und meistbesuchte archäologische Zone in Guatemala. Vielleicht auch die beeindruckendste Maya-Zone in Mittelamerika. Die Zone liegt im feuchtheißen Peten-Dschungel. Ungemein eindrucksvoll wirken die sehr hohen Bauwerke inmitten tropischer Vegetation und Fauna. Die meisten Touristen reisten früher mit dem Flugzeug ex Gua.-City an. Eine zeitlang (1982-Anf. 87) war der Flugplatz geschlossen oder nur für Militär geöffnet und die ohnehin einfachen Hotels in Tikal vergammelten (auf eines wurde ein Anschlag verübt). Seit der Normalisierung der Lage nimmt auch der Tikal-Tourismus wieder zu, viele Touristen kommen nun auf der gut ausgebauten Straße per Taxi oder Bus aus Flores und fahren auch am gleichen Tag wieder zurück, oder weiter Richtung Belize.

Unterkunft: Über die aktuelle Situation kann man sich nur vor Ort ein zuverlässiges Bild machen. Mittlerweile sind alle Hotels wieder geöffnet, keines aber sehr anziehend, die Unterkünfte können ausgebucht sein - Hängematte nützlich.

Jungle Lodge*, Bungalows sowie preiswertere Gemeinschaftsunterkünfte, mäßiger Standard, mit einfachem Restaurant.

Jaguar Inn* und Tikal Inn* (früher nobel), derzeit (Mitte 1987) billig. Campingplatz gratis, neben der Landebahn.

Der Flugplatz wird nur von Militär- und einigen Privatmaschinen angeflogen.

Vorsicht, sobald Bus und Taxi weg sind, verlangt man Phantasiepreise!

Nur 2 x tägl. Rückfahrt nach Flores, letzter Linienbus nach Flores gegen 13 Uhr (oft sehr voll), später, gegen 15 Uhr, nur noch Sammeltaxi/Microbus, danach keine Rückfahrt. Da die Straße nach Flores jetzt gut ausgebaut ist, ist es wirklich das Einfachste zum Übernachten nach Flores zurückzufahren.

Ab ca. 22 Uhr kein Strom!

Der Tikal Tourismus hat auch Mitte 1987 noch nicht die alten Dimensionen erreicht. Alles noch etwas improvisiert, Informationsbüro noch nicht geöffnet. Gute Literatur und Lagepläne (die Zone ist sehr ausgedehnt, zu einzelnen Bauwerken führen Buschpfade) gibt's evtl. im Museum. Dort erhält man evtl. auch die Erlaubnis, nach der offiziellen Schließzeit (17 Uhr) in der Zone zu bleiben, dann ist das schönste Licht!

Die ganze Zone kann man praktisch nur mit dem Auto an einem Tag besichtigen. Im Tourist-Office fragen, falls geschlossen in einem Hotel.

Chichicastenango

3 000 E., 2 130 m. Der schöne Ort liegt im Hochland und war lange Zeit eines der meistbesuchten Ziele in Guatemala, eine Pflichtstation auf jeder organisierten Rundreise. Heute erinnert die hohe Militärpräsenz (nirgendwo im Land so auffällig, außer im Peten) an die zurückliegenden unruhigen Jahre. An den Hauswänden sind antikommunistsche Parolen zu lesen, viele Milizen.

Auch in Chichi kommt der Tourismus wieder in Gang, hat freilich auch dort noch nicht die Ausmaße vor der Krise erreicht. Grund der zyklischen Touristeninvasion war und ist - neben der reizvollen Architektur im Ort - der berühmte Markt am Donnerstag, ein Spektakel, das in den Jahren des Touristenbooms nur noch der Anlockung von Touristen diente, die in klimatisierten Bussen angekarrt ein Stück vermeintlichen Brauchtums bewunderten oder begafften. Die Marktkulisse soll zuletzt nur noch von bezahlten Folklore-Indianern gestellt worden sein.

Chichicastenango ist natürlich auch das kulturelle und wirtschaftliche Zentrum zahlreicher Indios - korrekter müßte man 'Indigenas' sagen - im Hochland um Chichicastenango sollen 25 000 Indios leben, die sich in den letzten Jahren massiven Übergriffen der Militärregierung ausgesetzt sahen.

Die früher als Wehrdörfer angelegten Posten von Regimetreuen oder Gepressten im Inneren der Provinz Quiche existieren noch immer, sie heißen nun 'polos de desarollo', (Entwicklungsdörfer), die Freizügigkeit soll wieder - zumindest pro forma - hergestellt sein.

Unterkunft

Entsprechend seiner touristischen Bedeutung verfügt Chichi über gute Hotels: Hotel Maya Inn***, wunderschöner alter Bau mit museumsträchtiger Einrichtung, für viele das schönste Hotel im Land. Aller Komfort.

Pension Chuguila*-**, ebenfalls sehr gut, schöner Patio, gutes Restaurant. Hotel Santo Tomas**, neues Luxushotel, schöne Zimmer, aber nicht so schön wie das Maya-Inn.

Preiswert: Posada Santa Marta*, am Weg nach Quiche, 50 m nach dem Stadttor, linke Seite.

Hauptattraktion in Chichicastenango sind die Märkte, das dazugehörende Treiben und die Zeremonien, besonders an den Tagen Donnerstag und Sonntag, wenn vor der Kulisse der Kirche eindrucksvolle Szenen entstehen. Natürlich sollte man sich auch der Problematik des Besuchs solch sensibler Plätze bewußt sein!

Ein schöner Ausflug führt nach **Santa Cruz del Quiche**, kurz 'Quiche', der 20 km nördlich gelegenen Provinzhauptstadt. Markt am Sonntag und Donnerstag.

Täglich Busverbindung. Einfache Pension.

Verbindungen

Ab Markt/Hauptplatz täglich direkter Bus nach Gua.-City, Kleinbusse bis zum Kreuzungspunkt 'Los Encuentros' an der Panamericana, von dort Anschluß nach W - O.

Baja California

70 113 qkm, so groß wie Irland
1 Million Einwohner
2 mexikanische Staaten: Baja California Norte mit Hauptstadt Mexicali und Baja California Sur mit Hauptstadt La Paz

The very air here is miraculous, and outlines of reality change with the moment .... A dream hangs over the whole region, a brooding kind of hallucination.

John Steinbeck, The Log from the Sea of Cortez

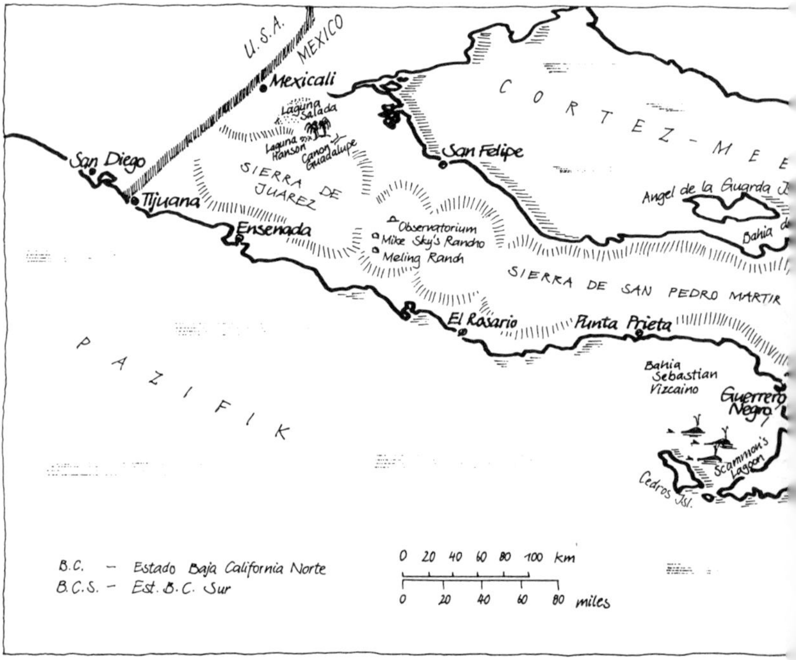

Baja California

"The very air here is miraculous, and outlines of reality change with the moment .... A dream hangs over the whole region, a brooding kind of hallucination."

John Steinbeck, The Log from the Sea of Cortez

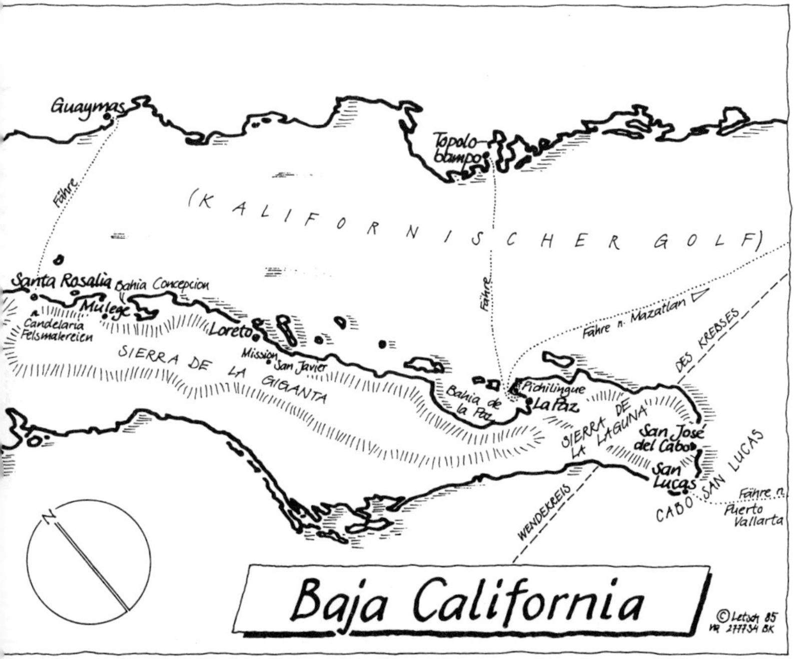

La Frontera - Nicht USA, nicht Mexiko

70 113 qkm, so groß wie Irland
1 Million Einwohner
2 mexikanische Staaten: Baja California Norte mit Hauptstadt Mexicali und Baja California Sur mit Hauptstadt La Paz

Von der goldenen Grenze der unbegrenzten Möglichkeiten reicht sie 1500 km nach Süden, über den Wendekreis des Krebses hinaus.

Ein schmaler Streifen Landschaft extrem: Steintäler, Vulkankegel, Sandwüsten, Kakteenwälder und überall Meer - wer das Staunen noch nicht verlernt hat, dem sind hier keine Grenzen gesetzt.

Bodenschätze oder fruchtbaren Boden hat sie kaum zu bieten - nur grandioses Land und klare Luft, in der sich die Distanz verliert.

Jahrhundertelang gingen die Eroberer ein und aus, ohne längere Zeit einen Fuß auf den Boden dieses rauhen Landes zu bekommen: 1534 fielen spanische Eroberer auf Schatzsuche ein, dann kamen die Jesuiten. Als sie 1845 das Land verlassen mußten, waren von den Ureinwohner der Baja, den ursprünglich 60 000 Indianern, nur noch wenige übrig.

Im mexikanisch-amerikanischen Bürgerkrieg von 1846 - 48 wurde Alta California von Mexiko abgetrennt. Die Baja blieb auch für die Mexikaner lange Zeit unwichtig: 1952 wurde die nördliche Hälfte zum Staat erklärt, bei der südlichen Hälfte dauerte es noch bis 1974, bis sie zum 30. mexikanischen Staat wurde.

Dementsprechend lang mußten die Bewohner der Baja auch auf ihre erste geteerte Straße warten, sie wurde erst 1973 fertiggestellt. Außer der Carretera Transpeninsular (Mex 1), die von Tijuana in Norden bis nach Cabo San Lucas, dem Südzipfel führt, gibt es bis heute nur wenige geteerte Nebenstraßen.

Vor dem Straßenbau war dieses Land eigentlich nur als Geländerennstrecke der Baja 1000 interessant. Viele bedauern, was durch die Mex 1 an Abenteuer und Unberührtheit verloren gegangen ist. Schön wär es schon, sich einen 'unverdorbenen' Landstrich als Zoo zu halten. Selbst die Bewohner hätten einmal im Jahr ihren Spaß - wenn sie Erfrischungsgetränke an die Rennfahrer verkaufen dürfen ...

Tourismus

90% der Besucher sind US-Amerikaner. Ihr Holiday-Park direkt vor der Tür ist der Norden, Mexicali (410 000 Ew.), Tijuana (850 000 Ew.), Ensenada (150 000 Ew.) und San Felipe (3 000 Ew.). Ihr Flugziel a la Mallorca ist der Süden, La Paz (110 000 Ew.). Drumherum und zwischendrin hat sich noch nicht viel geändert, Natur pur .....
Hochsaison: Weihnachten, Ostern, Juli/August

Mex 1

Die Transpeninsularstraße Mex 1 führt insgesamt 1700 km von Tijuana aus bis nach Cabo San Lucas am Südende der Baja. Sie ist zweispurig, meistens ohne Randbefestigung und teilweise mit Schlaglöchern. Nirgends ist sie aber so schlecht, daß man mit einem normalen PKW Probleme hat.

Es gibt Geschwindigkeitsbeschränkungen zwischen 50 und 80 km/h, die man auch besser einhält, denn es kommt oft vor, daß plötzlich ein Pferd oder eine Kuh auf die Fahrbahn springt, das Vieh wird fast nie eingezäunt. Die Mexikaner selbst halten sich wenig an solche Beschränkungen - davon zeugen die vielen Kreuze und frische Blumen an den Kurven.

Die Touristenabteilung hat die Baja in Abschnitte von ca. 160 km eingeteilt, die täglich von den grellgrünen Pickups der 'Angeles Verdes' kontrolliert werden. Sie sind so ausgerüstet, daß sie Notfallhilfen geben können.

Außer der Mex 1 gibt es vor allem im Norden noch ein paar geteerte Straßen (z.B. die Mex 2 von Tijuana nach Mexicali). Die anderen Wege sind ungeteerte 'Dirt Roads' mit zum Teil behandelten Oberflächen, d.h. sie werden planiert oder geölt. Ihr Zustand ist recht unterschiedlich.

Tankstellen (Pemexstationen) gibt es entlang den geteerten Straßen genügend. Allerdings kann es schon ab und zu vorkommen, daß es kein 'Extra' gibt, oder daß eine Tankstelle gerade überhaupt kein Benzin mehr hat.

Klima

Das Klima des nördlichen Teils der Baja ist ähnlich wie Südkalifornien. An der Pazifikküste wehen die Winde vom

Ozean das ganze Jahr hindurch kühler als auf der Golfseite. Im Frühling und zu Beginn des Sommers hängt oft der Nebel an der Küste. Die Winter sind mild und sonnig. Die Sommer je nach Gebiet unerträglich heiß.

Der südliche Teil, von La Paz bis nach Cabo San Lucas, liegt teilweise in den Tropen, d.h. gelegentlich leichter Sommerregen und gegen Endes des Sommers auch Hurrikane, 'chubascos'. Die Winter sind warm und sonnig, die Sommer ziemlich heiß. Beste Reisezeiten: Oktober/November bis Mai.

Kakteenwälder

Zwischen umgestülpten Karotten, Elefantenbäumen und am Boden kriechenden Stachelteufeln überraschen zarte himmelblaue Blümchen und auf den 20 m hohen Kaktusriesen blühen winzige Margariten...

Botaniker haben auf der Baja über 100 verschiedene Arten von Kakteen identifiziert. 70 davon gibt es sonst nirgends auf der Welt. Darunter der Cirio, die vielleicht charakteristischste Pflanze auf der Baja: sie sieht aus wie ein Kandelaber oder eine umgedrehte Karotte. Von Norden her kommend sieht man den Cirio das erst Mal südlich von El Rosario.

Der über 20 m hohe Cardon Kaktus, der höchste Kaktus der Welt, wächst nur auf der Baja und im gegenüberliegenden Bundesstaat Sonora auf dem Festland.

Der Elefantenbaum (Copalquin) mit seinem kurzen dicken Stamm und den kahlen Ästen sieht wie abgestorben aus, doch nach einem kurzen Regenschauer kommt Leben in ihn: er wächst, bekommt grüne Blätter und blüht sogar noch rosa, nachdem die Blätter wieder abgefallen sind. Von Norden aus entdeckt man ihn das erste Mal auf den Hügeln südlich von San Agustin. Darüberhinaus gibt es noch all die anderen Pflanzen, die auch im Südwesten der USA vorkommen, wie Agave, Cholla, Pitahaya, Ocotillo etc.

Beeindruckende Kakteenwälder mit riesigen Cardons zwischen Riesenfelsbrocken um Catavina in der nördlichen Bajahälfte (sehr schön zum zelten).

Hinkommen

Mit der Fähre vom mexikanischen Festland

Es gibt vier Möglichkeiten, vom mexikanischen Festland mit der Fähre auf die Baja überzusetzen:

1. Von **Guaymas** nach **Santa Rosalia** (6 Stunden)
2. Von **Topolobampo** nach **La Paz** (8 Stunden, preisgünstige Verpflegung mittags an Bord)
3. Von **Mazatlan** nach **La Paz** (ca. 18 Stunden)
4. Von **Puerto Vallarta** nach **Cabo San Lucas** (22 Stunden)

Alle Fähren transportieren Passagiere und Autos. Schriftliche oder telefonische Reservierungen sind nicht möglich. Die La Paz-Fähren sind während der Saison oft voll belegt, deshalb hier möglichst 3 Tage vorher persönlich im Hafen reservieren, bei den anderen Fährlinien reicht es in der Regel einen Tag vorher.

Wer mit einem Fahrzeug von den USA auf die Baja fährt und aufs Festland übersetzt, benötigt ein **'car permit'** - damit gewährleistet ist, daß das Fahrzeug wieder ausgeführt wird. Die bekommt man in den Fährhäfen. Notwendig dafür ist der Fahrzeugschein oder eine Kopie davon.

Durch den Canon del Cobre an den Pazifik

Eine beliebte Anreiseroute auf die Baja ist die 12-stündige Fahrt mit der alten Eisenbahn durch den Canon del Cobre (Kupfer-Canyon) von Chihuahua nach Los Mochis über die Sierra Madre Occidental und dann von Topolobampo aus mit der Fähre nach La Paz.

Die Eisenbahnlinie des 'Ferrocarril de Chihuahua al Pacifico' wurde 1961 eröffnet und ist auch heute noch der einzige Weg durchs Hochland. Eine Straße gibt es immer noch nicht. Bis an die Tropenküste am kalifornischen Golf sind es 653 Kilometer, 39 gewaltige Brücken und 89 Tunnels: durch Prärie, über zweieinhalbtausend Meter hohes Gebirge und Schluchten größer als der Grand Canyon.

Fahrpläne und Info-Material über die Eisenbahnfahrt nach Los Mochis bekommen Sie beim Mex. Fremdenverkehrsamt.

Übernachten in Chichuahua: 'El Campanario', Blvd. D. Ordaz y Priv. de Libertad, Tel. 54545/54979, nahe am Bahnhof, nicht ganz billig.

Übernachten in Los Mochis: 'Catalania', Stadtmitte, Dozi mit Bad, einfach, sauber, auch nachts geöffnet. In Topolobampo gibt es keine Herbergen. Vom Zentrum von Los Mochis verkehren öffentliche Busse zum Fährhafen.

"Wer aus Zentralmexiko oder Yucatan in den Norden kommt, den erstaunen zunächst einmal die relativ hohen Preise. Der Einfluß der USA macht sich deutlich bemerkbar.

Es ist sinnvoll, mindestens am Abend zuvor schon in Chihuahua zu sein, da der Kampf um die Tickets und Fensterplätze früh lostobt. Auf der Linie fahren in klimatisierten Waggons fast ausschließlich Touristen, darunter sehr viele Nordamerikaner.

Die Bahnreise führt lange Strecken durch karge Landschaft, um die Mittagszeit trifft man in der Gebirgsstadt Creel ein. Hier hält der Zug - alles springt heraus - derweil ergreifen diejenigen, die am Vortag in Creel ausgestiegen sind und dort übernachtet haben, von den freiwerdenden Sitzplätzen Besitz - 'a reservation doesn't mean anything in this country' ...

Die nun folgende Strecke bis zu den Barrancas, den Schluchten der Sierra Tarahumara, die man am späten Nachmittag erreicht, ist am schönsten und wildesten.

Der Zug kommt dann sehr wahrscheinlich mit einer immensen Verspätung mitten in der Nacht in Los Mochis an. Dort warten Taxis - der Bahnhof liegt außerhalb - um die Übermüdeten in die Stadt zu karren.

Los Mochis ist ein unattraktives, trauriges Nest mit einigen teueren, klimatisierten Hotels. Der Peso rollt ums Eisenbahngeschäft! Also am besten so schnell wie möglich auf die Baja!

Die Fähre legt von Topolobampo ab - einem verschlafenen Fischernest ohne Herbergen. Die moderne große Fähre der 'Servicio de Transbordadores' legt am späten Vormittag ab und braucht 8 Stunden für die Überfahrt. In La Paz warten viele (teure) Taxis und zwei kleine Klapperbusse am

Hafen, der ca. 30 km von La Paz entfernt ist. - Und dann geht zum ersten Mal die Sonne unter ..."

Aus einem Leserbrief von Mareile Blank-Geisbühl, Karlsruhe

Mit dem Flugzeug

Von Deutschland aus gibt es keinen Direktflug auf die Baja.

Man fliegt über **Mexico City** oder **Los Angeles** und nimmt von dort aus einen Anschlußflug nach Tijuana oder La Paz.

Von Los Angeles aus fahren täglich Busse nach Tijuana und Mexicali. Von Mexico City aus fahren Züge und Busse nach Mazatlan, Topolobampo und Guaymas. Von allen drei Orten gehts dann mit der Fähre weiter.

Rumkommen

Mit dem Auto

Wie bereits gesagt, auf der Mex 1 ist es bequem zu fahren. Wer auch die Seitenstraßen und -wege beackern möchte, dem sei zumindest ein geländegängigeres Fahrzeug als ein Strassenkreuzer ans Herz gelegt, z.B. ein VW-Käfer oder ein 4 x 4 (und dann auch nicht an den Reifen sparen, richtige Monster Marauders draufmachen - wegen der Kakteenstacheln!).

Einen **Leihwagen** bekommen Sie in Tijuana, Mexicali, Ensenada und La Paz. (Kaution oder Kreditkarte notwendig, Mindestalter 24 Jahre - Reservierungen sind bereits von Deutschland aus möglich).

Falls Sie in den USA einen Wagen mieten oder kaufen, brauchen Sie eine Zusatzversicherung, da amerikanische Versicherungen für Mexiko nicht gültig sind (an jeder Grenzstation erhältlich).

Mit dem Bus

Von Tijuana fährt zweimal täglich mindestens ein Bus der 'Tres Estrellas de Oros' nach La Paz. Reservierungen sind nicht möglich und i.a. auch nicht notwendig. Wer die ganze Strecke (25 bis 30 Stunden!) nicht an einem Rutsch durchfahren will, muß sich ein Teilstreckenticket besorgen, da man mit einer Fahrkarte für die ganze Strecke die Fahrt nirgends unterbrechen kann. Preis für die ganze Strecke ca. 40 Mark.

Mit dem Flugzeug

Flugverbindungen gibt es von La Paz/Cabo San Lucas nach Tijuana/Los Angeles/San Diego (Aeromexico, Mexicana Airlines, Continental Airlines). Kleinere Landepisten werden von Sportflugzeugen angeflogen - vor Ort nachfragen!

Unterkunft

Mit den **Hotel**preisen haben sich die Senores auf die Norteamericanos eingestellt.

Wer über die USA einreist, darf auf keinen Fall versäumen, sich beim CAA (Californian Automobile Association) die ausgezeichnete Straßenkarte und das Heft über Baja mitzunehmen. Darin enthalten ist die beste, aktuellste und ausführlichste Information über sämtliche Unterkunftsmöglichkeiten auf der Baja samt Campingplatzverzeichnis (für Mitglieder eines hiesigen Automobilclubs kostenlos - Ausweis nicht vergessen!)

Camping ist auf der Baja völlig unproblematisch. Es gibt einige Campingplätze und wild zelten ist überall möglich.

Wer Störungen durch vorbeifahrende Autos und streunende Hunde vermeiden möchte, schlägt sein Zeit außerhalb der Sichtweite einer Straße und eines Hauses auf - selbst schlechte Wege werden nachts häufig von mexikanischen Rancheros befahren, die hupen dann immer zur Begrüßung!

Erste Orientierung

Angeln: Dort wo die Pelikane schweben! Selbst wer noch nie geangelt hat, fängt auf der Baja seinen ersten Fisch. An manchen Stellen brodelt das Wasser förmlich vor Fischen. (Angelzeug mitbringen, Angellizenz für Süß- und Salzwasserfische in Ensenada, La Paz oder an den Grenzübergängen besorgen.)

Ebbe und Flut: Im Norden der Golfküste ist der Gezeitenunterschied am größten. An der Mündung des Colorado sind es bis 10 m, bei Cabo San Lucas nur 1 m.

Mondsüchtig ... Mit dem großen Gezeitenunterschied im Norden hängt auch das seltsame Verhalten der Leuresthes Sardinen zusammen: zwischen Februar und März jedes Jahres schwimmen sie bei Vollmond an Land, kratzen mit dem Schwanz ein Loch in den Sand und legen die befruchteten Eier darin ab. Danach kehren sie wieder ins Meer zurück. Die Larven liegen dann bis zum nächsten Vollmondstand dort und werden, wenn die Flut wieder ihren Höchststand erreicht hat, ins Meer geschwemmt.

Hitzeflimmern ... Im Norden zwischen Tijuana und Mexicali (bei La Rumorosa) die Laguna Salada, das tiefstgelegene Tal in ganz Mexiko. In der Mitte die Vizcaino Wüste bei Guerrero Negro und die Magdalena Ebene weiter südlich.

Pfirsich- und Mandelbäume: Zwischen Ensenada und San Felipe können dank einem unterirdischen Wasservorrat Pfirsiche, Pflaumen, Mandeln und Karotten wachsen.

Missionen

Die Jesuiten und Franziskaner hinterließen einige Spuren auf der Baja. Manche Missionen sind heute noch in Gebrauch, die meisten sind zu Ruinen zerfallen. Erst neuerdings fängt man mit der Restaurierung einiger Missionen an.

Eine verzauberte und schwer zugängliche: **San Borja** zwischen Rosarito und Bahia de los Angeles. (Anfahrt über Rosarito ist einfacher als von der Bahia de los Angeles.)

Eine verfallene Adobemission: **San Fernando Velicata**, 61 km südlich von El Rosario. Ein verwittertes rot-weißes Missionsschild gibt die Abzweigung von der Mex 1 an (ca. 5 km von der Teerstraße, mit PKW machbar).

Eine sehr schöne und zugängliche: die Mission von **San Ignacio.**

Ebenfalls beschwerlich zu erreichen, zwischen Palmen und kahlen Bergen: **San Javier**, südlich von Loreto. (Kurz hinter Loreto geht es nach Westen in die Berge zur Mission San Javier, die 1744 gegründet worden ist. Der 81 gebaute Weg ist zwar teilweise recht steil, aber bei weitem nicht mehr so schwierig wie der alte, der teilweise im Bachbett des Las Parras entlangführt. Von Loreto aus fahren auch die gelben Taxis zur Mission.

In Loreto selbst steht die erste Mission, die von den Jesuiten auf der Baja gegründet worden ist, die '**Mision de la Nuestra Senora de Loreto**'. Sie wurde 1752 fertiggestellt.

Felsenmalereien

Einige der Höhlen- und Felsmalereien längst ausgestorbener Indianerstämme liegen in der Sierra de San Francisco bei San Ignacio, in der Nähe des Canyon Sal Si Puedes - nur zu Fuß oder mit dem Maultier erreichbar. Wer genau ihre Maler waren, konnten im 16. Jh. die Einheimischen auch Cortez nicht sagen.

Die bekannteste ist die Cueva Pintada, die bemalte Höhle. Erle Stanley Gardner hat sie entdeckt und bekannt gemacht. Die Höhle El Batequi in ihrer Nähe bietet sogar vier übereinander liegende Malereien.

Wenn man sich selbständig auf die Suche machen will, kann man sich in San Ignacio näher über den genauen Weg dorthin erkundigen und einen Esel mieten.

Lobos - Seelöwen, nach ihnen sind auf der Baja viele Orte benannt, z.B. 'Punta Lobos'.

TOYOTA

Wale

Wenn im Oktober die Gewässer nördlich der Beringsee zugefrieren, ziehen die Grauwale nach Süden in die warmen Lagunen der Baja. Von Januar bis März tümmeln sie sich in den Salzlagunen bei Guerrero Negro an der Pazifikküste und in den Buchten der Bahia Magdalena weiter südlich.

Weniger genau definiert sind die Routen der Buckel- und Finwale und dem allergrößten, dem Blauwal - sie sind alle in den Gewässern um die Baja zu finden.

Killerwale und Seehunde entlang beider Küsten und an den Inselküsten, z.B. im Nordwesten Punta Santo Domingo.

Wer die Grauwale gern aus der Nähe beobachten möchte (sie sind nur von Januar bis März hier): Der **Walbeobachtungsstrand** liegt ca. 30 km südlich von Guerrero Negro und ist auf einem Feldweg zu erreichen. Die Abzweigung ist mit einem kleinen Schild gekennzeichnet, auf dem ein Wal gemalt ist. Die Scammon Lagune wurde zum Nationalpark erklärt, Eintritt ein paar Pesos.

Guerrero Negro (4000 Ew.) ist nicht wegen der Wale hier. Es ist eine Kolonie der Salzarbeiter. Die Salzgewinnung in den Lagunen ist die produktivste auf der ganzen Welt. Japan deckt 90% seines gesamten Salzbedarfes hier.

Zahlreiche Bohrungen in der Vizcaino Wüste, die bei hier beginnt, lassen annehmen, daß die Wüste reich an Öl- und Gasschätzen ist. Guerrero Negro bald als booming town? Bis jetzt besteht es aus ein paar Motels, Pemexstationen und Imbißbuden bzw. Restaurantes. Hinter dem Flughafen und den Unterkünften der Arbeiter haben sich Geschäfte, Reparaturwerkstätten und sogar ein Theater angesiedelt.

Übernachten kann man in Guerrero Negro sehr gut im Motel Big Sur (an der Hauptstraße), das Restaurant direkt daneben ist ebenfalls gut.

Völlig daneben ist der große Stahladler, der gleich nördlich von Guerrero Negro an der Mex 1 steht. Er soll an die Staatsgründung der Baja California Sur im Jahre 1974 erinnern und markiert die Grenze zwischen den beiden Bajas. Gleich daneben die Ruinen eines nie bezogenen Hotels und einer wohl nie eröffneten Pemexstation - wahrscheinlich ist das Benzin auf dem Weg hierher irgendwie verdunstet ...

Weiße Sanddünen inmitten grauer karger Wüste liegen 4 km nördlich dieses mysteriösen Stahladlers. Ein ca 3 km langer Feldweg biegt (von Süden kommend) links von der Mex 1 ab (auch für Wohnmobile fahrbar). Man sieht die 'Sarafandünen' nicht von der Straße aus. Achtung: man verliert in den Dünen leicht die Orientierung!

Französische Croissants und eine Kirche von Eiffel ....

Eigentlich waren die vorgefertigten Eisenblechplatten für die Weltausstellung von 1898 in Paris bestimmt. Irgendwie ist ihr Abtransport dann verdubelt worden. So hat man sie dann eben gleich in Santa Rosalia (12 000 Ew.) zusammengebaut. Schön ist sie nicht, wenn sie auch von A.G. Eiffel persönlich konstruiert wurde.

Wer in der panaderia unweit der Kirche einkaufen geht, merkt, daß es noch nicht so lange her ist, daß die Kupferminen in französischem Besitz waren (bis 1953): es gibt nicht nur original croissants, die Verkäuferin zwirbelt auch die Enden des Einschlagpapiers nach französischer Manier.

Wandern

Wie in der kalifornischen Sierra Nevada, nur einsamer: im Norden der Baja, in der Sierra Juarez und der Sierra San Pedro Martir. Die besten Möglichkeiten zu langen ausgedehnten Wanderungen bietet die Sierra San Pedro Martir. Sie hat die meisten Wanderwege mit herrlichen Ausblicken und wird nur durch wenige Autowege durchkreuzt. Die Wanderwege bestehen zum Teil nur aus Viehpfaden, die kreuz und quer durch die Gegend führen. Dies macht es einem oft schwer, dem Hauptweg zu folgen - und Wegzeichen oder genaue Wanderkarten gibt es natürlich nicht. Wer nicht kompaßerfahren ist, sollte sich einen Bergführer anheuern, am besten gleich mit Packpferd. Dazu kann man sich an die Meling Ranch wenden (Rancho San Jose (Meling) P.O.Box 224, Ensenada, B.C. Mexico), die auf dem Weg zum Observatorium liegt (s. unten).

Auf Ziegenpfaden durch widerspenstige Halbwüste: in der Sierra de San Francisco im mittleren Teil der Baja.
Zu Oasen: Wasser ist knapp auf der Baja, aber dort, wo es Wasser gibt, wird es überirdisch. Z.B. am Ostrand der

Sierra Juarez, wo Wüste und Berge sich treffen: Canyons mit Palmen, kleinen Flüssen, Wasserfällen, Grotten, Pools mit heißen und kalten Quellen.

Durch die größten Canyons (Tajo, Carizza, Guadalupe, La Mora, Palomar) fließen die einzigen Flüsse der Sierra, die das ganze Jahr Wasser führen.

Für Wanderungen (Frühjahr und Herbst ideal) und Fahrten mit einem geländegängigen Wagen ist genaues Kartenmaterial, gute Ausrüstung und genügend Trinkwasser notwendig.

Literatur: Camping and Climbing in Baja, von John W. Robinson, La Siesta Press, Glendale, Ca.

Kajakfahren: Entlang der Golfküste zwischen den vorgeschobenen Inseln dümpeln - ein Traum. Man kann auch an der ganzen Ostküste von Norden bis nach La Paz fahren - Probleme sind der Süßwasser-/Proviantnachschub - und der Wind, der nachmittags gefährlich stark aufkommen kann.

Baden

Die Ostküste am Cortez Meer (kalifornischer Golf) ist wärmer und windgeschützter als die Westküste. Das Wasser ist um einige Grade wärmer als der Pazifik - und unglaublich klar und smaragdgrün - ein Südseetraum, vor allem die Bahia Concepcion bei Mulege und die Bahia de La Paz. Zum Baden also die Ostküste wählen.

Die Pazifikküste ist rauher - und einsamer, der Zugang meist auch beschwerlicher. Im Norden verläuft die Mex 1 zwar über lange Zeit an der Küste, aber an keinen besonders einladenden Stränden vorbei. Von Cabo San Lucas führt eine einigermaßen befahrbare Strecke an der Westküste entlang über Todos Santos nach La Paz - an wunderschönen Pazifikbuchten vorbei.

Strände an der Ostküste

Bahia de los Angeles: Eine Seitenstraße der Mex 1 führt ein paar Kilometer nördlich von Punta Prieta an diese große, von vielen Inseln geschützte Bucht. Gleich der erste freie

Blick auf die Bucht verzaubert - stahlblaues Wasser mit den zersprengten kleinen Inselchen und der großen schützenden Angel de la Guarda (65 km lang). Zum Anfassen nah. Ihr fehlt vielleicht die Wärme der Lagunen des Südens oder das Smaragdgrün des Wassers - sie ist die herbere, uns beeindruckte sie mehr als alle anderen.

Es warten viele kleine Sandbuchten, klares, relativ kühles Wasser, pelicanos. Die klare Luft rückt die Inseln optisch in Schwimmweite - Vorsicht! Die Bahia ist auch ein Kajakparadies - ein herrliches Dümpeln zwischen den Inseln: am Vormittag wie auf einem großen See, nachmittags kommen gefährliche Winde auf!!!

Der Ort Bahia de los Angeles ist gnadenlos: gleich am Ortseingang der große Müllplatz mit den widerlichen Geiern, ein immer leicht wehender Wind fegt den Staub und Sand über die große Landebahn, eine Pemexstation, wo sich oft auch die kleinen Flugzeuge anstellen, ein paar kleine Läden mit Bier, Orangen und Tequila, eine Panaderia, die aus der winzigen Hütte die erstaunlichsten Brötchen hervorzaubert und ein Motel und eine Cantina, die von Antero Diaz betrieben werden. Erle Stanley Gardner was here (zwischen 1940 und 1970), viele seiner Bilder und Sprüche sind hier ausgestellt.

Nördlich und südlich der Pemexstationen reihen sich Buchten, groß genug für ein Fahrzeug oder Zelt. Tiefer Sand kann zum Problem werden, wenn man kein besonders geländegeeignetes Fahrzeug hat.

Südlich von Santa Rosalia bei San Lucas führen ein paar Feldwege an den Palmenstrand (über die Scherben und den Abfall wegsehen!), viele Fischreiher, gut zum Campen.

Bahia Concepcion: blaugrünes warmes Wasser, weißer Strand - Urlaub, Erholung, Sonne! Playa zwischen Santisipac und El Coyote ist am schönsten, auch zum wildcampen geeignet.

Wenn man dann genug vom Südseetraum hat, oder wenn das smaragdgrüne Wasser ein paar Touristen zuviel angezogen hat, dann lohnt ein Ausflug nach Loreto weiter südlich (oder zur Mission San Javier siehe oben).

Bahia de La Paz und die Pichilingue Halbinsel

La Paz ist, wie bereits erwähnt, das Mallorca der Norteamericanos. Das bedeutet u.a., daß die stadtnahen Strände nicht sehr einsam und reizvoll sind - die Baja fängt hier erst wieder an, wo der Teerbelag aufhört. Am besten packen Sie das Zelt ein, nehmen genug Wasser und Proviant mit und verabschieden sich ....

La Paz (120 000 Ew.): eine umfangreiche Hotelliste, Busabfahrtzeiten und andere Service gibts bei einer Art Information am Ende der '16 de Septiembre' am Kai. Dort kann man sich auch Zimmer reservieren lassen.

La Paz ist eine in 'Quadros' angelegte Reißbrettstadt, wo die Avenidas aber gleich hinter der Hauptstraße im Sand verlaufen. Wer schon länger auf der Baja zugange ist, freut sich hier über das große Angebot in den Supermärkten. Im übrigen Land (bis auf die 3 Städte im Norden) ist das Angebot nämlich recht mager: Milchpulver, Eier, Konserven, Konserven, Konserven - nur das Brot ist überall sehr gut, sofern es eine panaderia gibt!

Die Restaurants überzeugen wenig, sind oft sehr teuer und kochen nur mittelmäßig. Dagegen bekommt man in den zugegeben wenig einladenden Bretterbuden für 2 Mark fünfzig eine Comida Corrida, ein Tagesmenü - ausgezeichnet, ohne Folgen und mit freundlicher Bedienung, z.B. im 'al Mexico' an der '16 de Septiembre'.

Achtung Nepp: Es werden organisierte Touren zu den Stränden angeboten (mit Picknick- und Schnorchelausrüstung), ebenso Ausflüge zu entfernt liegenden Zielen auf der Baja. Diese sind allesamt überteuert. Alternative dazu sind Linienbusse, die teilweise zu den gleichen Zielen fahren oder gemeinsam gemietete Taxis.

Pichilingue liegt nicht in Neuguinea ... Es ist die kleine Bucht nordöstlich von La Paz, wo die Fähre von Mazatlan und Topolobampo hereinfährt. Und wie gesagt: wo der Teerbelag endet, fangen die Überraschungen an. Die fünf oder sechs Strände davor lassen zwar das Herz eines jeden Mitteleuropäers höherschlagen, aber danach fängts erst an .... Die Playa de Pichilingue ist der erste schöne Strand, man erreicht sie fast mit dem Bus, der zum Fährhafen fährt. Den Rest kann man gut zu Fuß gehen. Am Strand gibts feinen Sand, Strohsonnenschirme und eine kleine Restauration. Wer einen Käfer oder einen 4 x 4 hat, fährt am Playa de Pichilingue vorbei, den Berg hinauf. Die Sandpiste macht immer wieder Abzweigungen Richtung Meer, zum Playa de Balandras (wunderschön); zum Playa El Tecolote (nicht ganz so schön wie die Balandras); zum Playa El

Coyote (ebenfalls ein Traum) - alles mangrovengesäumte, von vielen Pelikanen besuchte Sandbuchten. (Leider z. T. auch von kommerziellen Ausflugsanbietern besucht.)

Die großen Vögel, die majestätisch über den Buchten und Stränden von La Paz und Pichilingue schweben (weiter südlich sind sie auch noch oft anzutreffen), heißen **Fregattvögel.** Man erkennt sie schon von weitem an ihrem geteilten Schwanz. Ihre außergewöhnlich langen, angewinkelten Flügel (Spannweite bis 2,4 m) erlauben ihnen die spektakulärsten Flugkunststücke. Die Männchen sind ganz schwarz, die Weibchen haben eine weiße Brust.

Wo zwei Meere aufeinandertreffen ...

fällt das Land 90 m tief in blaues Wasser, die goldgelben Sandstrände, die Kapfelsen - wieder eine Traumkulisse. Diesmal mehr zum Strandlaufen, Felsenklettern und Staunen als zum lange im Wasser dümpeln: das Meer gibt sich eher pazifisch. Der schönste Sandstrand von Cabo San Lucas wird zwar von dem riesigen Hotelkomplex des Finisterra versperrt, es stört aber niemanden, wenn Sie durch die Eingangshalle und am Pool vorbeispazieren zu Ihrem Traumstrand. (Die Hotels mit Pool nehmen mind. 200 bis 300 Mark pro Dozi für eine Nacht - am allerteuersten ist das Hotel Cabo San Lucas mit eigener Fischereiflotte.)

Die Reise von La Paz nach Cabo San Lucas dauert mit dem Bus ca. 3 1/2 Stunden.

Die Gebirge im Norden

Sierra de Juarez

Laguna Hanson ist ein kleiner Bergsee (nach längerer Trockenheit kann es sich auch nur noch um einen Teich handeln) in dem mexikanischen Nationalpark Constitucion de 1857. - der im Durchschnitt nur von einem Touristenwagen pro Tag besucht wird. Herrliche Pinienwälder, Berge, ausgezeichnete Campingmöglichkeiten. Benzin, Lebensmittel oder Unterkunft ist nicht erhältlich.

Anreise: am besten von La Rumorosa (65 km) - aussteigen und zu Fuß weitergehen können Sie überall auf der Strecke - nur das Wasser nicht vergessen.

Der Nationalpark Sierra San Pedro Martir

Mike's Skye Rancho an der Grenze des Nationalparks San Pedro Martir ist eine einsame Ranch an einem kleinen Flüßchen, das von 2400 m Höhe aus dem Gebirge herunterfließt - Heimat der Baja-Regenbogenforelle. Eine phantastische Umgebung für ein Motel oder ein Zelt - sogar Swimmingpool. Tankstelle gibt es keine hier! Bester Ausgangspunkt für Wanderungen.

Anreise: 130 km südlich von Ensenada führt eine Abzweigung nach San Telmo und weiter ca. 80 km in die Berge (Feldweg).

Zum Observatorium im Parque Nacional Sierra San Pedro Martir: Die klare Luft ist der Grund, weshalb die Leute vom mexikanischen astronomischen Insitut diesen Ort für ihr Observatorium gewählt haben. Selbst ein kleines Lagerfeuer in der Nähe würde ihre Beobachtungen stören.

Auch wenn Sie mit Wandern nicht viel am Hut haben, die Fahrt zum Observatorium ist eine Top-of-the World-Strecke - einfach zum Abheben (aber packen Sie sich auch warme Sachen ein!). Bei La Corona (2100 m Höhe), ca. 16 km vor dem Gipfel, ist die Parkgrenze mit Tor und Parkranger, der Eintritt verlangt. Hier kann man auch eine sehr kleine Schutzhütte mieten, wo man seinen Schlafsack ausrollen kann (sonst gibt es außer Camping keine andere Übernachtungsmöglichkeiten mehr). Es gibt weder am Parkeingang noch auf dem Gipfel beim Observatorium Einkaufsmöglichkeiten.

Unterhalb des Gipfels zahlreiche Wanderwege über Bergwiesen, durch Pinienwälder etc., der Parkranger am Eingang weiß mehr darüber.

Die **Meling Ranch** ist ungefähr eine Stunde von dem Parkeingang entfernt. Dort Übernachtungsmöglichkeiten, wenn man sich vorher anmeldet. Außerdem können hier auch Pferde gemietet und ein Führer angeheuert werden (s. oben).

Anreise: 130 km südlich von Ensenada führt die Abzweigung 'San Telmo' und 'Observatorio' in die Berge. Ab der geteerten Straße dauert die Fahrt ca. 3 Stunden. Von dieser Strecke zweigt (nach ca. 31 km) auch die Abzweiung zu Mike's Skye Rancho ab.

Weitere Literatur zur Baja:

Baja California - The American Wilderness (Time-Life Books).

Im Geo Heft Nr. 12, Dez 1983 ein interessanter Bericht: Baja California - Amerikas Sackgasse.

John Steinbeck: The Log from the Sea of Cortez (Penguin Book)

Pedro, unser unersetzlicher Informant, Freund und Sapperlotskerl bei der Feier zur 7. Auflage.

Literatur

'Was man von einem Land bekommt, hängt davon ab, wieviel man mitbringt."

Gründliche Information vor der Reise ist gerade bei Reisen in Länder, die sich im Umbruch befinden, unerläßlich. Nur wer informiert reist, erspart sich Ärger und Verdruß. Es ist ja auch garnicht einzusehen, weshalb manche Leute für einen Flug ohne Murren fast 2 000 Mark hinlegen, dann aber bei der Lektüre jede Mark umdrehen.

Praktische Reiseführer: Die besten sind in englisch, die Bücher der amerikanischen Verlage bekommt man in Mexiko teilweise um die Hälfte billiger als hier, z.B. im Buchladen im Anthropologischen Museum im Mexiko-City, oder in den Kiosken der großen Hotels:

The South American Handbook, 1 300 Seiten Dünndruck, jährl. aktualisiert, der Klassiker aus England. Eine Fundgrube, die 'Bibel' der Lateinamerikafahrer, mit einer Unmenge praktischer Infos, leider keine Pläne, wegen der weiten Verbreitung sind empfohlene Hotels und Restaurants nicht immer o.k. Zeiten prinzipiell nachchecken. Ca. 70 Mark. In geographischen Buchhandlungen.

Mexico & Guatemala on 15$ a Day, A. Frommer (Ed.), New York (Simon & Schuster). Alle zwei Jahre aktualisierte Infos für amerikanische Globetrotter, typisch amerikanischer Stil, ebensolche Auswahlkriterien, weit verbreitet. Tips über Hotels etc. sind mit Vorsicht zu genießen, gute Adressenauswahl, Pläne. Nicht immer zuverlässig. In Deutschland DM 38.-

Shell's Guide to Yukatan, T. a. L. Shell, Island Press USA, kulturhistorische und praktische Infos, unregelmäßig aktualisiert, sehr ausführlich, nur in Mexiko und USA.

Guatemala Guide, Glassman P., Passport Press USA. Einer der ergiebigsten Guatemala-Führer, praktische und kulturelle Infos. Nur in USA und CA erhältlich, oder in speziellen Buchhandlungen, s.u.

Backpacking in Mexico & Centralamerica, Hilary & George Bradt, Boston USA. Trekkingtips im Trotterstil, dazu Subjektives.

Yukatan & Guatemala, L. Carlson, Upland Press, Chicago. Wegen der detaillierten Pläne und road logs besonders für Mietwagenfahrer. Wie immer bei amerikanischen Führern, viele kulturelle Plattheiten, aber auch wichtige 'Basics'. Hoteltips nicht gut.

Zur Baja California: Baja California - The American Wilderness (Time-Life Books).

John Steinbeck: The Log from the Sea of Cortez (Penguin Book).

Außerdem ein interessanter Bericht im Geo-Heft Nr. 12, Dez. 1983: Baja California - Amerikas Sackgasse.

Karten

Eine gute Übersichtskarte, die auch für die üblichen Mietwagentouren ausreicht, gibt der amerikanische Autoclub AAA (Triple-A) heraus, jährich aktualisiert. Entfernungsangaben, Detailpläne etc., die Karte gibt's in allen US-Niederlassungen des Clubs.

Der ADAC versendet an Mitglieder ein Tourenpaket mit Karten von Mexiko und Guatemala (nur als Übersicht zu gebrauchen) und weiteren Toureninfos, auch in ADAC-Geschäftsstellen.

Gute Straßenkarten in Mexiko zu kaufen, ist nicht einfach. Die blau-gelben 'Patria'-Karten sind veraltet. Ganz gut sind die Karten 'Guja Mexico Roja', die größte Auswahl findet man in Mexiko-City in den Buchläden um den Alameda-Park und Zocalo. Dort gibt es auch diverse Straßenatlanten von Mexiko und Zentralamerika. Europäische Buchhandlungen mit gutem Kartensortiment s.u.

Deutschsprachige Reiseführer

Es gibt mittlerweile fast von jedem einschlägig tätigen Verlag Reiseführer über Mexiko und Zentralamerika, am besten man verschafft sich in einer gutsortierten Buchhandlung einen Überblick und wählt dann nach persönlicher Neigung. Wichtig: Auf neue Auflagen achten. Ein paar - zugegeben subjektive - Orientierungshilfen:

Polyglott Mexiko bringt erstaunlich viel präzise Infos auf engem Raum (und wenig der sonst üblichen Unverbindlichkeiten).

Mexiko - praktisch und preiswert. Eine Übersetzung der amerikanischen Baxter-Serie. Leider oft ebenso dümmlich wie das Original: mit sight-seeing checklisten etc., aber auch nützlichen Infos.

Vom DuMont Verlag gibt es je einen Band über Mexiko und Guatemala aus der bekannten Kulturreiseführerserie, wie üblich in gediegener Ausstattung und einen Band aus der 'Richtig-Reisen-Reihe: Zentralamerika; die Texte sind schon reichlich in die Jahre gekommen, gut nur zur Einstimmung.

Der Mexiko-Reiseführer aus dem Schröder Verlag von W. Zuzan besticht zunächst durch seine Infodichte, eine gelungene Kombination von praktischen und kulturellen Tips. Für Mietwagenfahrer wegen der Streckentips interessant, bei manchen Passagen wird die deutschnationale Grundhaltung des Autors zum Ärger und man ist versucht, das Buch ein für allemal wegzulegen.

Der Mexiko und Guatemala Führer aus der Reihe 'Die Blauen Führer' von Molden ist wohl derzeit der detaillierteste Kulturreiseführer, akribisch listet er den letzten freigelegten Stein auf (wie sein franz. Bruder 'Guide Bleu'), ob man dadurch etwas vom Land erfährt, bleibt freilich offen.

In der glänzend geschriebenen Sammlung 'Mythen des Alltags', die man ins Reisegepäck legen sollte (Suhrkamp TB) schreibt Roland Barthes:

"Ebenso wie der Gebirgigkeit in einem solchen Maße geschmeichelt wird, daß alle anderen Horizonte daneben ausgelöscht werden, verschwinden auch die Menschen zu ausschließlichen Gunsten der Denkmäler ... Er (der blaue Führer) antwortet in Wirklichkeit auf keine Frage, die ein moderner Reisender sich stellen kann, wenn er ein Land, das fortbesteht, durchquert."

Ja, und dann gibts natürlich auch einen Baedeker, wie immer im unvermeidbaren Oberlehrerton verfaßt, mit vielen nützlichen Informationen, Plänen. Fotos in Rabattmarkengröße, ärgerlich die sperrige Aufmachung, mit der Handlichkeit einer Zigarrenkiste.
Und dann gibts noch Globetrotterführer, einen von Peter Rotter und einen über ganz Zentralamerika von Kreuselberg.

Der Studienkries für Tourismus, 8130 Stanrberg, gibt eine Mexiko-Broschüre heraus. eine Sammlung von informativen Kurztexten, die Verständnis für Land & Leute wecken sollen (2.50 DM in Briefmarken).

Eigentlich unverzichtbar zur Vorbereitung einer Mexiko-Reise ist das Geo-Special Mexiko (4/86). Wie bei fast vielen Heften der Reihe eine gute Mischung aus klassischer Reportage, Fakten, und praktischen Tips. Außerdem mit einer ausgezeichneten tabellarischen Übersicht über Kultur- und Architekturgeschichte, gut zum ersten Einlesen.

Die Leser dieses Buches wird sicher auch der Mexiko-Band aus der rororo-Reihe 'Anders Reisen' interessieren. Ein fleißig und engagiert recherchiertes Buch mit vielen Infos zur Alltagskultur und Sozialgeschichte des Landes. Das permanente Verständnis und die Solidäritätsadressen für Randgruppen jeder Art wirken freilich etwas bemüht. Auch nützliche praktische Infos, jedoch - bei der hohen Auflage der Serie zwangsläufig - von beschränkter Aktualität.

Hintergründe - Stimmung

Endlich gibts ein Buch, das die indianische Kultur nicht als pittoreskes Kasperletheater beschreibt, sondern bei den Entstehungsbedingungen ansetzt und konsequent weiterverfolgt: Herbert Wilhelmy, Welt und Umwelt der Maya - Aufstieg und Untergang einer Hochkultur. Piper, München 1981. 542 S., (nur noch im modernen Antiquariat od. Bibliothek). Sehr faktenreich und interessant geschrieben, schöne Fotos, ein Standardwerk.

Für Eilige: E.R. Service. Ursprünge des Staates und der Zivilisation in Mesoamerika. Suhrkamp Theorie 1977. Insbes. S. 217 - 238. Kurze und interessante Zusammenfassung der Forschung, die vieles erklärt, was in keinem Reiseführer steht.

Wer gern alte Expeditionsberichte liest, wird seine Freude haben an dem kommentierten Nachdruck des Klassikers: J.L. Stephens, In den Städten der Maya. DuMont Köln 1980. Die DuMont-Ausgabe der klassischen 'Incidents of Travel in Central America, Chiapas and Yucatan' ist mir wegen der schönen Ausstattung und der sachkundigen Einleitung die liebste unter vielen.

Für Naturfreunde: Grandjot, W. Reiseführer durch das Pflanzenreich der Tropen. Schröder Verlag.

Frauen in Lateinamerika erzählen über ihre tägliche Ausbeutung in: Muchacha - die unsichtbaren Dienerinnen Lateinamerikas. Reinhardt Jung (Hg.), Lamuv TB 28.

Und natürlich die unübertroffenen Reportagen von Altmeister E.E. Kisch.

Tourismus allgemein

Das meiste von dem, was in der stetig anwachsenden theoretischen Literatur über Tourismus steht, ist nur eine dröge Variation des unerreichten Essays von Hans Magnus Enzensberger: Eine Theorie des Tourismus. In: Einzelheiten 1. Suhrkamp ES 63. Hier brachte Enzensberger bereits 1962 das Wesentliche auf den Punkt. Vom gleichen Autor, ebenfalls brilliant, eine Analyse der Zwangsläufigkeit des Kulturimperialismus der Industrienationen: Eurozentrismus wider Willen. In: 'Transatlantik', Nr. 11/80. Da wird aufgeräumt mit der Mär, daß sich 3.Weltländer zu abgekoppelten Oasen entwickeln können, in denen wir Erkenntnisse tanken und gesunde Sandalen kaufen können.

Ein Lesevergnügen, auch wenn die Argumente manchmal Purzelbäume schlagen, sind zwei Bücher übers Wegfahren, deren Autoren souverän genug sind, auf Seminardeutsch zu verzichten: Tips und Tricks für Tramps und Traveller. Rororo TB 7501. Noch interessanter: Bruckner, Finkielkraut, das Abenteuer gleich um die Ecke, Hanser München 1981. Die Autoren zerpflücken mit virtuoser Intellektualität die Reisemythen von Freak bis Neckermann.

Adressen

Auskunft

Staatliches Mexikanisches Verkehrsamt
Wiesenhüttenplatz 26
6000 Frankfurt
Tel. 069-253413/253541

Das Verkehrsamt versendet die üblichen Farbprospekte und unterschiedlich aktuelle Listen über Hotel-, Bus- und Flupreise. Außerdem gibts Info-Blätter über die Bahnfahrt Chihuahua - Los Mochis.

Guatemala Tourist Commission
7a. Av. 1-17, Zona 4
Centro Civico
Guatemala-City, Centralamerica

Der Auskunftsservice der offiziellen Stelle ist unterschiedlich. Üblicherweise bekommt man ein Info-Paket mit wenigsagenden Prospekten der üblichen Sehenswürdigkeiten, einen Stadtplan von Gua.-City und eine mäßige Karte vom Land - nach 3 Wochen.

Belize Government Tourist Board
12 Regent Street, P.O. Box 312
Belize-City, Belize C.A.

Auch hier wieder unterschiedliche Versandbereitschaft. Üblich sind Busfahrpläne, Hotellisten etc.

Autoclubmitglieder erhalten ein Tourenpaket von ihrem Club, darin: Karte, Hotelverzeichnis (nur Motels an den

Hauptstraßen), Einreiseformalitäten und ein paar standardisierte touristische Hinweise.

Aeromexico

Friedensstr. 11
6000 Frankfurt
Tel. 069-230401

Aeromexico und Mexicana informieren mit einem gemeinsamen Flugplanheft über die aktuellen Inlandflugpreise, die Verbindungen und die Flugzeiten. Bereits in Deutschland die aktuelle Ausgabe anfordern. Ebenso nach den aktuellen Rabatten auf Inlandflüge fragen (vgl. auch das Kapitel 'Verkehr im Land'.).

Sämtliche Inlandflüge können bereits in Deutschland reserviert werden (da es sich um reguläre Linienflüge handelt, kann vor Ort umgebucht werden).

Botschaften/Konsulate

Mexiko: Botschaft mit Konsularabteilung (für die Ausstellung der Touristenkarte): Eugen Langen Str. 10, 5000 Köln, 0221-371091. Konsulate in Esslingen, Fürth, Hamburg, Hannover, München.

Österreich: Renngasse 4, Wien
Schweiz: Bernastr. 75, Bern. Konsulate in Genf, Lausanne

Die Konsulate stellen die zur Einreise erforderliche Touristenkarte aus, Antrag anfordern.

Guatemala: Guatemaltekische Botschaft, Ziethenstr. 16, 5300 Bonn; Tel. 69579.

Belize: Keine Vertretung in der Bundesrepublik Deutschland, das Land läßt sich von der Britischen Botschaft und deren Konsulaten vertreten, diese stellen auch das zur Einreise notwendige Visum aus; am reibungslosesten im Konsulat Düsseldorf: Tel. 0221-433008.

Ortsverzeichnis

Akzente und Tilden sind aus satztechnischen Gründen nur im Ortsverzeichnis gesetzt, nicht aber im laufenden Text.

Fotos: Alle Fotos: Jutta Müllerklein und Heinz-Wilhelm Bruns.
Ausnahmen: Titelfoto: Manfred Abel. Fotos Baja California: R.J. Western, Jim Hunter. S. 38 Romualdo Garcia; S. 176 Öhme; S. 196 Wolfgang Scheidt; S. 229 Archiv Oase Verlag.

Karten: Franz Letsch, München.

CIP-Kurztitelaufnahme der Deutschen Biblithek

Abel, Wolfgang

Mexiko, Belice, Guatemala: prakt. Reiseinformationen / Wolfgang Abel. - 7., erw. Aufl. - Badenweiler : Oase-Verlag, 1987.
Bis 4. Aufl. im Abel-Verl., Badenweiler
Bis 4. Aufl. u.d.T. Abel, Wolfgang: Mexiko-Ost. Guatemala.
ISBN 3-88922-010-X

Wir sind keine Banausen, auch wir sitzen gern in kühlen Kirchen und staunen nach oben. Genauso gern sitzen wir aber unter Palmen und feiern mit Messer und Gabel. Die Leute vor den Portalen interessieren uns mehr als die Mumien drinnen. In der Hotelhalle gefällts uns besser als im Museum. Und jetzt kommts noch dicker. Costas soll seinen Ouzo alleine trinken! Wir gehen auch nie mehr einsame Bergdörfer erschrecken. Den rechtlosen Landarbeitern im Alentejo helfen wir weder bei der Ernte noch bei der Revolution. Netzflickende Fischer interessieren uns eher wenig. Sie sehen, wir sitzen zwischen allen Klischees. Wir schreiben keine sensiblen Hofberichte, nicht für Oberlehrer und nicht für Barfüßler.

OASE

Hotel
Miramare

Für jeden in der folgenden Auflage verwertbaren Hinweis senden wir ein Freiexemplar aus unserem Verlagsprogramm.